Brigitte Biehl-Missal

Wirtschaftsästhetik

Brigitte Biehl-Missal

Wirtschaftsästhetik

Wie Unternehmen die Kunst als Inspiration und Werkzeug nutzen

GABLER

Bibliografische Information der Deutschen Nationalbibliothek
Die Deutsche Nationalbibliothek verzeichnet diese Publikation in der
Deutschen Nationalbibliografie; detaillierte bibliografische Daten sind im Internet über
<http://dnb.d-nb.de> abrufbar.

1. Auflage 2011

Alle Rechte vorbehalten
© Gabler Verlag | Springer Fachmedien Wiesbaden GmbH 2011

Lektorat: Ulrike Lörcher

Gabler Verlag ist eine Marke von Springer Fachmedien.
Springer Fachmedien ist Teil der Fachverlagsgruppe Springer Science+Business Media.
www.gabler.de

Umschlaggestaltung: KünkelLopka Medienentwicklung, Heidelberg
Gedruckt auf säurefreiem und chlorfrei gebleichtem Papier
Printed in Germany

ISBN 978-3-8349-2429-2

Einleitung

Ästhetik und Kunst in der Wirtschaft

Die Wirtschaftswelt hat ein neues Interesse an der Kunst entwickelt. Dieses Interesse geht über das traditionelle Kunstsponsoring, Mäzenatentum und den Kunstmarkt hinaus und besteht in einem großen Appetit auf neues Denken über die künstlerischen und kreativen Seiten von Wirtschaft, Organisation und Management. Kunst wurde traditionell von gesellschaftlichen Institutionen und Organisationen wie Staat und Kirche eingesetzt, um Machtansprüche zu verdeutlichen und Kontinuität zu ermöglichen – man denke an massive Architekturen und imposante Malereien. Auch in der heutigen Wirtschaft lassen sich Mittel der Kunst als Werkzeug zur Darstellung von Unternehmen und Inszenierung von Managern, Mitarbeitern und Produkten einsetzen. Beispiele sind das Posieren von Vorständen vor modernen Kunstwerken, kunstfertig gestaltete Verkaufsräume und ansprechendes Produktdesign. Darüber hinaus hat die Kunst mit ihren innovativen und besonderen Formen schon immer einen anderen Blick ermöglicht, zu neuen Ideen und damit zu Veränderungen inspiriert. Das ist wichtig für Unternehmen heutzutage, die in der schnelllebigen globalen Wirtschaftswelt bestehen und wachsen wollen. So kann die Welt der Kunst Inspiration für neue Formen von Führung und Zusammenarbeit bieten und in vielerlei Hinsicht zur Wertschöpfung beitragen. Das neue und vielgestaltige praktische und theoretische Interesse an der Kunst wird im Bereich der sogenannten *Wirtschaftsästhetik* gebündelt. Von Wirtschaftsästhetik zu sprechen eignet sich besonders, denn es geht nicht nur um bloße Vergleiche mit der schönen Kunst, sondern um den tatsächlichen Einsatz von ästhetischen, also sinnlich wahrnehmbaren Methoden, die man aus der Welt der Kunst kennt, aus der Malerei, dem Theater, der Dichtung, Literatur und Musik.

Kunst schafft Wert, denn die globale Wirtschaftswelt wird zunehmend ästhetisch. Sinnlich und emotional ansprechende und fast künstlerische Elemente begegnen uns bei Dienstleistungen, Produkten und beeindruckenden Bauwerken. Ein weiterer Trend des 21. Jahrhunderts besteht darin, Kunst zur Personal- und Organisationsentwicklung einzusetzen. Immer mehr globale Unternehmen engagieren Maler, Schauspieler, Dichter, Violinisten und Jazzmusiker für kurze oder längere Projekte mit den Mitarbeitern. Auch Führungskräfte musizieren, interpretieren Gedichte und spielen Theater, um den überzeugenden Umgang mit Sprache und Gesten auszubilden, sowie komplexes Denken und kreatives Handeln. Renommierte Business Schools integrieren Kunstkurse in ihren Stundenplan und der Managementnachwuchs lernt aus der Shakespeare-Lektüre über den gekonnten Einsatz von Führungstechniken. Der herkömmliche Master of Business Administration steht aufgrund seiner analytischen Ausrichtung nicht erst seit der Finanzkrise in der Kritik. In einer anerkannten Fachzeitschrift liest man, dass ein Kunstdiplom, der Master of Fine Arts (MFA), deshalb den vielversprechendsten Titel im Wirtschaftsgeschehen darstellt, den neuen MBA:

> The MFA is the New MBA ... An arts degree is now perhaps the hottest credential in the world of business. — *Harvard Business Review* (Pink 2004: 21)

Die auf dem Arbeitsmarkt besonders nachgefragte Führungsperson soll möglichst alle positiven Eigenschaften eines Künstlers in sich vereinen: kreativ und innovativ denkend, geschickt im Umgang mit anderen Menschen, kommunikationsfähig und möglichst inspirierend. Management wird schon seit Längerem als Kunst bezeichnet, der Arbeitsalltag als Performance oder Theaterspiel. Unternehmen werden nicht mehr als Maschine betrachtet, bei der ein Zahnrad in das andere greift, sondern mit einem Orchester oder einer Jazzband verglichen, die stimmig aufspielt, improvisiert und swingt. Der Kunst- und Kulturbereich hat vielfältige Modelle für Kreativität, Innovation und Daseinsfreude zu bieten, die die moderne Wirtschaftswelt benötigt, um neue Werte zu schaffen. Tradierte Vorstellungen von Arbeit als folgsame Pflichterfüllung gelangweilter Angestellter im graugedeckten Büro sind nicht nur wenig ansprechend, sondern überholt. Die Ansprüche an Selbstverwirklichung und Sinnstiftung in der Arbeit sind gewachsen und ebenso die Ansprüche an die gefühlte Steigerung des menschlichen Lebens. So verkaufen sich auch Produkte schon lange nicht bloß über ihren Nutzen, sondern oft über ihre Ästhetik und die mit ihnen verbundenen Erlebnisse und Wünsche. Damit verknüpft sind noch viele andere zeitgemäße Trends wie die Orientierung an Kreativität mit der Betonung der „rechten Gehirnhälfte", das Hervorheben von Vielfalt und Interkulturalität und die Wirtschaftsethik mit zunehmenden Anforderungen an unternehmerische Verantwortung. Im weiteren Sinne sind die Ansprüche an nachhaltiges Wirtschaften gestiegen, womit auch eine verständnisvolle und vielleicht „künstlerische" Art von Führung nachgefragt wird. Vor allem verlangt die harte Konkurrenz innovatives Denken und Handeln von Führungspersonen und Unternehmen, das man üblicherweise bei Künstlern sieht. Von Künstlern und Kunstorganisationen lässt sich viel lernen und auf dem Weltwirtschaftsforum in Davos wurde ein Workshop mit dem Titel *If an Artist Ran Your Business* angeboten. Diese Entwicklung ist eine Reaktion auf noch nie da gewesene Verhältnisse. Die globale, sozial vernetzte und sich schnell verändernde Wirtschaft verlangt besondere, kreative und menschlich kompetente Führungspersonen und Mitarbeiter und anpassungs- und zukunftsfähige Organisationsstrukturen. Von der Kunst soll sich diesbezüglich viel lernen lassen.

Mit diesen Veränderungen haben die wirtschaftswissenschaftliche Forschung und die Organisationsforschung ein Interesse an Kunst und Ästhetik entwickelt, das im Teilgebiet der Wirtschaftsästhetik zusammenläuft. Bei der **Wirtschaftsästhetik** geht es um den Transfer von Konzepten und Methoden aus der Welt der Kunst zur Wertschöpfung in Organisationen. Darunter fällt die Entwicklung von Personal, Führung, Strategie, Strukturen und Prozessen. Dabei liegt ein besonderer Schwerpunkt auf der **Ästhetik,** nicht (nur) im Sinne von Schönheit, sondern als Sinnesempfindung durch körperliche Wahrnehmung der Menschen innerhalb und außerhalb von Unternehmen. Solche Faktoren werden von herkömmlichen Forschungsansätzen nicht hinreichend erfasst. Die Wirtschaftsästhetik hebt die Unzulänglichkeit von Organisationstheorien hervor, die ausschließlich auf analytische Methoden und insbesondere auf dem Kognitivismus und auf Vorstellungen von beherrschender Rationalität gründen (Strati 1999). Während traditionelle Erklärungsansätze sinnliche Faktoren oft als unwichtig abgewertet haben, hängen Prozesse des Managements, der Mitarbeiterführung und der Wertschöpfung mit Ästhetik viel stärker zusammen als bisher angenommen. Wirtschaftswissenschaftliche Forschung ist traditionell an Effizienz interessiert, Ende des 20. Jahrhunderts kam die ethische Dimension in Form der Wirtschaftsethik auch im

Mainstream an, und im 21. Jahrhundert erleben wir ein gesteigertes Interesse an der Ästhetik. Traditionelle Ansätze untersuchen, ob Dinge und Prozesse effizient sind, Ethik-Ansätze fragen nach dem Richtigen und Falschen, die ästhetische Perspektive untersucht, wie Dinge sinnlich wahrgenommen werden, gar ob sie schön, hässlich, komisch oder grotesk sind. Die Wirtschaftsästhetik beschäftigt sich mit der sinnlichen, körperlichen Wahrnehmung wie dem Sehen, Hören, Fühlen, Schmecken und Riechen, dem damit verbundenen emotionalen Empfinden und dem daraus generierten impliziten Wissen der Menschen innerhalb und außerhalb von Unternehmen. Ein ästhetischer Ansatz verdeutlicht, dass Organisationen keine leeren Behälter sind, sondern ästhetische Räume, die nicht unbedingt sichtbare Wände haben müssen, sondern von der ästhetischen Erfahrung und dem nicht fassbaren Wissen der Menschen zusammengehalten werden. Die Wirtschaftsästhetik liefert neue Ansätze und Methoden, um traditionell wichtige und auch bisher kaum berücksichtigte Einflüsse in Unternehmen zu untersuchen.

Die Wirtschaftsästhetik beschäftigt sich mit verschiedenen Formen ästhetischen Handelns und ästhetischer Erfahrung in der Wirtschaftswelt. Die **Kunst** spielt eine wichtige Rolle, denn sie ist eine besondere Form ästhetischen Handelns, welches durch seine mit Farben, Formen und Lauten gestalteten Objekte oder Performances sinnliche und emotionale Reaktionen in Menschen hervorruft. Sie kann Möglichkeiten der Aktion und des Denkens eröffnen und im ästhetischen Wirtschaftszeitalter als Mittel zur Wertschöpfung in Unternehmen eingesetzt werden, um Effizienz, Margen und Profit zu steigern. Diese Ambivalenz wird ausgedrückt im Titel dieses Buches über Wirtschaftsästhetik, der fragt, wie Unternehmen Kunst als Werkzeug oder Inspiration einsetzen können. Kunst soll als **Werkzeug** in Form von Architektur, Gestaltung und Inszenierung Umsätze steigern und als sogenannte kunstbasierte Intervention in Unternehmen bei der Aus-, Fort- und Weiterbildung von Mitarbeitern und Führungspersonen etwa die Kommunikations- und Teamfähigkeit sowie die Produkt- und Prozessgestaltung verbessern. Manchmal soll sie dabei auch das kreative Denken und die sensible Wahrnehmung fördern. Die Rolle der Kunst bleibt zwiespältig, denn ihre Methoden dienen der Veränderung und Verbesserung, aber auch der Manipulation von Mitarbeitern, Kunden und Menschen in der Gesellschaft. Unter dem Begriff der **Inspiration** soll daher die Idee verfolgt werden, dass Kunst nicht nur angewendet wird, sondern in ein produktives Wechselverhältnis zum Unternehmen treten kann, dass Wirtschaft und Kunst sich nicht nur gegenseitig benutzen, sondern sich an ihren unterschiedlichen Zwecken reiben, herausfordern, aufeinander eingehen und wachsen können. Es stellt sich die Frage nach einem wechselseitigen Nutzen von Kunst und Wirtschaft, aus dem nicht nur Geldwerte, sondern andere Gewinne entstehen können, wie neue kreative und auch nachhaltige Perspektiven. Kunst dient als Inspiration, wenn sie bestehende Sichtweisen und herkömmliches Handeln infrage stellt und einen Anstoß zum Nachdenken bietet, um neue Ideen von Arbeit, Führung und Organisation entstehen zu lassen. Die Beschäftigung mit Kunst kann nicht nur Prozesse verbessern, sondern möglicherweise und idealerweise auch Organisationen verändern, wenn sie den kompetenten, kritischen Umgang von Mitarbeitern mit der überall präsenten Ästhetik und ein ethisches und soziales Verständnis fördert sowie Mitsprache, Widerstand, und Neuausrichtung ermöglicht. Hier stellen sich viele Fragen und es eröffnen sich neue Perspektiven auf die Wirtschaftswelt der Zukunft.

andere als geldwerte Gewinne?

Kunst als Werkzeug oder Inspiration?

Veränderung // Manipulation

Die **Wirtschaftsästhetik** erweitert die wirtschaftswissenschaftlichen Theorien im Allgemeinen und Organisationstheorien im Besonderen um die ästhetische Dimension. Dafür verbindet der interdisziplinäre Ansatz der Wirtschaftsästhetik die bestehenden Ansätze mit sozial-, kunst- und kulturwissenschaftlichen Disziplinen und Wissensgebieten wie Ästhetik, Philosophie, Theater, Film, Architektur, Studien des Narrativen und des Visuellen. Benutzt werden Konzepte aus der Welt der Kunst und künstlerischen Praxis und entwickelt kritische Perspektiven sowie neue qualitative wissenschaftliche und sogar künstlerische Methoden.

Die Wirtschaftsästhetik kann man als eine interdisziplinäre Subdisziplin der Wirtschaftswissenschaften, verstehen, so wie beispielsweise Wirtschaftssoziologie, Wirtschaftsethik, Wirtschaftsgeschichte, Wirtschaftsrecht, Wirtschaftsmathematik, Wirtschaftspädagogik oder den kleinen Bereich der Wirtschaftsrhetorik. In der deutschen Sprache lässt sich am besten von „Wirtschaftsästhetik" sprechen, die in der internationalen Forschung „Organizational Aesthetics" heißt und unter diesem Namen seit rund zwei Dekaden im anglo-amerikanischen Raum existiert. Das Feld entwickelte sich aus der Organisationslehre, die zu den Grundlagen der Wirtschaftswissenschaften zählt und grundsätzlich mit ihren soziologischen Wurzeln interdisziplinär angelegt ist. Dieses Buch über Wirtschaftsästhetik untersucht Organisationen und konzentriert sich dabei auf Unternehmen, also nicht staatliche oder Non-Profit-Organisationen, sondern auf Profit ausgerichtete Organisationsformen wie Produktionsbetriebe und Dienstleistungsunternehmen. Wirtschaft wird hier nicht nur begriffen als zweckrationales Handeln unter Knappheitsbedingungen, sondern nach einem zeitgemäßen erweiterten Verständnis als das Herstellen und Anbieten von Waren und Dienstleistungen, die menschliche Bedürfnisse und Wünsche erfüllen und viele weitere wecken. Die Wirtschaftsästhetik als Organisationstheorie oder Managementlehre will erklären, wie Ästhetik die Existenz und Funktion von Unternehmen und das Leben in und außerhalb von Unternehmen bestimmt und beeinflusst. Sie knüpft an bestehende Organisationstheorien an, die von verschiedenen Menschenbildern ausgehend Grundsätze für Betriebsführung und Managementkonzepte entworfen haben. Sie legt einen besonderen Schwerpunkt auf den *gelebten* Unternehmensalltag, einschließlich der gestalteten Umgebung und der menschlichen Interaktion. Sie betrifft aber auch das Handeln nach außen zu Kunden und Stakeholdern und bietet mit ihrer kritischen Ausrichtung und der Orientierung an der Kunst Ideen zur Weiterentwicklung von Wirtschaftskonzepten.

Das vorliegende Buch legt den Stand der internationalen Forschung zur Wirtschaftsästhetik dar, um das Feld in der deutschsprachigen Forschung zu etablieren. Deshalb führt der Text viele, aber doch entsprechend bündig gehaltene Hinweise auf die Literatur an, die auch als Ausgangspunkt für die weiterführende Lektüre dienen. Er bietet viele Beispiele zum Einsatz von Kunst und Ästhetik aus der hiesigen Unternehmenspraxis und bezieht sich auch auf die wenigen vorhandenen deutschen Beiträge zu einzelnen Themen der Wirtschaftsästhetik. Er zieht zahlreiche Verbindungen zur bestehenden Forschung über ästhetische und künstlerische Wirtschaftsphänomene in angrenzenden Bereichen wie Marketing oder Personalforschung und auch anderen Feldern wie der Kulturwissenschaft. Dieses Buch soll die wichtigen Grundlagen verdeutlichen, um den Weg zu bereiten für weitere zukünftige interdisziplinäre und bereichernde Forschung unter dem Dach der Wirtschaftsästhetik.

Die Zielgruppe des Buchs sind Wissenschaftler und Studierende wirtschaftswissenschaftlicher Fächer sowie anderer Sozialwissenschaften. Die Wirtschaftsästhetik bietet neue Einsichten in bisher vernachlässigte, aber relevante sinnlich empfundene und oft kaum fassbare Phänomene im Unternehmensalltag. Die Erkenntnisse schließen an verschiedenste existente Gebiete an. Forscher und Studierende der Wirtschaftswissenschaft mit der Ausrichtung Personal- und Organisationsentwicklung können besonders von dem Aspekt des Lernens durch künstlerische Methoden (Teil 4) profitieren und von den theoretischen Grundlagen (Teil 3). Für den Bereich Management sind unter anderem besonders die Lehren von Kunst für die Mitarbeiterführung relevant (Teil 3 und bspw. Kapitel 4.5). Die Einsichten in die ästhetische Dimension von Organisationen (Teil 1, 2 und 3) sind besonders wichtig für Organisationsforscher aus Wirtschaftwissenschaft, Soziologie, Politologie und Psychologie. Die Ausführungen über ästhetische Formen von Kommunikation, die Inszenierung von Produkten, Menschen und Räumen (Teil 2 und bspw. Kapitel 3.3) sind grundlegend für Studiengänge im Fach Marketing, Wirtschaftskommunikation, Kommunikationswissenschaft und Public Relations. Ebenso wie die künstlerische Kritik an solchen Methoden (Teil 5). Für den Bereich Kulturmanagement ist besonders interessant, wie die Modelle aus dem Kulturbetrieb in die Wirtschaft transferiert werden und welche Möglichkeiten gegenseiter Befruchtung sich daraus ergeben (Teil 3 und Teil 4). Das Gleiche gilt für Studierende von Kunst- und Kulturwissenschaften, die sich für den Transfer von Ideen und Praxis aus Theater, Musik, Dichtung und Malerei in die Wirtschaftswelt interessieren (Teil 3 und 4), für die damit verbundenen künstlerischen und auch gesellschaftlichen Möglichkeiten (Teil 5).

Das Buch ist ebenso relevant für Praktiker. Damit sind zunächst Menschen in Unternehmen gemeint, die verstärkt ästhetisch handeln, von der Führungsperson bis hin zum Dienstleister. Dann sind besonders Dienstleister und Künstler angesprochen, die mit Unternehmen zusammenarbeiten für Projekte der Personal- und Organisationsentwicklung mit Unternehmenstheater und Musikworkshops bis hin zu konkreten ästhetischen Angeboten in Bereichen wie Architektur, Design und Kommunikation. Für sie ist es wichtig, ihre Tätigkeit in der Forschung verortet zu sehen, die den Nutzen und die Möglichkeiten in einen theoretischen Kontext stellt und untersucht. Auch für andere **Künstler** soll dieses Buch interessant sein, denn nicht zuletzt hat auch die Nachfrage nach Kunst in Unternehmen einen neuen Markt geschaffen, und die meisten Künstler müssen sich mit der generellen Frage der wirtschaftlichen Verwertung ihrer Tätigkeit auseinandersetzen.

Dieses Buch will die Wirtschaftsästhetik zusammenfassen und neuesten Entwicklungen Rechnung tragen. Deshalb wurde ein Aufbau gewählt, der einerseits die Geschichte, Theorie und Besonderheiten der Wirtschaftsästhetik darstellt sowie andererseits die zunehmende interdisziplinäre Festigung dieser Forschungsrichtung. Dazu gehört das noch stärkere Einbeziehen von fächerübergreifenden Erkenntnissen über Ästhetik und Kunst und die Integration dieses Wissens in die Untersuchungsmethoden und die Darstellung von Forschungsergebnissen sowie in die unternehmerische Praxis. Das Feld kann je nach Sichtweise, Forschungsstand und Forschungsabsicht anders aufgeteilt werden. Beispielsweise unterscheidet Antonio Strati (1999) in einem ersten Werk über *Organization and Aesthetics* das Visuelle und das Räumliche (wie Firmengebäude) und theoretische Konzepte (wie Metaphern vom Manager als Künstler). Schon einige Jahre später heben Taylor und Hansen (2005) in ihrem Überblick das Potenzial ästhetischer und künstlerischer Methoden hervor und unterscheiden diese von den bereits besser ausgebildeten theoretischen Ansätzen. Ästhetik ist zunehmend nicht nur Untersuchungsgegenstand der Wirtschaftsästhetik, sondern auch Inhalt als Methode und Form geworden. Diese Spur wird im vorliegenden Buch weiter verfolgt. Es ergänzt die klassischen Themen der Wirtschaftsästhetik um konkrete Verwendungsmöglichkeiten künstlerischer und ästhetischer Methoden und Formen für die Wissenschaft und speziell für Unternehmen, in denen Kunst zur Unterstützung der Personal- und Organisationsentwicklung eingesetzt wird.

Teil 1 behandelt den theoretischen Hintergrund der Wirtschaftsästhetik und schildert die Entwicklung dieser Forschungsrichtung. Als Ursachen gelten die Ästhetisierung der Wirtschaft und veränderte Konzepte von Arbeit, die zu einer neuen Wertschätzung impliziten, aus ästhetischer Erfahrung der Menschen entstandenen Wissens führen, das herkömmliche Ansätze nicht hinreichend erfassen können. Damit öffnen sich die Wirtschaftswissenschaften und die Organisationslehre (noch weiter) für sozial-, kunst- und kulturwissenschaftliche Disziplinen und Wissensgebiete. Dargestellt wird, was Kunst zur Personal- und Organisationsentwicklung beitragen kann, auch in Bezug auf kreatives Denken und Kompetenz im Umgang mit Ästhetik. Im Kapitel über die Methoden ästhetischer Forschung wird die Orientierung an künstlerischen Vorgehensweisen und Darstellungsformen geschildert – die auch zu hybriden Formen von Kunst und Wissenschaft führen, die das sinnlich Erfahrene auf andere Art fassen und vermitteln können als herkömmliche Ansätze. In diesem Kapitel werden die Unterschiede von Kunst und dem zielgerichteten Einsatz ästhetischer Formen in der Wirtschaft erstmals aufgerissen und im Fortgang weiter diskutiert, um einerseits Kritik zu üben an der Manipulation von Mitarbeitern und Menschen in der Gesellschaft, andererseits aber auch das Potenzial von Kunst als Inspiration zur Fähigkeits- und Persönlichkeitsentwicklung und gesellschaftlichen Veränderung zu betonen.

Teil 2 stellt die theoretische Beschäftigung mit ästhetischen Phänomenen dar, wie ästhetische und emotionale Arbeit, Produkte und Design, Architektur einschließlich Unternehmensgebäuden, Büroräumen und Verkaufsflächen. Hier wird nicht nur eine oberflächliche Beschreibung verfolgt, sondern es werden die kritischen interdisziplinären Perspektiven bestehender Forschung geschildert, die Ästhetik an der Oberfläche betrachten und gleichzeitig Ästhetik als oft unsichtbaren, unfassbaren, aber alles durchdringenden Einfluss analysieren. Ästhetische Arbeit bedeutet, andere und sich selbst zu steuern, ebenso kann die Ästhetik von Architektur menschliche Wahrnehmung und Verhalten beeinflussen, wie auch die Gestaltung von Produkten Begierden wecken und Konsum fördern kann. Allen diesen Phänomenen liegt eine ästhetische und bisweilen auch kreative Art des Handelns zugrunde, die auch Möglichkeiten zur Verbesserung des wirtschaftlichen Lebens eröffnet. Ästhetik existiert nicht nur an der Oberfläche, sondern ist konstitutiv für das wirtschaftliche Handeln, indem es seinen Kern ausmacht.

Teil 3 steht in der langen Tradition der Anwendung von Metaphern auf Organisationen. Mit der Wirtschaftsästhetik werden Metaphern aus der Welt der Kunst als heuristisches Werkzeug verwendet, um wirtschaftliche Prozesse und Modelle auf neue Art zu verstehen.

Handlungs- und Führungskonzepte aus kreativen und kulturellen Institutionen werden auf Unternehmen übertragen, um herkömmliche, auf Effizienz oder Mechanik basierende Konzepte um Improvisation, Zusammenspiel und das Zwischenmenschliche zu erweitern. So dienen Künstler oft als Rollenmodell für Manager, Unternehmen werden als Orchester oder Jazzband beschrieben. Die Metapher des Theaters begreift Unternehmen als Schauspiel und der Ansatz des Storytellings stellt Unternehmen als Ansammlung von Erzählungen dar. Viele dieser metaphorischen Konzepte finden sich in den konkreten ästhetischen Phänomenen wieder und auch in der Anwendung von Kunst in Unternehmen, wenn es nicht um Unternehmen *als* Jazzband geht, sondern um Jazz *im* Unternehmen.

Teil 4 beschreibt den konkreten Einsatz von Kunst in Unternehmen, sogenannte kunstbasierte Interventionen wie Malerei, Theater, Dichtung, Literatur, Musik und Skulptur. Er zeigt, wie über die theoretische Beschäftigung mit Kunst-Metaphern und die Beschreibung von ästhetischen Phänomenen hinaus direkt und praktisch von der Kunst gelernt werden kann. Solche Methoden sollen Veränderungsprozesse begleiten und im Rahmen der Personalentwicklung ästhetische Fähigkeiten trainieren wie bessere Selbstdarstellung, sensible Wahrnehmung und kreatives, vernetztes Denken. Kunst kann auch zur Persönlichkeitsentwicklung beitragen und zu anderen Formen der Zusammenarbeit und Führung.

Teil 5 zeigt, dass der Weg der Wirtschaft zur Kunst keine Einbahnstraße ist. Dichter, Maler, darstellende und performative Künstler setzen ästhetische Mittel nicht nur im Auftrag von Unternehmen ein, sondern auch für eine kritische Form der Auseinandersetzung mit der Welt der Wirtschaft. Dieser Teil zeigt zeitgenössische Beispiele als Echo auf die Ästhetisierung von Wirtschaft, darunter die Kritik an erzwungener emotionaler Arbeit, an ungefragter Verwertung von Kunstwerken durch Unternehmen, an beeinflussenden Verkaufsatmosphären. Die Formen künstlerischer Auseinandersetzung wirken nicht nur über ihren Inhalt, sondern über die ästhetische Erfahrung – die in diesen Fällen auch mal irritierend und verstörend sein kann – und unterstreichen so weiter die Relevanz des ästhetischen Ansatzes. Durch ihre oft komplementäre Perspektive auf bisher aufgegriffene Themen runden sie die Darstellung sinnvoll ab.

Teil I Ästhetik und Unternehmen

1 Theorie der Wirtschaftsästhetik

1.1 Grundlagen und Entwicklung des Feldes

Die Wirtschaftsästhetik beschäftigt sich mit der sinnlichen sowie emotionalen Wahrnehmung und deren Auswirkungen auf das wirtschaftliche Handeln und verbindet somit die Bereiche Wirtschaft und Ästhetik. **Ästhetik** leitet sich von der Wurzel *aisth* aus dem Altgriechischen ab, beziehungsweise dem Verb *aisthánesthai*, welches das durch die körperliche Wahrnehmung ausgelöste sinnliche Fühlen bezeichnet. Die Folge dieser sinnlichen Wahrnehmung ist eine bestimmte Art von Wissen. Ästhetik ist also ein Wissen durch körperliche Wahrnehmung wie Sehen, Hören, Tasten, Schmecken und Rieche, und die sie fast zwangsläufig begleitende emotionale Reaktion wie Freude, Ärger, Ekel, Bedrücktheit und so weiter. Ästhetische Formen können demnach sinnlich stimulierend wirken, aber auch kontrollierend und quasi anästhesierend – wie der Titel dieses Buches ausdrückt.

Ausgehend von der zentralen Stellung des sinnlichen Empfindens gründet die Wirtschaftsästhetik auf der Annahme, dass eine Organisation kein ausschließlich kognitives Konstrukt ist, sondern aus der ästhetischen und sinnlichen Erfahrung der Menschen und dem daraus entstandenen impliziten Wissen besteht (Strati 1999). Der Wirtschaftsästhetik legt die Auffassung von Ästhetik als spezielle Art von Wissen zugrunde, das sich von intellektuellem und rationalem Verständnis unterscheidet. Durch die Beschäftigung mit Ästhetik erhofft sich die wirtschaftswissenschaftliche Forschung Erkenntnisse über die sinnliche Wahrnehmung und die damit verbundene Bildung von Wissen, Erkenntnis und Einstellungen, die das Leben in Organisationen beeinflussen (Taylor & Hansen 2005). So eignet sich die (Wirtschafts-)Ästhetik als epistemologische Perspektive, die ein sinnliches, verhaltensmäßiges und bedeutungsstiftendes Verständnis von Unternehmen und Wirtschaft ermöglicht. Die schwere Fassbarkeit von Ästhetik und die mit ihr verbundene Subjektivität hat die Akzeptanz dieses Ansatzes in der wirtschaftswissenschaftlichen Forschung und Organisationsforschung erschwert, sie aber um viele neue und relevante Faktoren und Untersuchungsgegenstände sowie interdisziplinäre Ansätze und neue hybride wissenschaftlich-künstlerische Ansätze bereichert.

Der Ästhetikbegriff blickt seit der Antike auf eine lange und differenzierte Bedeutungsgeschichte zurück. Als Wissenschaft vom Schönen oder als Wahrnehmungslehre bildet Ästhetik einen Bereich der Philosophie und auch der Kunsttheorie, zum Studium des Schönen und der Erfahrung durch den Menschen. Bei Hegel gilt die Ästhetik als Disziplin für schöne Künste und hohe Wahrheiten; in Bezug auf Kant wird mit Ästhetik häufig eine Urteilsästhetik und Kunsttheorie verbunden, mit einem Schwerpunkt auf Schönheit und dem Erhabenen in der Natur, während Baumgarten (1750) als Begründer der modernen Ästhetik von einer generelleren Wissenschaft der sinnlichen Wahrnehmung spricht und die Ästhetik als Theorie der sinnlichen Erkenntnis im Gegensatz zur rationalen begründet. In der Wirtschaftsästhetik bleibt vor allem Baumgartens Konzept der Ästhetik als Theorie der sinnli-

chen Erkenntnis erhalten, die Giambattista Vico (1744) noch stärker von der rationalen Weisheit abgrenzte.

Ästhetische Erfahrung produziert ein leiblich und emotional erfahrenes Verständnis, dem kein überlegter, rationaler Erkenntnisprozess zugrunde liegt, sondern ein intuitives Erfassen von Bedeutung ohne bewusstes Nachdenken, eine Art „Bauchgefühl". Einschränkend müsste man hier Menschen mit besonderer ästhetischer Kompetenz erwähnen, die ihr ästhetisches Empfinden gut intellektuell herleiten können, was im Fortgang dieses Kapitels noch erläutert wird. Im Allgemeinen aber wirken beispielsweise Architekturen auf ihre Betrachter und die Anwesenden, indem sie über ihre Atmosphären körperlich und sinnlich wahrgenommen werden und bedrückende oder befreiende Assoziationen und entsprechende Empfindungen auslösen (Kapitel 2.3). Häufig wird in der Wirtschaftsästhetik Bezug genommen auf den Begriff des impliziten Wissens, tacit knowing, nach Polanyi (1966): Der Begriff meint, dass Akteure in der Wirtschaftswelt oft auf intuitive Art handeln und reagieren, automatisch, spontan oder aufgrund von Erfahrungswerten. Sie können ihr Handeln und zugrunde liegendes Empfinden aber nicht in logisch-analytischen Worten ausdrücken, höchstens metaphorisch umschreiben. Die Wirtschaftsästhetik geht davon aus, dass dieses implizite Wissen in Organisationen durch ästhetische Wahrnehmung entsteht und die Grundlage für alle dort vorhandenen Arten des Wissens bildet, für die Interaktion mit anderen und das gesamte Handeln nach innen und nach außen in die Gesellschaft hinein (Gagliardi 1996, Taylor & Hansen 2005: 1213).

Ästhetik wird für die wirtschaftswissenschaftliche Erkenntnisproduktion relevant, wenn sie nicht nur als Lehre der Kunst verstanden wird. In der Kunsttheorie bezieht sich die Ästhetik besonders auf Fragen der Sinneserfahrung, auf die formalen Kriterien künstlerischer Gestaltung und damit auf Geschmacksurteile. Eine Urteilsästhetik nach Kant sollte Kunst beurteilen sowie von Kitsch und Kunsthandwerk abgrenzen und später bei Horkheimer und Adorno von der Kulturindustrie. Bei einem solchen Ansatz wird eine verengte ästhetische Theorie benutzt, um Konversation über Kunstwerke zu halten, im sozialen Kontext, in der Kunstgeschichte und im Rahmen von Kunstkritik. Eine solche Ästhetik hat die Aufgabe festzulegen, was Kunst ist, und Mittel für die Kunstkritik zu bieten – ohne jedoch ästhetische Phänomene in der Realität bewerten zu können (Böhme 1995). Gerade einer ästhetischen Wirtschaftswelt, in der auch Künstler für Unternehmen arbeiten und Kunst und Kommerz oft ineinander übergehen, ist eine solche Theorie nicht gewachsen. Der Wirtschaftsästhetik geht es deshalb nicht primär um Qualitätsurteile und Verurteilungen sowie Abgrenzungen zu „wahrer Kunst". Sondern sie erkennt die ästhetische Wirkung von Kunst und quasi-künstlerischer Arbeit im Wirtschaftskontext an, beschäftigt sich mit inszenierten Produkten, beeindruckenden Architekturen, gestylten Mitarbeitern. All diese Phänomene rufen ästhetische Reaktionen hervor, obwohl sie nicht Kunst sind. Die Wirtschaftsästhetik erlaubt sich kein geschmackliches Urteil, sondern fragt nach Unterschieden zur Kunst, um die ästhetischen Entwicklungen besser zu verstehen, einordnen und auch kritisieren zu können und Neues zu lernen über Führung und Organisation.

An dieser Stelle wird außerdem deutlich, dass eine Gleichsetzung von Ästhetik und Kunst limitierend und wenig zielführend ist. Etymologisch leitet sich **Kunst** vom griechischen *techne* ab und beschreibt die Veränderung von Materialien durch Fähigkeiten und Intelligenz. Kunst kann somit als eine von vielen Formen „ästhetischer Arbeit" (Böhme 1995: 35) (vgl. S. 25) gesehen werden, die durch ihre gestalteten Werke und auch Performances sinnliche Reaktionen in Menschen hervorruft. Kunst kann als Instrument für die Wirtschaft dienen, sich ihr auch entgegenstellen oder eben im Wechselspiel mit der Wirtschaft Inspiration für neue Formen wirtschaftlichen Handelns bieten. Neueste Ansätze der Wirtschaftsästhetik untersuchen die Kunst auf ihr besonderes Potenzial hin, sprechen von Kunst als Ausgangspunkt, während es dem ästhetischen Handwerk um das Ankommen geht (Barry & Meisiek 2010b). Die Kunst spielt in diesem Sinne mit Präzision und Mehrdeutigkeit, lässt ihren Sinn teilweise offen und überlässt den Betrachtern Interpretationen. Überall lauert die Drohung, welche bei den Liebhabern auch radikaler Kunst genauso wie bei distinguierten Kunstkennern gleichermaßen geachtet ist, dass sie Probleme zum Gegenstand der spielerischen Auseinandersetzung degradiert, über ihre Ästhetik zu kurz oder zu weit gehen kann, Vorstellungen erschüttern und auf subtile Weise ihr Publikum berühren kann. Diese Charakteristiken betonen viele zeitgemäße Perspektiven auf die Kunst, und im Folgenden wird an zahlreichen Beispielen die Natur der Kunst diskutiert, wie wir sie als autonome Kunst in ihrer heutigen gesellschaftlichen Funktion verstehen. Kunst ist mehr als nur eine zweckfreie ästhetische Tätigkeit, muss aber nicht schön oder erhaben sein, sondern kann gerade von der ästhetischen Perspektive aus gesehen die sinnliche Erfahrung der Menschen herausfordern und weiterentwickeln und damit in der ästhetischen Ära von Wirtschaft idealerweise auch gesellschaftliche Auswirkung besitzen. Ausgehend von dieser Diskussion wird im Fortgang dieses Buches an vielen Stellen die Suche nach dem aufgegriffen, was Führung und Management *als Kunst* denn bedeuten kann. Es muss hier um mehr gehen als um die Anwendung bloßer ästhetischer Fähigkeiten, sondern um das Besondere an Kunst, die Anreize und Inspiration bietet.

Ästhetische Untersuchung und künstlerisches Verständnis

Strati (2000: 26 f.) gibt ein Beispiel zur Verdeutlichung des Unterschieds von Ästhetik und Kunst: In einem Unternehmen hat eine Werkstatt einen besonders hervorstechenden Geruch. Dieser Aspekt wird gewöhnlich in der Organisationsliteratur nur unter der Gesundheitsperspektive betrachtet, ist aber interessant für die Wirtschaftsästhetik: Wie nehmen die Mitarbeiter ihn wahr? Und Neuankömmlinge? Erinnern sich ausgeschiedene Mitarbeiter durch den Geruch gar wehmütig an ihre Arbeit? Was für ein Wissen über das Unternehmen entsteht durch diese ästhetische Komponente? Für die Menschen und den Forscher setzt die dadurch hervorgerufene ästhetische Empfindung wie Ekel kein künstlerisches Können oder Wissen voraus. Allerdings lässt sich – beispielsweise in diesem Buch – das Argument verfolgen, dass ästhetische Kompetenz, auch durch künstlerische Kenntnis, zu einem besseren Umgang mit solchen Phänomenen verhilft. Der besonders stimmungswirksame Geruch hat eine lange Tradition im Theater und in Performances und wird heute auch gezielt in Verkaufskontexten eingesetzt.

Die wirtschaftswissenschaftliche Beschäftigung mit dem Feld der Ästhetik setzte mit dem zunehmenden kulturwissenschaftlichen Einfluss auf die Organisationsforschung und Wirtschaftswissenschaften ein, dem sogenannten cultural turn, der kulturellen Wende in den späten 1980er Jahren. Probleme der Repräsentation und Form von Realität wurden augenscheinlich und klar benennbar. Erschüttert war der Glaube in die Unfehlbarkeit wirtschaftswissenschaftlicher Theorien mit positivistischen und funktionalistischen Perspektiven, die auf das vermeintlich Wesentliche und auf die rationale Rekonstruktion von „Wahrheit" ausgerichtet waren. Überlebt hatte sich die Auffassung von einer begrenzten und feststehenden Anzahl von Erkenntnisgegenständen, welche die relevanten Dreh- und Angelpunkte von Organisationen ausmachen – so hat die Wirtschaftsästhetik die bestehende Palette an Untersuchungsgegenständen um viele ästhetisch wahrnehmbare Elemente erweitert. Mit der Etablierung des Konstruktivismus im wissenschaftlichen Diskurs wuchs das Verständnis, dass auch das Leben in Organisationen sozial konstruiert ist. Es ist eine Ansammlung von persönlichen Wahrnehmungen und Ansichten, eine ständige Verhandlung von Werten, Symbolen und Praktiken. Es wurde erkannt, dass relativ viel – gemäß der oben dargestellten Prämissen der Wirtschaftsästhetik müsste man sagen: alles – von der sinnlichen Wahrnehmung und den daraus entstehenden Urteilen und Einstellungen abhängt. Diese sind in der Regel implizit und versteckt hinter abstrakten und vordergründig rationalen Urteilen. Das ist heute eine Grundannahme der Wirtschaftsästhetik, deren Prämissen, Paradigmenvielfalt und Pluralität aus interpretativen und kritischen Ansätzen besteht (Strati 1999). Als besonders einflussreich für die Wirtschaftsästhetik gelten der Organisationale Symbolismus (Turner 1990, Alvesson & Berg 1992) und weitere wissenschaftliche Ansätze, die mit Kunst-Metaphern Organisationen auf neue Art zu erfassen suchen (Mangham & Overington 1987). Als Beispiele für erste Ansätze der Distanzierung vom Objektivismus und Hinwendung zum sinnlich reichen Leben in Organisationen gelten auch Weicks *The Social Psychology of Organizing* (1969) und Silvermans *The Theory of Organizations* (1970).

In den 1990er Jahren entstanden fast zeitgleich mehrere bedeutende Werke über die ästhetischen Dimensionen des Arbeitslebens, die von einem schwer beschreibbaren Einfluss der Unternehmenskultur sprachen und Begrifflichkeiten wie Schönheit und Pathos in den wissenschaftlichen Diskurs über Organisationen hineintrugen: Degot (1987) etwa vergleicht den Manager mit einem Künstler, um die kunstvollen und ästhetischen Seiten seiner Tätigkeit zu illustrieren. Strati (1992) wiederum gehört zu den viel zitierten Begründern des Feldes und widmete sich zunächst der theoretischen und methodischen Frage, wie empirische Forschung die Schönheit von Organisationen ermessen könne, um dann epistemologisch zu argumentieren, dass sich nur mit einem ästhetischen Ansatz ein „Gefühl" für Organisationen erreichen lasse. Gagliardi (1990) lenkte die Aufmerksamkeit auf das Pathos von Artefakten in Organisationen und die Ausdrucksfülle symbolisch aufgeladener Architektur, die das Verständnis und Verhalten von Menschen subtil beeinflussen kann. Mit diesen Ansätzen wurde die körperliche Wahrnehmung und Wissensbildung ein Thema und Konzepte der Kunst ergänzten die bestehenden Organisationsbeschreibungen.

Bis zur Jahrtausendwende war ein erkennbares, wenn auch kleines Feld der Wirtschaftsästhetik entstanden. 1996 publizierte das Fachorgan *Organization* ein Sonderheft mit dem Titel *Essays on Aesthetics and Organization* und einer Reihe von Artikeln über implizites Wissen ästhetischen Ursprungs, die Notwendigkeit ästhetischer Forschungsansätze, auch im Hinblick auf Schönheit und Kunst (Strati 1996, Ramirez 1996, Ottensmeyer 1996). Weitere wichtige Sonderhefte erschienen 2001 in *Human Relations,* 2002 unter dem Titel *Aesthetics and Management* in *Consumption, Markets and Culture,* und als *Art and Aesthetics at Work* in *Tamara – Journal of Critical Postmodern Organization Science* (heute: *Journal of Critical Organization Inquiry*). Im *Handbook of Organization Studies* erläuterte Gagliardi (1996) den allgegenwärtigen ästhetischen und sinnlichen Einfluss von sogenannten Artefakten (Kapitel 2.3). In dessen Folge erschienen zahlreiche Artikel, die Ästhetik auf bestehende Organisationskonzepte anwenden (Guillén 1997). Bald darauf kam Stratis (1999) grundlegende Monografie *Organization and Aesthetics* und Dobsons (1999) *The Art of Management and the Aesthetic Manager*. Linstead und Höpfl (2000) veröffentlichten die Anthologie *The Aesthetics of Organization,* ein weiteres häufig zitiertes Herausgeberwerk ist Carr und Hancocks (2003) *Art and Aesthetics at Work*. Für die Anfänge des Feldes und darüber hinaus besonders förderlich waren die *Standing Conference on Organizational Symbolism SCOS* und die *Art of Management and Organization Conference*. Bis heute sind eine Vielzahl von Artikeln, Sonderheften und Büchern zu verschiedensten Facetten dieses Themas erschienen, von denen viele in diesem Buch vorgestellt werden. Es ist auch eine Menge populärwissenschaftlicher Managementwerke und Ratgeber entstanden über Firmenarchitektur, Selbstpräsentation, Stil und Rhetorik, konsumfördernde Methoden im Marketing und über die „Kunst des Managements". Sie heben die Bedeutung von Ästhetik für den wirtschaftlichen Erfolg eines Unternehmens heraus und unterstreichen damit weiter die Notwendigkeit wirtschaftswissenschaftlicher Forschungen im Bereich der Ästhetik.

Es gibt mittlerweile einschlägige Konferenzreihen (*Art of Management Conference* AMO, *Standing Conference on Organizational Symbolism* SCOS), sowie Tracks zum Thema Ästhetik und Kunst auf den großen Konferenzen der Management- und/oder Marketing-Gesellschaften (wie EURAM, BAM, der European Group of Organizational Studies EGOS und anderen). Assoziierte Forschungsnetzwerke (*AACORN the Arts, Aesthetics, Creativity and Organisations Research Network*) stehen auch Praktikern in dem Feld offen, erweitern den Austausch und tragen zur Popularisierung des Forschungsfeldes bei.

Mit den ästhetischen Ansätzen in den Wirtschaftswissenschaften begann auch das konkrete Interesse der Ökonomen am theoretischen und praktischen Einsatz von Kunst in Unternehmen, an Kunstkonzepten und künstlerischen Methoden. Beispielsweise haben die britische Institution Arts & Business UK, mit dem *Creative Development Program,* und das Americans for the Arts mit der sogenannten *Creativity Connection* mehrere Millionen Euro zur Förderung von kunstbasiertem Lernen in Unternehmen ausgegeben – ein wichtiger Anstoß für das sich entwickelnde Feld (Seifter & Buswick 2010). An diesem Beispiel haben sich unter anderen in Dänemark ähnliche Initiativen und Kooperationen zwischen beiden Welten entwickelt (Darsø 2004: 126 ff.).

Diese Entwicklung manifestiert sich auch an Hochschulen. So sind etwa die Studenten der dänischen Copenhagen Business School mit dem weltweit ersten Center for Art and Leadership und dem Studiengang *Leadership and Innovation in Complex Systems (LAICS)* auf dem Arbeitsmarkt besonders begehrt, genau wie die Absolventen des *Oxford University's Strategic Leadership Programme* (OSLP). In Deutschland profilieren sich zumindest langsam immer mehr Hochschulen und Business Schools mit einer systematischen, interdisziplinären und anwendungsorientierten Ausrichtung auf Team- und Kommunikationsfähigkeit, kreatives Verständnis und gesamtgesellschaftliches Verantwortungsbewusstsein. Beispielsweise wirbt die Zeppelin Universität in Friedrichshafen mit einem multidisziplinären Ansatz und Dirk Baecker, Karen van den Berg und Birger Priddat haben zum Thema publiziert, beispielsweise in der Anthologie *oeconomenta. Wechselspiele zwischen Kunst und Wirtschaft* (Markowski & Wöbken 2007), und Martin Tröndle (2009, 2001) forscht im Bereich Wirtschaftsästhetik. Bis zum Jahre 2002 existierte das Forschungskolleg *Wirtschaftskultur durch Kunst* der Universität Witten/Herdecke und des Kunstwissenschaftlichen Instituts des Landes Nordrhein-Westfalen. Ein Teil der Ergebnisse ist in das Buch *Das Wie am Was. Beratung durch Kunst* (Bockemühl & Scheffold 2007) eingeflossen und mit weiteren Ausarbeitungen publiziert in *Transfer: Kunst. Wirtschaft. Wissenschaft* (Heid & John 2003). Neue Forschungsergebnisse zum Zusammenspiel von Wirtschaft und Kunst und künstlerischen Interventionen in Organisationen (Berthoin Antal 2009) kommen aus der Abteilung *Kulturelle Quellen von Neuheit* unter der Leitung von Michael Hutter (2010) am Wissenschaftszentrum Berlin. Der Nutzen von Kunst für Unternehmen wurde auch von Torsten Blanke (2002) untersucht durch Interviews mit zahlreichen Unternehmern und Künstlern, Personal- und Organisationsentwicklern, Kunst- und Unternehmensberatern. Auch beschäftigen sich zunehmend Künstler mit Wirtschaftsthemen – beispielsweise unterstützt vom Programm *art, science & business* der Akademie Schloss Solitude – und Sammelbände (Brellochs & Schrat 2005) dokumentieren theoretische Überlegungen über den bisherigen Austausch von Kunst und Wirtschaft sowie zukünftige Bereicherungsmöglichkeiten. Generell ist das Feld hierzulande aber noch ziemlich jung und ausbaufähig.

Im Allgemeinen lässt sich eine zunehmende Wertschätzung von Ästhetik im Sinne von sinnlicher und emotionaler Wahrnehmung in anderen Disziplinen feststellen. Beispielsweise ist in der Kommunikationswissenschaft ein Interesse an der Immaterialisierung der wirtschaftlichen Wertschöpfung und an Prozessen der Inszenierung zu beobachten (Kirchhoff & Piwinger 2005). Andere interdisziplinäre Forschung wie zur Ästhetik (Böhme 1995) oder aus der Theaterwissenschaft betrachtet wirtschaftswissenschaftliche Untersuchungsgegenstände (Biehl 2007b) beziehungsweise beschäftigt sich mit gesamtgesellschaftlichen Ästhetisierungsprozessen (Fischer-Lichte et al. 2004). Diese Aspekte werden auch von weiteren sozial- und kulturwissenschaftlichen Perspektiven aus betrachtet.

Als Ursachen für die zunehmende Relevanz von Ästhetik und Kunst in der Wirtschaftswelt gelten die globale, sozial vernetzte und sich schnell verändernde Wirtschaftswelt selbst, ein zunehmender Anspruch an nachhaltiges Wirtschaften, eine Ästhetisierung des Konsums und ein verändertes Bild von Arbeit mit erhöhten Ansprüchen an Selbstverwirklichung und Sinnstiftung. In Bezug auf das veränderte Konzept von Arbeit hat sich die Erkenntnis durchgesetzt, dass in der Wirtschaft emotionale Wesen mit Gefühlen wie Ehrgeiz, Elan, Stolz, Dankbarkeit, Fröhlichkeit, aber auch mit Angespanntheit, Ärger und Abscheu agieren. Die Rolle von Emotionen in der Wirtschaft wurde zwar schon früh erkannt, aber zunächst eher verdrängt statt gefördert. So setzte Max Webers Bürokratiemodell auf eine Trennung von Rollenträger und individueller Persönlichkeit, um formale Organisationsstrukturen vor Willkür zu sichern. Menschenbilder und Organisationsmodelle haben sich gewandelt. Vom „economic man" Frederick W. Taylors (Scientific Management), der passiv und lediglich durch ökonomische Anreize zu motivieren und zu steuern ist, über den an sinnstiftender Arbeit orientierten „social man", bis zum sich selbst verwirklichenden Arbeitstyp des „self-actualizing man" und den „complex man" mit variierenden individuellen und vielschichtigen Bedürfnissen. Weiterentwicklung, Selbstverwirklichung und das Einbringen der eigenen Subjektivität anstelle von distanzierter Pflichterfüllung sind Anspruch und zugleich auch Forderung an den Mitarbeiter von heute geworden.

Mit dem veränderten Arbeits- und Menschbild werden neue Organisationsmodelle nachgefragt: Mechanische Vorstellungen vom Unternehmen als „Maschine" sind überholt und organisationssoziologische, evolutionstheoretische und kybernetische Modelle werden ergänzt von einem Transfer von Arbeitsmodellen und kreativen Schaffensprozessen aus der Welt der Kunst und des Kulturbetriebs in die Wirtschaft. Unternehmen erscheinen aus dieser Perspektive wie Orchester oder Theater, Manager wie Künstler. Das Handeln von Künstlern dient als Inspiration für das zeitgemäße kreative Arbeiten, denn lediglich konstante Innovation wird in diesen hektischen Zeiten mit komplexen sozialen und technologischen Veränderungen von den Unternehmen selbst und von der Gesellschaft als nicht ausreichend angesehen (Adler 2006). Konkrete künstlerische beziehungsweise kunstbasierte Methoden in Unternehmen sollen die Kreativität und ästhetische Kompetenz von Managern und Mitarbeitern fördern. Denn in den heutigen Unternehmen werden kreative Mitarbeiter gebraucht, die besondere Produkte und Dienstleistungen entwerfen, und solche, die sie ästhetisch und emotional umsetzen.

Wie einleitend beschrieben will dieses Buch auf die oft ambivalenten Dimensionen des Einsatzes von Kunst als Werkzeug in Unternehmen eingehen, darunter ästhetische Arbeit, Architektur und eben auch kunstbasierte Interventionen. Damit werden auch einige ethische Fragestellungen angesprochen, die traditionell mit der Ästhetik verbunden sind. Mit Ethik und Wirtschaftsästhetik beschäftigt sich eine noch nicht erschienene Sonderausgabe der wissenschaftlichen Zeitschrift *Tamara Journal for Critical Organization Inquiry* (Taylor & Elmes, forthcoming). Von einem ästhetischen Ansatz verspricht man sich mehr als eine alleinige Orientierung an Regeln, ein tieferes Verständnis und ethisch ausgerichtetes Handeln (Dobson 1999). So erwartet die Forschung vom Einsatz von kunstbasierten Interventionen in Unternehmen eine Inspiration für das ethische Bewusstsein von Führungspersonen und Mitarbeitern (Teil 4). Mit Ästhetik und künstlerischen Methoden in Unternehmen ist aber auch eine Beeinflussung verbunden, der sich die Wirtschaftsästhetik ebenfalls angenommen hat: Theater kann zur Förderung von Rollentreue bei der Arbeit dienen, Kunstsammlungen zur gesellschaftlichen Beeinflussung, Architektur zur Einschüchterung. In Unternehmen existiert eine ganze Bandbreite an Situationen, in denen Kunst und Ästhetik nicht die menschliche Erfahrung bereichern, sondern Vormachtstellungen durchsetzen – das beschreiben Warren und Rehn (2006: 85) als die „dunkle Seite" der „Kunst des Managements" in ihrem Vorwort zur Sonderausgabe über „Oppression, Art and Aesthetics" in *Consumption, Markets and Culture.*

Ästhetik wird demnach nicht als das Schöne verstanden, so wie man es im allgemeinen Sprachgebrauch oft hört. Ästhetik als Form der Kontrolle kann durchaus unschöne Dimensionen annehmen. Der ästhetischen Perspektive geht es um die sinnliche Wahrnehmung.

Schönheit ist nur eine von mehreren ästhetischen Kategorien neben dem Erhabenen, dem Hässlichen, Komischen, Anmutigen, Grotesken, Pittoresken, agogischen spielerischen Kategorien, dem Tragischen und dem Heiligen (Strati 1999: 20 ff.). Die Forschung nimmt häufig auf verschiedene ästhetische Kategorien Bezug, um wirtschaftliches Geschehen in seiner sinnlichen Komplexität und emotionalen Wirkung zu erfassen. Das Schöne ist laut Strati zwar besonders relevant, denn es hilft zu erklären, warum Mitarbeiter ihrem Unternehmen verbunden sind, den Menschen und den Materialien, mit denen sie arbeiten. Wäre die Wirtschaftsästhetik aber auf die Untersuchung von Schönheit reduziert, würde sie nur angenehme Oberflächen und gefälliges Handeln erfassen können. Ihr entginge damit das besondere Potenzial von Kunst als Inspiration. Das Groteske oder das Komische können viel wichtiger sein, wenn es beispielsweise um Veränderungsprozesse geht.

Ästhetik betrifft nicht nur Oberfläche, sondern ist konstitutiv für das wirtschaftliche Handeln. Der alles durchdringende Charakter von Ästhetik drückt sich auch im philosophischen Konzept der epistemologischen Ästhetisierung (Welsch 1996) aus, mit dem sich ebenfalls die Entwicklung der Wirtschaftsästhetik erklären lässt. Dieses Konzept der Wissens- und Erkenntnisproduktion aus der Geschichte der Ästhetik liegt der Wirtschaftsästhetik zugrunde. Es gehört seit Kants *Kritik der reinen Vernunft* zum wissenschaftlichen Konsens, dass ästhetische Momente für unser Wissen grundlegend sind, dass ästhetische Vorgaben von Raum und Zeit begrenzen, was wir von der Wirklichkeit erkennen. In diesem Sinne der Kantschen „transzendentalen Ästhetik" zeigte Nietzsche, dass unsere Realitätswahrnehmung nicht nur ästhetische Elemente beinhaltet, sondern sogar ein genuin ästhetisches Konstrukt ist. Das Erkennen besteht aus metaphorischen Anschauungsformen, Bildern, Projektionen. Diese prinzipielle ästhetische Verfasstheit von Wissen, Wahrheit und Wirklichkeit setzte sich als epistemologische Ästhetisierung, als wissenschaftlich gefestigte Grundannahme im 20. Jahrhundert durch: „Hatte man früher gemeint, Ästhetik habe es erst mit sekundären, nachträglichen Realitäten zu tun, so erkennen wir heute, daß das Ästhetische schon zur Grundschicht von Erkenntnis und Wirklichkeit gehört" (Welsch 1996: 52). Wirklichkeit und Wahrheit sind keine unabhängigen Größen, sondern nur Gegenstand einer Konstruktion. So lehren uns beispielsweise sozialwissenschaftliche Ansätze, dass wir immer nur Beobachtungen beobachten und Beschreibungen beschreiben, und schließlich besitzt jeder Mensch in diesem Zeitalter ein gewisses Bewusstsein dieser prinzipiellen Ästhetisierung, weshalb die Wirtschaftsästhetik untersucht, wie ästhetische Phänomene unsere Wahrnehmung der Wirklichkeit mitbestimmen. Beispielsweise macht die ästhetische Erfahrung den Wert von vielen Produkten und Dienstleistungen aus, die Einstellung zur Arbeit, die Einschätzung von Führungsfähigkeiten und vielem mehr.

Die Wirtschaftsästhetik bietet einen neuen Zugang zu wirtschaftlichen Fragenstellungen, die von traditionellen Ansätzen nicht vollständig erfasst werden können. So hat sich die Wirtschaftsästhetik bisher mit klassischen Forschungsthemen befasst wie Führung und Strategie und hat hierzu verschiedenste neue Erkenntnisse generiert. Sie reichen von der Konzeption von Ästhetik als Form von Kontrolle bis zum Beitrag von kunstbasierten Methoden wie Poesie zur Strategieentwicklung von Unternehmen. Vor allem aber führt der ästhetische Blick auch zu neuen Fragestellungen über die Anwendung von Kunst und Ästhetik in Unternehmen, die bis vor wenigen Jahren noch für unwichtig gehalten wurden und außerhalb des Bildfelds bestehender Ansätze lagen. Dazu gehören beispielsweise erweiterte Fragestellungen zur Atmosphäre, Gefühlen, Körperlichkeit und neue Einsichten in die „Kunst" des Führens.

Mit der ästhetischen Perspektive öffneten sich die Wirtschaftswissenschaften und die Organisationslehre (noch weiter) für sozial-, kunst- und kulturwissenschaftliche Disziplinen und Wissensgebiete wie Theater, Film, Architektur, Studien des Narrativen, des Texts und Textualität, Philosophie und Ästhetik. Viele Forscher beziehen sich auf sozialwissenschaftliche Ansätze wie die Kritische Theorie, Poststrukturalismus, postmoderne und philosophische Ansätze, um wirtschaftliche Vorgänge kritisch zu interfragen. Verfolgt wurden postmoderne und konsumorientierte Ansätze, die beispielsweise Ästhetik nicht nur als Dekoration, sondern als Substanz der Wirtschaft begreifen (Featherstone 1991). Bezug genommen wird auch auf verwandte Ansätze wie Gernot Böhmes (1995, 2003) Entwurf einer Ästhetik jenseits der Kunsttheorie (siehe unten). International werden in diesem Feld mit großem Interesse Publikationen über Ästhetik rezipiert, die sich nicht allein auf Kunst, sondern auf die Ästhetisierung des alltäglichen und wirtschaftlichen Lebens beziehen und damit als Brücke zwischen beiden Welten fungieren. Beispielsweise die *Grenzgänge der Ästhetik* von Wolfgang Welsch (1996): Hier wird eine vordergründige ästhetische Überzuckerung der Wirklichkeit festgestellt und eine tiefere Ästhetisierung der eigentlichen Strukturen mit Computersimulation, medialer Vermittlung und aufgesetztem Sozialverhalten. In der heutigen Wirtschaftswelt sind die Oberflächen noch schöner geworden und die zugrunde liegenden Prozesse ästhetisch simuliert und künstlerisch inspiriert.

Weiterentwicklung der ästhetischen Theorie von der Kunst zur Wirtschaft

Die *Neue Ästhetik* des Philosophen Gernot Böhme (1995, 2003, 2006) thematisiert Ästhetik nicht nur im Kontext der Kunst, sondern in der Konsumwelt. Ästhetische Arbeit besteht darin, Atmosphären zu erschaffen: Dingen, Umgebungen oder auch den Menschen selbst Eigenschaften zu geben, die von ihnen etwas ausgehen lassen, das nicht rational erkannt wird, sondern spürbar ist und ästhetisch wahrgenommen wird. Ästhetische Arbeit umfasst Design, Bühnenbild, Werbung, Herstellung von akustischen Klangtapeten, Kosmetik, Innenarchitektur – und natürlich den ganzen Bereich der eigentlichen Kunst (1995: 35). Das Schaffen von Atmosphären ist eine Form der Machtausübung, die subtil und kaum physisch manifest ist und die Befindlichkeit der Menschen angreift, die Stimmung manipuliert, Emotionen evoziert, Lebensstile suggeriert (1995: 39). Die ästhetische Theorie will eine Kritik üben, die die Freude an der ästhetischen Lebenssteigerung nicht verdirbt, aber auf ästhetische Manipulation aufmerksam macht. Während man an der Kunst Atmosphären „handlungsentlastend" erfahren kann (Interpretationsmöglichkeiten werden eröffnet, es soll kein bestimmter Zweck verfolgt werden), haben Atmosphären in der Wirtschaft immer einen bestimmten Zweck, wollen in einem Geschäft beispielsweise zum Kaufen animieren. Die kapitalistische Ökonomie mit ihrer Luxusproduktion als Verschwendungsökonomie befriedigt nicht elementare Bedürfnisse, sondern weckt Begehrlichkeiten, steigert beständig die Lust auf mehr durch die Inszenierung von Produkten und Lebensstilen. Ausgeblendet werden auch Ausbeutung und Umweltzerstörung, ungleiche Machtverhältnisse und Unterdrückung (2003: 81).

Der Einsatz von Kunst in Unternehmen soll über die Beschäftigung mit Kunstwerken oder die Anwendung von künstlerischen Techniken eine Reihe von Fähigkeiten vermitteln, die mit der Kunst zusammenhängen wie bessere Kommunikation und kreatives Denken, den kompetenteren Umgang mit Mehrdeutigkeit und Unsicherheit (Teil 4). **Kreativität** wird von der Wirtschaftsästhetik als eine Unternehmensressource begriffen, die sich von anderen abhebt (Linstead & Höpfl 2000, Guillet de Monthoux 2004). Die Struktur von kreativen Prozessen sieht deutlich anders aus als Tayloristische Modelle und Fordistische Konzepte (Strati 1999: 176). Kreativität wird als ein kreisender, springender Denkprozess verstanden, der viel mit der ästhetischen Sicht zu tun hat (Springborg 2010). Diese bringt auf Distanz zu eingefahrenen Meinungen und Handlungsweisen, eröffnet vielfältige Interpretationen, ermöglicht neues Denken, Sichtweisen und Möglichkeiten. Bei Kreativität geht es um das Auswerten unterschiedlichster Informationen, das Erinnern, das Aus- und Herumprobieren, Abweichen, das Aufheben von Urteilen und um tiefe Konzentration (Styhre & Eriksson 2008). Diesen Modus nimmt man auch ein, wenn man mit Kunst umgehen will, die uns nicht wie eine Mathematikaufgabe vor eine einzige Lösung stellt, sondern unzählige eröffnet. Zum kreativen Denken gehört, Situationen klarer zu erkennen, die Macht der Routinen zu brechen und neu zu denken, die gefundenen Ideen abzuwägen und zu bewerten, schließlich die Umsetzung. Verbunden ist damit oft der Begriff Innovation, die als Adaption und Implementierung von kreativen Ideen durch Anpassung von Strukturen in Design, Marketing und Geschäftsmodellen verstanden wird. Dieses Buch geht darauf ein, wie Kunstorganisationen und Künstler Modelle für kreative Prozesse vorführen.

Die theoretische und praktische Beschäftigung mit Kunst soll fördern, was hier in diesem Buch als **ästhetische Kompetenz** definiert werden soll. Ästhetische Kompetenz beinhaltet Fähigkeiten und Kenntnisse, mit denen komplexe und ästhetisierte Zustände in der heutigen Wirtschaft erfasst und beherrscht werden können. Stichworte: Einsicht, Übersicht, Umsicht. Kunstbasierte Methoden vermitteln nicht nur die Anwendung von ästhetischen Techniken, beispielsweise die Selbstdarstellung im Berufsalltag (Theater). Sie können darüber hinaus das Verständnis von und den Umgang mit ästhetischen Faktoren verbessern, beispielsweise für die eigenen emotionalen Antriebsfaktoren (Poesie), die ästhetische Gestaltung von Räumen (Malerei), die Wirkung von Führung (Theater), im Unternehmen zirkulierende Bilder und Geschichten (Literatur) und so weiter. Ästhetische Kompetenz beinhaltet auch intellektuelle und emotionale Fähigkeiten (Bathurst et al. 2010), wie Empathie gegenüber Stakeholdern im sozio-ökonomischen Kontext, und hat damit eine soziale, ethische und politische Dimension. Es gibt natürlich keinen einfach umsetzbaren Bauplan für ästhetische Kompetenz. Auch die kunstbasierten Methoden müssen noch weiter erforscht werden. Das theoretische Verständnis alleine reicht nicht aus – wie auch niemand nach dem Lesen von Musiktheorie besonders musikalisch wird. Die mit der ästhetischen Kompetenz verbundenen Fähigkeiten lassen sich nicht in einer Woche theoretisch erlernen, sondern nur durch Erfahrung und Übung mit der Zeit ausbilden. Sie muss sozusagen auch zu einem impliziten Wissen und verkörperter Erfahrung werden. Ästhetische Kompetenz ist ein Umgang und Zugang zu dem, was *ist* (die Realität), zu dem, was *nicht ist* (eine reale Täuschung), und auch zu dem, was *(noch) nicht ist* – dem Zukünftigen und dem Möglichen. Küpers (2005: 380) spricht davon, mit einem ästhetischen Bewusstsein „beweglich" und

„navigationsfähig" zu sein, in komplexen, anspruchsvollen Situationen, die über praktische Routinen hinausgehen. Es geht um ein integratives, sich öffnendes Denken, das sich unterscheidet vom verengenden Analysieren beim Suchen nach einer Lösung. Eine ästhetisch geschulte Wahrnehmung nimmt Situationen in ihrer Komplexität wahr, in ihrer ästhetischen Gegenwärtigkeit und Präsenz, und hat darüber hinaus einen gesteigerten Sinn für das Potenzial, für das Mögliche, für das, was wäre und sein könnte. Dieser „ästhetischer Möglichkeitssinn" (Küpers 2005: 384) bleibt anderen Ansätzen wie der traditionellen Wirtschaftssicht verschlossen.

In diesem Kontext hat sich auch das Konzept von **Führung** verändert: Anstelle von Standardformeln und Pragmatismus zählen Inspiration, menschliche Werte und Sinn. Der gegenseitige Austausch von Kunst und Wirtschaft wird zunehmend postuliert, weil auch eine nachhaltige Haltung gefragt ist. Themen wie soziale Verantwortung und Nachhaltigkeit, inklusive Umweltschutz, sind mit der Jahrtausendwende neu aufgekommen. Von Mitarbeitern und von der Politik wird zunehmend der Anspruch an Unternehmen herangetragen, ihren Angestellten gute und faire Arbeitsbedingungen zu schaffen, ihnen die Möglichkeit zu geben, sich selbst einzubringen und zu verwirklichen. Wo viele Menschen den Kapitalismus als unsozial und als Bedrohung empfinden, muss sich die Wirtschaft neu positionieren (so der Präsident des Weltwirtschaftsforums Klaus Schwab, zit. in Adler 2006). Den globalen Herausforderungen und Möglichkeiten muss mit Verständnis, Respekt und Schaffensgeist begegnet werden, und hier wird die Verbindung zur Kunst evident: „In der Wirtschaft der Zukunft geht es darum, Werte zu schaffen, und keiner kennt sich damit besser aus als Künstler", betont Harvard Business Professor Rob Austin (zit. in Adler 2006). Die Beschäftigung mit Kunst soll helfen, die eigene Führungspersönlichkeit auszubilden und wirksam einzusetzen sowie ein soziales Verständnis für die Bedürfnisse anderer Menschen zu entwickeln. So erwartet der Leiter des Oxford University's Strategic Leadership Programme (OSLP), dass kunstbasiertes Lernen einen (neuen) Typ der künstlerischen Führungsperson schafft, der sein Handeln auf Menschen, Gewinn und Umwelt ausrichtet: „Leaders who can navigate innovation in a complex world. Artful leaders, who care about people, profit and planet" (Young, in Nissley 2010: 17). Führungspersonen wollen andere Menschen ansprechen, inspirieren und nachhaltig motivieren, unter Einsatz von Empathie, Vertrauen, durch Kommunikation und mit Veränderung (Grisham 2006). Dieser Ansatz wird auch unter dem Begriff „aesthetic leadership" (Guillet de Monthoux et al. 2007) untersucht. Auch darauf wird dieses Buch eingehen. Deshalb ist formal noch anzumerken, dass manchmal von „Managern" (mit harten, technischen Organisationsfähigkeiten) gesprochen wird, die in der Fachliteratur oft von „Führungspersonen" (mit soft skills) unterschieden werden. Generell betreffen das Lernen von der Kunst und die Ausbildung ästhetischer Kompetenz nicht nur die Unternehmensführung, sondern alle Mitarbeiter und auch die Stakeholder in unserer Wirtschaftswelt.

Obwohl Ästhetik über all die impliziten Vorgänge und sinnlichen Erfahrungen ein nicht zu leugnender Teil wirtschaftlicher Realität ist (Ottensmeyer 1996), hat sie lange Zeit keine und erst vergleichsweise spät gesteigerte wissenschaftliche Aufmerksamkeit erhalten. Warum? Eine Ursache wird im Konflikt von Objektivität und Subjektivität gesehen. Der ästhetische Ansatz passt nicht so recht zum positivistischen Ansatz der Effizienzverbesserung in den Wirtschaftswissenschaften sowie der Organisationsforschung und deren Methoden, die auf objektiven Daten allgemeingültige Kausalzusammenhänge und Theorien gründen wollen. Die Wirtschaftsästhetik hebt sich von konventionellen Ansätzen ab, indem sie sich auf ästhetische und subjektive, emotionale, nicht-rationale Faktoren konzentriert, die sich für viele nicht zur Produktion wissenschaftlicher Erkenntnis eignen (Warren 2002). Ästhetik ist subjektiv und nicht primär bestimmt für Theorien zur Vorhersage und Beherrschung von Wirtschaftsereignissen und wird deshalb von Verfechtern traditioneller Ansätze eher misstrauisch beäugt (Linstead & Höpfl 2000). Der ästhetische Ansatz erhebt aber auch nicht den Anspruch auf generalisierbares, universelles Wissen, welches Mainstream-Ansätze der Forschung generieren können, sondern will das Organisationswissen um Teile und Fragmente und den großen ästhetischen Zusammenhang ergänzen.

Darüber hinaus ist die ästhetische Forschung an sich eine Form von **Kritik.** Die Ausrichtung auf ästhetische Kategorien kollidiert in gewissem Sinne mit dem Leitgedanken der Effizienz, welcher die Wirtschaftswissenschaften bestimmt. Die ästhetische Perspektive ist damit ein impliziter Affront und eine mehr oder minder versteckte Kritik, die das Streben nach Schönheit und Wohlgefallen über Effizienz und Profit stellt (Strati 2008) und damit auch die Frage nach einer anderen Form von Gewinn und nach einer anderen Form von Wirtschaft stellt. Zweifel am System werden oft mit der Wirtschaftsästhetik in Verbindung gebracht, die zwar zur Effizienz beitragen kann, aber eine starke Orientierung am Gewinn und Sinn für Menschen und Stakeholder besitzt (Adler 2006). Der ästhetische Ansatz will eher interpretieren, beurteilen und zum Nachdenken anregen, als generalisierbares Wissen und Theorien aufzustellen. Taylor und Carboni (2008) ziehen eine Parallele zur Kunstkritik, die beschreibt und beurteilt, anstatt konkrete Verbesserungsvorschläge zu liefern. Ästhetische Analysen wecken ein Bewusstsein für ästhetisches Handeln und können es bewerten, sind aber darüber hinaus keine besonders effektive Anleitung zu wirtschaftlichem Handeln. Die Forschung zu Architektur (Kapitel 2.3) beispielsweise erklärt, wie Räume Anwesende durch ihre Ästhetik, Gestaltung und Atmosphäre beeinflussen können, sie entwirft aber keinen Bauplan für die effizienteste Mitarbeiterkontrolle. Natürlich vermögen dies Ratgeber bis zu einem gewissen Grad, aber eine Unmöglichkeit vollständiger Beschreibung liegt in der Natur der Ästhetik, die sich nur begrenzt in Worte fassen lässt. Ästhetische Kompetenz kann durch die Auseinandersetzung mit Kunst entwickelt werden und auch durch kunstbasierte Methoden (Teil 4), die dieses Wissen durch das unmittelbare Erleben vermitteln. Beispielsweise beim Präsentationstraining: Es gibt beim überzeugend inszenierten Auftritt keine allgemeingültige „Theorie der Pause", sondern der Einzelne muss lernen, wie sich was anfühlt und wie es wirkt. Bei einem solchen ästhetischen Ansatz geht es nicht um das Wissen *über* etwas, sondern um das Wissen *um* etwas. Aufgrund dieser vielschichtigen Natur der Ästhetik sind für die Wirtschaftsästhetik auch neue qualitative Methoden notwendig und auch veränderte Formen der Präsentation von Erkenntnissen, die im Folgenden diskutiert werden.

1.2   Methoden ästhetischer Forschung

Ästhetische Ansätze ergänzen die herkömmliche wirtschaftswissenschaftliche Forschung und Organisationslehre. Sie stellen dabei nicht nur infrage, wie Organisationen zu verstehen sind, sondern auch, wie ihre Erforschung aussehen soll. Es sollen komplexe, schwer fassbare und körperlich und emotional wirkende ästhetische Faktoren erklärt werden und die Wirkung von Kunst in Unternehmen. Deshalb erweitert die Wirtschaftsästhetik den Bestand der Methoden um Ansätze aus angrenzenden kunst- und kulturwissenschaftlichen Fachgebieten sowie aus dem sozialwissenschaftlichen Bereich. Die verwendeten Methoden im Bereich der Wirtschaftsästhetik sind stark qualitativ und heben sich besonders von der quantitativen wirtschaftswissenschaftlichen Forschung ab. Anders als quantitative, geschlossene Methoden mit hoch standardisierten Ansätzen sind die qualitativen durch ihr hohes Maß an Offenheit bezüglich des Instruments und der Situation gekennzeichnet. Die Methoden sind interdisziplinär und bedienen sich beispielsweise der ästhetischen Theorie, Ethnologie, Kunstgeschichte, Kulturwissenschaft, Theaterwissenschaft und Filmwissenschaft, die ein breites Beschreibungsinstrumentarium zur Wirkung nicht nur von Kunstwerken, sondern auch von anderen ästhetischen Produkten und Situationen entwickelt haben. Sie verwenden beispielsweise unstrukturierte empirische Methoden und konstruktivistische und phänomenologische Techniken der Theoriebildung. Eingesetzt wird auch künstlerisches Handeln der Forscher selbst. Diese Ansätze verleihen sowohl der Sammlung und Auswertung von Daten als auch der Präsentation von Erkenntnissen einen kreativen, künstlerischen Touch. Die methodische Neuheit der Wirtschaftsästhetik besteht in einer Hybridisierung von Wissenschaft und Kunst. Diese Vermischung beinhaltet, dass auch künstlerisches Handeln von den untersuchten Organisationsmitgliedern oder den Forschern selbst in die Theoriebildung und in die Darstellung von Forschungsergebnissen mit einfließen kann.

Die ästhetische Perspektive verlangt von Wissenschaftler eine veränderte Haltung für die Annäherung an empirische und theoretische Fragestellungen. Für diese Form der Forschung wird die Aktivierung der eigenen sinnlichen Fähigkeiten wie Sehen, Hören, Riechen, Tasten und Schmecken vorausgesetzt, die das ästhetische Urteil in Kombination mit den kognitiven Urteilsfähigkeiten einsetzt. Die damit verbundenen Vorgehensweisen sind als Kritik zu verstehen an traditionellen Methoden der wirtschaftswissenschaftlichen Forschung, die das logisch analytische Verständnis über das empathisch evokative stellen und dabei die relevanten ästhetischen Faktoren außer Acht lassen (Strati 2008: 235). Damit werden heuristische Schwächen von Ansätzen deutlich, die Phänomene in Organisationen kausal begründen und auf nicht haltbarer Rationalität gründen, und damit die Komplexität von implizitem Wissen und Erfahrungen kaum erfassen können. Generell bemüht sich die Forschung, mit verschiedenen Mitteln die Wirkung der ästhetischen Erlebnisse auf die Menschen zu erfassen (Kapitel 4.0) und daran gegebenenfalls kulturwissenschaftliche Perspektiven oder auch systemtheoretische Erklärungsmodelle anzuschließen.

In Bezug auf die ästhetische Forschung lassen sich zwei Herangehensweisen unterscheiden: erstens Analysen von Ästhetik in Organisationen mit der Perspektive eines eher distanzierten teilnehmenden Beobachters, Kommentators oder Connaisseurs, und zweitens die teilnehmende Mitkonstruktion von Erfahrungen der Mitarbeiter mit einem ästhetisch sensiblen Ansatz.

Die Perspektive des **Kommentators** ist die bisher gängigste Methode. Hier hängt viel vom Blick des Kenners ab, der ästhetische Situationen und Vorgänge mit intellektueller Analyse interpretiert und beurteilt. Strati (1999: 14) sieht den Wissenschaftler als Schlüssel für ästhetische Forschung, weil er seine eigenen Erlebnisse in der jeweiligen Situation vor Ort differenziert wahrnimmt und somit in der Lage ist, sie für alle gültig zu beschreiben. Der Ausdruck „imaginative/imaginary participant observation", die imaginative Fortführung der teilnehmenden Beobachtung, beschreibt, wie sich Forscher durch eine geschulte Vorstellungskraft und bessere ästhetische Kompetenz in andere hineinversetzen und so Erklärungen generieren können. Tatsächlich kann der Einsatz von semiotischen und ästhetischen, kultur- und kunstwissenschaftlichen Theorien, die sich mit der menschlichen Reaktion auf ästhetische Situationen beschäftigt haben, teilweise allgemeingültige Wahrnehmungsmuster erfassen und beschreiben. Beispielsweise erklärt die theaterwissenschaftliche Inszenierungsanalyse das Verhalten von Managern und Mitarbeitern (Kapitel 3.3.1) und geht davon aus, dass die ästhetische Reaktion von Menschen nicht beliebig und subjektiv ausfällt, sondern von kulturellen Mustern abhängt: Helles Licht wirkt positiv und suggeriert Vorstellungen von „Wahrheit", hohe Bühnen werden als „beeindruckend" empfunden und laute Stimmen als „beunruhigend". Ästhetische Reaktionen sind auch universell, was die „einschüchternde" Wirkung von massiver Firmenarchitektur angeht oder die Bedrohlichkeit von Dunkelheit. Für die Analyse von menschlicher Interaktion als ästhetischem Phänomen lassen sich auch ethnologische Ansätze und die Konversationsanalyse heranziehen: Etwa kann die Analyse von Videoaufzeichnungen von Besucherverhalten in Museen (vom Lehn 2006) zeigen, wie menschliches Verhalten durch ästhetische Faktoren und die Atmosphäre beeinflusst wird, die durch räumliche Objekte und die Ko-Präsenz von Menschen entsteht.

Die zweite Perspektive kann gemäß Warren (2008) als **ästhetisch sensibler Ansatz** bezeichnet werden. Er rückt die Erfahrungen der Organisationsmitglieder noch stärker in den Mittelpunkt und reduziert dabei die Dominanz des scheinbar übergeordneten Kennerblicks. Gesprochen wird hier von „participant construction" (teilnehmender Mitkonstruktion) anstelle von „observation" (teilnehmender Beobachtung), um noch der Subjektivität und schweren Fassbarkeit ästhetischer Erfahrung besser Rechnung zu tragen. Weitere Studien mit dieser Perspektive orientieren sich an der ethnografischen Forschung mit ihrer langen Tradition des Versenkens in andere Kulturen (Hancock & Tyler 2000, Witz et al. 2003). Für die Untersuchung der Effekte von kunstbasierten Interventionen in Unternehmen (Teil 4) schlägt Berthoin Antal (2009: 60) beispielsweise eine Mischung aus Fallstudien, Umfragen und vor allem partizipativer Analyse vor, bei der Forscher ihre Vormachtstellung aufgeben und die Teilnehmer an der Formulierung von Fragen und Methoden sowie der Datensammlung und -analyse beteiligen. Wenn nur wissenschaftlich vorgefasste Kriterien in die Untersuchung hineingetragen werden, werden davon abweichende Effekte und weitere Dimensionen der komplexen ästhetischen Interaktion leicht übersehen. Deshalb werden in der wirtschaftsästhetischen Forschung heute auch viele künstlerische, offene Methoden vorgeschlagen.

Daraus resultieren wiederum für die Forschung relevante Überlegungen: Mit welchen Methoden lässt sich die Ästhetik und ihre Wahrnehmung angemessen untersuchen? Wie können Daten überhaupt gesammelt und interpretiert werden? Die wenig fassbare, unterbewusste Wissensbildung bei ästhetischen Erfahrungen führt zu gewissen Schwierigkeiten bei deren Erklärung. Die ästhetische Erfahrung läuft körperlich und sinnlich ab und ist schwer mit Worten oder schriftlich bei Befragungen für den Forscher auszudrücken, da sie in Sprache (unzureichend) übersetzt werden müssten. Die ästhetische Erfahrung kann allerdings kaum in die grundlegenden syntaktischen Einheiten der Sprache heruntergebrochen werden. Man kann das Erfahrene und Gefühlte höchstens metaphorisch mit einer blumigen, poetischen Sprache ausdrücken (Gagliardi 1996), um eine entsprechende ästhetische und gefühlsmäßige Reaktion im Zuhörer zu evozieren. Zur Beschreibung dieser Schwierigkeit wird auch der Begriff „aesthetic muteness" (Taylor 2002) verwendet: Menschen in einer typisch rational-orientierten Arbeitsatmosphäre ohne künstlerisches oder kulturwissenschaftliches Training haben quasi ästhetische Artikulationsprobleme. Sie sind kaum in der Lage, die Wirkung einzelner ästhetischer Faktoren und Erfahrungen aufzuschlüsseln und zu verbalisieren oder gar in einer anderen Form auszudrücken, beispielsweise visuell oder mit künstlerischen Methoden zum Ausdruck zu bringen. Sie sind es auch kaum gewohnt, mit neugierig-wissbegierigen Wissenschaftlern umzugehen, die sie nach der ästhetischen Wahrnehmung ihrer Tätigkeit fragen, gar Gedichte darüber verfassen lassen oder vorschlagen, Bilder zu malen. Man kann pointiert von einem ästhetischen Artikulationsproblem sprechen, also den Schwierigkeiten, die Menschen haben, ihre Gefühle in ästhetischen Situationen genau zu rekonstruieren und zu beschreiben und ihre Reaktionen und daraus resultierenden Gedanken auszudrücken. Man kann annehmen, dass Menschen mit hoher ästhetischer Kompetenz wie Theaterregisseure, Maler oder andere versierte ästhetische Arbeiter vom Designer bis zum Architekten beziehungsweise Wissenschaftler des Fachs ganz andere Ausdrucks- und Erklärungsmöglichkeiten besitzen. Abhängig von der ästhetischen Kompetenz werden die Erlebnisse individuell eingeordnet und bewertet. Dieser Tatsache könnte ein sogenannter ästhetisch sensibler Ansatz besser Rechnung tragen als der des Kenners oder Kommentators.

In allen Fällen ist die ästhetische Wahrnehmung aber nicht nur schwer auszudrücken, sondern auch selten vollständig zu rekonstruieren, denn ästhetisches Erleben ist auch transitorisch und flüchtig. Die ästhetische Begegnung findet nur für den Moment statt, sie ist unwiederholbar. Die Materialität der ästhetischen Situation setzt sich zusammen aus dem dynamischen Einfluss von permanenten und transitorischen Elementen, aus dem Einfluss von Artefakten, festen Objekten und Personen, Bewegungen, Stimmungen, der vergänglichen Atmosphäre. So ist auch das ästhetische Erinnern fließend, kann versiegen oder auch mal plötzlich einsetzen. Man erinnere sich hier an die berühmte Madeleine-Episode, die der Autor Marcel Proust in seinem Roman *Auf der Suche nach der verlorenen Zeit* schildert: Ein in Tee getunktes Gebäckstück wird hier zum Schlüssel zur Kindheitserinnerung. Das besagte Proust'sche Erlebnis bezeichnet solche Momente, in denen ein Duft oder ein Klang vergangene Situationen und Stimmungen ganz plastisch wiedererstehen lässt. Die Neurowissenschaft (Gottfried et al. 2004) beschäftigt sich konkret mit solchen Phänomenen, und für die Wirtschaftsästhetik ist zunächst einmal wichtig, dass Erinnerungen über die Sinneszentren

des Gehirns verteilt sind und bei der Stimulation eines Sinnes, wie dem Geruchssinn, aus-
gelöst werden können. Für die Forschung bedeutet dies, dass sie für die Teilnehmer Situationen ermöglichen muss, um diese schwer fassbaren Erlebnisse anzusprechen und auszudrücken. Viele Studien in der Wirtschaftsästhetik betonen eine Dominanz des Visuellen
und thematisieren ästhetische Faktoren wie Geschmack und Geruch, die in der Managementforschung bisher kaum Beachtung gefunden haben. Beispielsweise geht Corbett (2006)
unter dem Stichwort des olfaktorischen Symbolismus der Verknüpfung von Geruch und
sozialen Wahrnehmungen nach. Allerdings bleibt es eher dem Leser überlassen, sich zwischen den Zeilen selbst methodische Einsichten abzuleiten. Dies ist kein Einzelfall, sondern
nur ein Beispiel für das allgemeine Problem der Methodenunschärfe im Forschungszweig
der Wirtschaftästhetik. Dennoch gibt es verschiedene, erfolgreich angewandte Methoden,
von denen einige im Folgenden umrissen werden.

Obwohl das ästhetische Erleben als sprachlich schwer beschreibbar gilt, wird in der Tradition sozialwissenschaftlicher Forschung der Einsatz von **Interviews** oder schriftlicher **Befragung** von Organisationsmitgliedern vorgeschlagen (Styhre & Eriksson 2008), um die
Wirkungen von ästhetischen und künstlerischen Methoden zu bestimmen, beispielsweise
mittels Fragebögen, die auch im Bereich der Wirtschaftsästhetik eingesetzt werden. Daten
aus Befragungen werden zum Beispiel erhoben, um zu beschreiben wie eine künstlerische
Intervention, in diesem Fall ein Unternehmenstheaterprojekt, die Einstellung der Angestellten beeinflusst hat (Meisiek & Barry 2007). Hier werden allerdings Verhaltensänderungen
abgefragt, ohne einen besonderen Schwerpunkt auf das ästhetische Erleben zu legen. Wenn
man die Wirkung von ästhetischen Situationen untersuchen will, muss man versuchen,
Fragen zu finden, die auf die ästhetische Wahrnehmung eingehen. Diese Strategie wird
beispielsweise in offenen Interviews verfolgt. Man kann davon ausgehen, dass Menschen
immerhin versuchen, ästhetisches Erleben mit bildhaften Worten und emotionaler Sprache
auszudrücken. Deshalb empfiehlt beispielsweise Warren (2008), anstelle von Standard-
Interviews Geschichten erzählen zu lassen: Fakten mischen sich hier mit Sprichwörtern und
bildhaften Einschätzungen, es ergeben sich Hinweise auf die individuelle ästhetische Kompetenz des Befragten und eine Menge narrativer Daten über den konkreten Untersuchungs-
fall. Diese Erzählungen lassen sich auch mit narrativen Ansätzen analysieren, beispielsweise aus der Perspektive des Storytellings (Kapitel 3.4), die den Einfluss nicht fassbarer, sym-
bolischer Zusammenhänge deutlich machen. Berthoin Antal (2009: 51) setzt in kleinen
Gruppen Storytelling ein, um Erfahrungswissen über künstlerische und ästhetische Situationen in Unternehmen auszutauschen – und ergänzt die narrative Dimension um künstlerische Methoden wie Malerei und Skulptur, die verschiedene Sinne ansprechen und Gedanken und Gefühlen eine andere Form geben sollen.

Künstlerische Formen sollen ästhetische Empfindungen und das mit ihnen verbundene
implizite Wissen besonders gut erfassen können. Das gründet in der Annahme, dass verschiedene Formen von Wissen unterschiedliche Repräsentationsmodi verlangen. Implizites
Wissen, das körperlich erfahren und gebildet wurde und oft eine Art schwer in Worte zu
fassendes Bauchgefühl ausdrückt, lässt sich besser durch ästhetische, nicht völlig konkrete
Formen ausdrücken. Explizites Wissen lässt sich durch konkrete verbale Mittel mitteilen,
bei denen jedes Element in einer feststehenden Zeichenbeziehung zu einem anderen steht.

Diese Annahme hat Implikationen auf die Wirtschaftsästhetik hinsichtlich Datensammlung, Interpretation und Präsentation von Forschungsergebnissen.

Für das Sammeln von Daten in diesem Sinne lassen sich beispielsweise **fotobasierte Methoden** einsetzen, die aus der ethnografischen, anthropologischen und sozialwissenschaftlichen Forschung stammen. Es kursieren hierfür die Bezeichnungen „photo-elicitation", „auto-driving", visuelle Kollaboration und „photo-novella" (Pink 2005). Diese Methoden erweitern konventionelle empirische Methoden und können Gefühle und Erinnerungen durch das spezielle nonverbale, visuelle Medium des Fotos stimulieren, gegebenenfalls auch durch Bilder oder verwandte Darstellungsformate wie Filme, die entweder vom Interviewer oder Interviewten stammen oder aus Archiven. Interviewfragen können sich auf Fotos beziehen, die die Teilnehmer auf Aufforderung selbst geschossen haben, um beispielsweise ihre Wahrnehmung des Arbeitsplatzes zu zeigen (Warren 2002, 2008) oder eines Konsumorts (Venkatraman & Nelson 2008). Fotos können die Situation quasi bildlich zurückholen und Empfindungen vergegenwärtigen. Sie machen auch die individuelle Wahrnehmung deutlich, denn unbewusst werden hier Perspektiven gewählt, Ränder abgeschnitten, Objekte betont und ins Zentrum gestellt. Im gegenseitigen Austausch, nicht in der isolierten Betrachtung durch den Forscher, ergeben sich dann quasi durch einen „Dosenöffner-Effekt" (Belova 2006) auch tiefergehende neue Interpretationen. Hier ist die Kombination von Bild und Diskussion maßgeblich. Die Verwendung von selbsterstelltem Bildmaterial oder Material aus Kunst und Medien wird auch im Coaching von Führungspersonen in der Wirtschaft zusätzlich zur Befragung und Beobachtung eingesetzt, um Themen aufzuspüren und zu bearbeiten. Verwandt mit diesen Methoden ist der Einsatz von **Zeichnung** und **Malerei,** durch die Unternehmensmitarbeiter ihre ästhetischen Erfahrungen darstellen sollen (Taylor 2002). Es bieten sich auch aus Personalentwicklung und Aus- und Weiterbildung übernommene und als Methoden der empirischen Sozialforschung weiterentwickelte gruppenorientierte Erhebungsmethoden (Kühl et al. 2009) wie Rollenspiele und visualisierte Diskussionsführung an. Etwas ungewöhnlicher und inspiriert von **ethnografischen** Ansätzen ist beispielsweise Rippins (2006b) Herstellung von Steppdecken als haptische Herangehensweise – nicht nur dieser ästhetisch sensiblen Methode wird oft mit Unverständnis begegnet, obwohl sie besonders geeignet sein soll, Daten für die ästhetische Analyse zu produzieren und die wirtschaftswissenschaftliche Forschung zu bereichern. Aufgrund der Komplexität ästhetischer Erfahrung muss man aber die Relevanz des Testens und Einsatzes innovativer Methoden durchaus hervorheben.

Zur Bearbeitung lassen sich noch weitere künstlerische Ansätze anwenden. Beispielsweise **Poesie:** Beim Auswerten und Interpretieren von ästhetischen sowie emotionalen Erfahrungen und Daten kann die lyrische Form inspirierend und stimulierend wirken, denn ihre besondere Eigenschaft ist die Mehrdeutigkeit, die den Verfasser beziehungsweise Wissenschaftler anregt, mit eigenen Assoziationen zu spielen und verschiedenste Motive zu verfolgen. „How can I know what I see until I read my poetry", dichtet Darmer (2006: 558). Eigene Arbeitserfahrungen werden in Gedichtform gebracht, um die unbewusste und die sinnlich erfahrene sowie die bewusste Wahrnehmung zusammenzubringen und zu reflektieren (Grisoni & Kirk 2006). Beim Niederschreiben in Gedichtform werden die impliziten Empfindungen durchgearbeitet, und auf einer übergreifenden Ebene wird ein besseres

Verständnis gewonnen für die zwischenmenschlichen Vorgänge, die Strukturen und Prozesse in Unternehmen. Dichtung fungiert hier an der Schnittstelle von Empfindung und Realität als transformativer Intermediär, wenn sich daraus Veränderungsvorschläge ableiten lassen. So wird Dichtung auch zur Förderung von strategischen Fähigkeiten von Führungspersonen in Unternehmen eingesetzt (Kapitel 4.3).

Lyrik hilft bei der Interpretation von Firmenarchitektur

Rippin (2006a) benutzt das Medium des Gedichts zur Untersuchung eines ästhetischen Phänomens: eines opulent dekorierten Firmengebäudes. Die Ästhetik der Architektur dient der Beeinflussung (Kapitel 2.3) und sollte auch in diesem Falle schwere Phasen der Unternehmensgeschichte überdecken und das Heute als gelebte Utopie manifestieren. Potenziell widersprüchliche Erinnerungen an die bittere Vergangenheit werden durch die Präsenz von Luxus als nicht legitim dargestellt und sanktioniert. Die Wissenschaftlerin wählte einige Gedichte von Baudelaire aus, die als Imaginationsstütze halfen, die durchaus ambivalente Haltung des Chefs gegenüber den Angestellten noch besser zu verstehen. Als Alternative zu konventionellen Ansätzen konnte die Dichtung emotionale Faktoren greifbar machen, die sich hinter der Opulenz verbargen: Scham, Schuld und Reue gegenüber der Vergangenheit. So ließ sich eine Einschätzung der Probleme in der Firmenstrategie finden, die durch das bloße Betrachten der beeindruckenden Architektur und der positiven Finanzzahlen nicht möglich gewesen wäre. Die ästhetische Perspektive ist relevant, denn fehlende Umgang mit der Vergangenheit kann den zukünftigen Erfolg behindern. Die Vergangenheit besteht nämlich sehr wohl in den Erinnerungen der Angestellten fort. Diese Analyse besticht also durch die Kombination und Ergänzung von ästhetisch verkörperten Daten mit dem Erlebnis der Dichtung.

Aufgrund der mit zunehmender Ästhetisierung steigenden Relevanz des Visuellen bei der Vermarktung von Produkten und Dienstleistungen werden einschlägige Analyseansätze beständig weiterentwickelt. Im Rahmen von gängigen qualitativen Methoden in der Forschung zu Marketing schlägt Schroeder (2006) eine sogenannte **kritische visuelle Analyse** (critical visual analysis) vor, die als interdisziplinäre Methode das Verständnis von visuellen Darstellungen wie Werbefotografie verbessern soll und den folgenden Fragen nachgeht: Wie kommunizieren Bilder strategisch, wie werden sie verstanden, was sind soziale und ethische Implikationen? Der Ansatz bedient sich der Semiotik und bezieht besonders Erkenntnisse der Kunstgeschichte mit ein, die für eine Interpretation des Bildmaterials einzelne Details in Bezug zu Genre und historischen Darstellungskonventionen setzt. Man kann davon ausgehen, dass unternehmerische Ausdrucksformen wie Texte, Bilder, Melodien ihre Forminnovationen aus verschiedenen Stilrichtungen der Kunst beziehen (Hutter 2010: 155 ff.). Sie haben eine visuelle und historische Abstammungslinie, welche die Assoziationen der heutigen Betrachter immer noch beeinflusst. Das unterstreicht die Wichtigkeit interdisziplinärer Ansätze, um Erkenntnisse in die Management- und Betriebswirtschaftliche Forschung einzubringen.

Kritische visuelle Analyse mit Bezug zur Kunstgeschichte

Schroeder (2006) setzt eine Werbeanzeige für ein Calvin Klein-Parfüm in Beziehung zu den Gruppenporträts niederländischer Meister und zeigt, wie die Aufreihung schwarzer und weißer, männlicher und weiblicher Models um Kate Moss das traditionell männliche Genre verdreht und einen androgynen, vielfältigen und sozial unangepassten Eindruck passend zum unisex-Duft *CK One* schafft. Obwohl den meisten Konsumenten eine solche ästhetische und kunsthistorische Kompetenz fehlt, beeinflussen die historischen Konstellationen und Motive, die sich in einer Kultur eingeprägt, haben ihre Wahrnehmung unterbewusst. Für die Forschung ist daher das Einbeziehen von interdisziplinären Erkenntnissen wichtig, um Verbindungen zwischen zeitgemäßen Darstellungen und visuellen Traditionen zu erkennen und deren Wirkung und Auswirkungen einschätzen zu können. Schon frühere Ansätze beziehen Erkenntnisse aus Kunst- und Literaturgeschichte mit ein, um visuelle und rhetorische Werbebotschaften nicht nur anzuwenden, sondern umfassend in ihrer gesellschaftlichen und konsumfördernden Funktion sowie als kulturelle und ästhetische Objekte zu begreifen.

Ein damit verknüpftes Ziel des Forschungszweigs der Wirtschaftsästhetik besteht darin, die Semiotik, die schon lange zur Analyse von Darstellungen wie kunstvoll gestalteten Broschüren, Anzeigen und anderen Artefakten im Wirtschaftskontext benutzt wird, um eine ästhetische Dimension zu erweitern (Hancock 2005). Eine besondere Betonung der ästhetischen Situation hat beispielsweise die Organisationsforscherin Belova (2006) entworfen, die das visuelle Zusammentreffen als „Event" sieht: Hier wird keine visuelle Nachricht vom Betrachter entschlüsselt, indem er rational und intellektuell auf das Dargestellte eingeht. Vielmehr reagiert der Betrachter emotional und körperlich auf die Materialität von Zeichen und Objekten und gibt dem Dargestellten so eine Bedeutung. Sehen wird hier weniger als intellektuelle denn als körperliche, ästhetische Erfahrung verstanden. Das betonen auch ästhetische Ansätze, die Bilder, Fotos und Filme nicht als Ensemble von Zeichen wahrnehmen, sondern als „Atmosphären", die Stimmungen im Betrachter auslösen (Böhme 2006: 54–75). Die Darstellung einer melancholischen Szene verweist nicht auf sie, sondern erschafft sie. Diese Erkenntnis wird wiederum bei Fotointerviews eingesetzt, in denen Empfindungen zurückgeholt beziehungsweise generiert werden.

1.2.1   Ästhetische und künstlerische Darstellungsformen

Im Interesse der Wirtschaftsästhetik stehen die ästhetische Erfahrung und das dadurch entstandene Wissen in Organisationen, das kaum fassbar und schwer zu vermitteln ist. Das hat Implikationen auf die Methodik. So schlagen Taylor und Hansen (2005: 1224) vor, nicht nur ästhetische und künstlerische Formen zum Sammeln von Daten, sondern auch zur Präsentation von wissenschaftlichen Erkenntnissen über Wirtschaftsästhetik zu benutzen. Für die Autoren stellt dieser Bereich ein neues Erkenntnisgebiet der Wirtschaftsästhetik dar, welches im Folgenden vorgestellt wird. Ästhetik ist nicht nur Gegenstand der Forschung, sondern auch Methode und zunehmend Form geworden.

Ästhetische Formen werden als besonders aussichtsreich für die wirkungsvolle Vermittlung von Erkenntnissen eingestuft (Warren 2008), denn die Forschung besitzt quasi einen Bruch: Ästhetische Methoden leben von ästhetischen Erfahrungen, die beispielsweise in künstlerischen Formen wie Bildern oder Gedichten ausgedrückt werden. Die Darstellung der Ergebnisse hingegen bedient sich eines Repräsentationsmodus, der nicht die Erfahrbarkeit von Wissen ermöglicht, sondern eine intersubjektive und abstrakte Vermittlung versucht. In der Wirtschaftsästhetik werden Stimmen laut, die herkömmliche akademische Darstellungsformen wie den Fachartikel für wenig geeignet halten, um die in Rede stehende ästhetische und schlecht abstrahierbare Erfahrung zu vermitteln. Vorgeschlagen wird eine Kombination von wissenschaftlicher schriftlicher Analyse, die Ästhetik beschreibt, und künstlerischer Form, die Ästhetik „erlebbar" macht. Eine solche Form vermittelt nicht nur geordnete Forschungsergebnisse, sondern etwas vom realen, vielschichtigen, ästhetischen Wirtschaftsalltag. Ein umfassender, aber natürlich nicht erschöpfender Eindruck kann so ohne den Weg über den abstrahierten Text entstehen. Der Rezipient muss nicht versuchen, aus dem wissenschaftlichen Text die ästhetische Erfahrung in ihrer Komplexität wieder lebendig werden zu lassen. Diese Herangehensweise trägt der Natur von Ästhetik Rechnung und ist einerseits für den wissenschaftlichen Austausch gedacht, andererseits für die Praxis und die Allgemeinheit, der Forschungsergebnisse über aktuelle wirtschaftliche Entwicklungen ansprechend zugänglich und über das Ästhetische sozusagen intuitiv verständlich gemacht werden können.

Wissenschaftler selbst sollen ästhetische und künstlerische Formen wie Theater, Malerei, Dichtung oder Multimedia anwenden können, um Forschungsergebnisse zu kommunizieren. Diesbezüglich könnte man von Wissen*schafft*kunst sprechen – ein Begriff, der dem Titel einer Präsentationsreihe der Deutschen Forschungsgesellschaft DFG entliehen ist, die Kunstwerke *für* Menschen im Wissenschaftsbetrieb präsentiert, nicht *von* ihnen. Das könnte sich aber mit der weiteren Verbreitung von künstlerischen Ausdrucksmöglichkeiten im Wissenschaftsbetrieb ändern. Zu erkennen ist eine Form der Ästhetisierung von Wissenschaft, die auch Barry und Hansen (2008: 7) in ihrem Managementleitwerk *New Approaches in Management and Organization* feststellen: Es gibt eine zunehmende Betonung von Ästhetik, sowohl in der inhaltlichen Ausrichtung mit der Untersuchung von ästhetischen Faktoren in Unternehmen als auch in der Form der wissenschaftlichen Darstellung mit bunter Sprache und ansprechenden Konzepten.

Wie sich eine Doktorarbeit tanzen lässt

Seit 2007 gibt es den vom renommierten Wissenschaftsmagazin *Science* ausgerichteten Wettbewerb *Dance your Ph.D*, bei dem Sozial- und Naturwissenschaftler aus aller Welt den Inhalt ihrer Doktorarbeit tänzerisch darstellen. Tanz eignet sich besonders dazu, biologische oder chemische Bewegungen und auch menschliche Interaktionsprozesse gedanklicher, medialer und abstrahierter Art zu verdeutlichen. Biologen beispielsweise choreografieren die Bewegungen und Verschmelzungen von chemischen Teilchen. Für eine Arbeit mit dem Titel *Erstellung von Beiträgen in öffentlichen Wikis* tanzen die Teilnehmer die Interaktion in den im World Wide Web verfügbaren Seitensammlungen nach, barfuß in einem abgegrenzten Kreis im Gras, nebeneinanderher, sich punktuell treffend, die Bewegungen lernend und verändernd nachahmend, um schließlich in einer gemeinsamen Position temporär zu verharren. Der Ausdruckstanz vermittelt das komplexe Phänomen in ästhetischer Form und damit sozusagen ein Gefühl für die Abläufe.

Auch etablierte Wissenschaftler im Bereich Wirtschaftsästhetik wählen künstlerische, ästhetische Formen, um etwas von dem impliziten Wissen der erlebten Erfahrung zu übermitteln. Ein Beispiel für die Anwendung künstlerischer Form ist Steven Taylors (2003b) Theaterstück *Ties That Bind*. Es behandelt die Schwierigkeiten einer wissenschaftlichen Karriere, von Methoden- und Forschungswirren über Publikationsdruck, Stellensuche und Streitereien auf Konferenzen. Diese negativen Erfahrungen werden bei der Aufführung des Stücks über die ästhetische und künstlerische Form, über den sprachlichen Inhalt und vor allem über die Atmosphäre vermittelt. Taylor will mit der theatralen Form keine rationalen Argumente quasi von „Kopf zu Kopf" vermitteln, sondern die Erfahrung des wirklichen Lebens durch Empfindungen weitergeben, ein entsprechendes „Bauchgefühl" erzeugen. Die sinnlich ansprechende Form soll das Publikum nicht nur zur geistigen Reflexion, sondern über den empfundenen Ärger möglichst zum Handeln anregen – sobald das Stück „verdaut" wurde (Taylor 2003a: 278). Für das wissenschaftliche Niveau sollte die Arbeit nicht nur aufgeführt, sondern intellektuell in den Kontext gesetzt werden. So wurde das Theaterstück zuerst auf einem Kongress der *Academy of Management* aufgeführt, dort im Forum diskutiert, in der Zeitschrift *Management Communication Quarterly* als Textfassung publiziert und separat intellektuell unterfüttert (Taylor 2000a, b) sowie von anderen Autoren in begleitenden Artikeln diskutiert (Rosile 2003).

Das Theaterstück *Ties That Bind* (Steven Taylor 2003b)

Das Stück präsentiert wissenschaftliche Erkenntnisse über die soziale Dynamik im Hochschulbereich in einer künstlerischen, ästhetischen Form. Die Heldin ist die junge Wissenschaftlerin Judy, die von Herr Doktor Professor bei der Verleihung der Doktorwürde symbolisch eine Krawatte erhält, die für ihren Forschungsansatz steht. Kleidung wird Metapher und Judy muss bei einem Vorstellungsgespräch Schuhe und Jacken anprobieren, um zu sehen, ob der Job „passt". In alle Positionen muss sie noch „hineinwachsen", Schuhe sind zu groß und Jacketts zu weit. In einer Szene über einen Tagungsvortrag rüsten sich die Darsteller zur theatralen Methodendiskussion. Sie schreien sich Autorennamen entgegen und prügeln sich mit den Krawatten als Symbolen ihrer wissenschaftlichen Perspektive. So erlebt und spürt der Zuschauer sinnlich und emotional die einmal entfesselte Anspannung und enthüllte Aggressivität des Hochschullebens, den unangenehmen Druck zur Selbstdarstellung und harsche Versuche zum „Durchprügeln" der eigenen Sichtweise. Umgesetzt wird dies, indem die Kollegen Grant, Madison und Lincoln die zurückweichende Judy mit ihren Krawatten attackieren:

MADISON: Barthes!
GRANT: Mintzberg!
LINCOLN: Quinn!
MADISON: Smircich and Calais! Giddens!
GRANT: Eco! Drucker! Fineman!
LINCOLN: Puncher and Wattmann! Testew and Cunard! Fartov and Belcher! Steinweg and Peterman!

(Judy collapses. Pause.) […]
(Grant, Lincoln, and Madison turn to exit. Judy waits for them to turn and then uses her tie headdress to trip up Lincoln. Lincoln sprawls and Judy jumps up and whips her with her tie.)
JUDY: Gagliardi! Strati! Sandelands! Weick!
(Lincoln cowers and runs off the stage. Judy turns to Madison and Grant.)
MADISON: Brilliant! Bravo!
GRANT: Encore! Encore! On him of course, not on me.
MADISON: That really was enough for me. Great fun. No need for more. I'm quite convinced about your conceptual model.
GRANT: That little tie, headband combination is very nice.
JUDY: Thank you. I made it myself.
GRANT: Really? Perhaps you could show us how over lunch?
MADISON: Yes, I'd be fascinated to hear more about it.
JUDY: That sounds fine. Shall we?

Judy hatte vor dieser Szene ihre einschnürende Krawatte gelockert, sich also metaphorisch neuen Freiraum gegeben und Platz für neue Ansätze geschaffen. Als sie sich vom Boden hochgerappelt hat, zückt sie ihre selbst gemachte Krawatte, also ihren eigenen wissenschaftlichen „Stil" und schlägt zurück. Dafür erntet sie schließlich die lang ersehnte Anerkennung, die besiegelt wird durch ein für Akademiker rituelles Essengehen. Damit endet das Stück. Bezeichnenderweise stehen die von ihr vertretenen Autoren wie Gagliardi und Strati für das Feld der Wirtschaftsästhetik, das sich hier im Stück auf seine besondere ästhetische Art vermittelt und etabliert.

Der Einsatz von Theater zur Vermittlung von Erkenntnissen lässt sich noch anders angehen. Ein erweiterter Fall ist *Hauptversammlung* des Performance-Kollektivs Rimini Protokoll (Kapitel 5.2), welches Teilnehmer in eine reale Versammlung der Daimler AG schleust und ihnen ein eindrückliches Erlebnis bietet. Das „Theater" basiert auf Forschungsergebnissen zur Inszenierung von Managern (Biehl 2007b), hat einen anthropologischen Ansatz mit „ausführlichen Recherchen" und „stundenlangen Gesprächen [der Regisseure] mit Experten [zum Thema]" (Malzacher 2007: 37) und wurde zu einer 112-seitigen Dokumentation zusammengefasst. *Hauptversammlung* lässt sich weniger als dramatisch bezeichnen, wie das obige Beispiel mit seinem verständlichen und schlüssigen fiktionalen Text, sondern als postdramatisch (Lehmann 1999): Es besteht aus nicht-fiktionalen, realen Textelementen, Performances von Alltagsdarstellern ohne fiktives Rollenspiel, aus Fragmenten, ohne ganzheitlichen Sinn. Den Teilnehmern wird Wirtschaft in seiner realen ästhetischen Form dargeboten und kritisch gerahmt. Wenn Forscher finden, dass sich mit einer künstlerischen theatralen Ausdrucksform Machtstrukturen in Organisationen kritisieren lassen (Rosile 2003), so besteht in diesem Fall das kritische Potenzial nicht so sehr im Inhalt, sondern besonders in der ästhetischen Form: Befragungen der Teilnehmer haben ergeben, dass das ästhetische Erleben besonders aufschlussreich war, mit einem „Bad der Gefühle", „Staunen" und körperlich empfundenen „Ärger" über die Auftritte von Managern (Biehl-Missal, forthcoming). Diese postdramatische Form ist kritisch, nicht indem sie Themen schlüssig problematisiert, sondern indem sie den Diskurs durch ein Fragen unterbricht und durch das Vorenthalten von Antworten die Organisation in ihrer autoritären, dominierenden Gestalt auch mal als trübe Macht wirken lässt und gleichzeitig infrage stellt. Hier wird besonders deutlich, dass die künstlerische Form in ihrer Offenheit Zugeständnisse an den Rezipienten macht und ein kritisches, anregendes Potenzial entfaltet.

Auch die **Textform** als Vorläufer der Theateraufführung wird von Wissenschaftlern zur Verdeutlichung von Forschungsergebnissen benutzt. Beispielsweise hängt Taylor (2000) ein komplettes Theaterstück an einen kurzen Artikel über ästhetische Erfahrung. Steyaert und Hjorth (2002) präsentieren den wissenschaftlichen Artikel *Thou art a scholar, speak to it …* in der Form eines Performance-Skripts mit Anleitung zum Nachspielen und sehen es als Anregung, die wissenschaftlichen Publikationsgewohnheiten einmal zu überdenken und neue Wege zu finden, wie Forscher über Ästhetik „sprechen" können. Andere kreative Darstellungen auf Papier sind beispielsweise die von Nissley et al. (2002) analysierten **Lieder** von Angestellten eines amerikanischen Haushaltsgeräteherstellers, die eine Vorlage für ästhetische Erfahrung bieten. Die alten Firmenlieder zur Erfindung der ersten Waschmaschine werden als ästhetischer Ausdruck von Unternehmenskultur gezeigt, die Verkäufer motivieren und die Arbeitshaltung der Angestellten sowie die Eindrücke der Kunden subtil und eben sinnlich beeinflussen sollen. Wissenschaftliche Argumente wurden auch schon durch **Kurzgeschichten** illustriert (Jermier 1985).

Die wissenschaftliche Analyse lässt sich auch durch **Poesie** vermitteln, mit der beispielsweise Linstead (2000) unter dem Stichwort „Poetik der Organisation" experimentiert. Die geschaffene Dichtung ermöglicht eine reichere Zustandsbeschreibung des wirtschaftlichen Lebens als die alltägliche, rationalisierende Sprache. Diese bietet nicht nur ein unzureichendes, sondern oftmals auch trügerisches Bild der Unternehmensrealität, wenn sie beispielsweise emotionale Antriebsfaktoren versteckt. Die poetische Form gibt sich nicht vermeintlich neutral und zeigt auch die ästhetische Wahrnehmung des Forschers. Dichtung ist das Scharnier zwischen der involvierten Beobachtung und der distanzierten Beschreibung, die charakteristisch für viele anthropologische Ansätze, aber eben in sich widersprüchlich ist. Poesie lässt Platz für Ungereimtheit und Mehrdeutigkeit. Die ästhetische Präsentation lässt sowohl dem Forscher Raum zur Reflexion als auch dem Leser.

> Forschung in Gedichtform – Poesie über unabhängige Plattenlabels
>
> Darmer (2006) hat seine Untersuchungsergebnisse über unabhängige Plattenlabels („genuine indies"), mit Anleihen an Form und Sprache von Rocksongs in Versform gefasst. Die Lyrik verdeutlicht, dass die Antriebsfaktoren für dieses unternehmerische Handeln in einer Begeisterung und einer Leidenschaft für Musik liegen. Deutlich wird auch, wie wichtig das Gefühl der Unabhängigkeit für die besagte Plattenfirma Crunchy Frog ist. Dieses Gefühl soll mit der Gedichtform vermittelt werden, während ein typischer wissenschaftlicher Text mit solchen Elementen tendenziell inkompatibel ist (Darmer 2006: 553). In den ersten beiden der insgesamt zwölf Strophen zeigen sich Motive wie: Energie, Kraft („running"), Bestimmtheit und Behauptungswille gegen das Musikbusiness („when they won't, we will"), Schwierigkeit und Hoffnung („not all with luck"), Freundschaft („stick together"). Vers und Rhythmus lassen ein wenig vom Schwung der Beteiligten erahnen, auch etwas von Melodie und Unbeschwertheit.

A genuine indie
Four guys decided in 1994
To stop running against closed doors
"When they won't, we will
Try to make it with our own skills"
It shouldn't be that hard to see
That what we wanna be is a genuine indie

A lot have tried not all with luck
But why should it go wrong for Crunchy Frog
A crash-course was launched by their Cloudland friends
And the four swore to stick together to the end
It shouldn't be that hard to see
That Crunchy Frog felt ready to be a genuine indie ...

Es gibt noch andere ästhetische Formen, die sich zur Vermittlung von wissenschaftlichen Erkenntnissen über Ästhetik eignen. Umgesetzt wurde die Kombination aus Forschung und Kunst auch von Laura Brearley (2002), die Erlebnisse von Managern während eines Übernahmeprozesses in **Gedichte, Lieder** und **Multimedia-Präsentationen** verwandelt hat. Diese künstlerischen Formen ergänzen die wissenschaftliche Analyse und vermitteln ein Gefühl von solchen Prozessen, ein reiches, komplexes und auch körperlich empfindbares Verständnis. Aufgrund der Vielschichtigkeit des Unternehmensalltags wurden nicht-lineare Erklärungsmodelle entwickelt. Beispielsweise wählt Boje (1995) das postdramati-sche Theaterstück *Tamara* als Metapher für die storytelling organization, um Unternehmen als komplexe ästhetische Gebilde zu begreifen (Kapitel 3.4). So bieten Multimedia-Präsentationen mit der Vermischung von Bildern, Ton und Geschichten neue Möglichkei-ten, das komplexe Leben in Organisationen auszudrücken. Brown und Mack (2008) etwa nutzen die neuen technischen Möglichkeiten für Multimedia-Präsentationen mit Bildern, Text und Ton, um einen Eindruck verschiedener sinnlicher Dimensionen des Arbeitslebens von Seefahrern im Dienst einer Schifffahrtsgesellschaft zu vermitteln. Derlei Präsentationen sind nicht nur lebendiger, sondern womöglich auch einfacher für die Öffentlichkeit und für Studierende einzusehen und zu verstehen als wissenschaftliche Fachartikel.

Aquarelle drücken das Potenzial von zeitgemäßem Management aus

Die darstellende Kunst eignet sich ebenfalls zur Vermittlung ästhetischer Erkenntnisse. Die Managementprofessorin und Künstlerin Nancy Adler präsentierte eigene Werke in der Ausstellung *Reality in Translation, Going Beyond the Dehydrated Language of Manage-ment*. Adler (2006) arbeitet über die Vorstellung vom Manager als Künstler und es wer-den Malereien aus Wasserfarben und Tusche mit kombinierten Texten gezeigt, bei-spielsweise dem Zitat von Warren Buffett: „I am not a businessman, I am an artist." Wie ein Künstler verfolgt ein Manager seine eigene Vision, anstatt unpersönlichen Standard-formeln nachzueifern. Diese Erkenntnis gewinnt in der Ausstellung Raum und Form: Die Werke sollen Besucher ermuntern zu pausieren, zurückzutreten und nachzudenken. Nur durch Distanz könne eine eigene, individuelle Perspektive gewonnen werden, die besondere Führungsfähigkeit auszeichnet (Adler 2010a). Adler selbst benutzt Wasserfarben, um das Unkontrollierbare, sich Verformende im kreativen Schaffensprozess auszudrücken: Die Farben verfließen und ergeben zufällige, neue Ansichten. Der Prozess und die fertigen Ansichten zeigen die Grenzen des analytischen Beherrschens und legen dem Betrachter eine bescheidene und offene Haltung nahe. Beim eigenständigen Malen mit Wasserfarben (Kapitel 4.1.3) kann die Führungsperson im übertragenen Sinne ästhetisch erfahren, wie es ist, der eigenen Kreativität und auch den beteiligten „Elementen" wie den Menschen im Unternehmen „Raum zur Entfaltung" zu geben. Die Professorin betont in ihrer Forschung besonders die Möglichkeiten wirtschaftlichen Handelns, einen Beitrag für die Welt und die Menschen zu leisten. So vermittelt gerade die Ausstellung eine ästhetische Erfahrung der bunten, kreativen, weichen und ansprechenden Seite des Handelns von Führungspersonen. Die Ausstellung fungiert als künstlerisches Abbild von zeitgemäßen Managementkonzepten, die im Gegensatz stehen zu traditionellen Ansichten des rücksichtslosen, profitorientierten (grauen und tristen) Managers. Sie kann als Projektion verstanden werden, die Hoffnung auf Selbsterkenntnis und humane Orientierung von Entscheidern ausdrückt.

Künstlerische Formen zur Darstellung von Forschung werden meist von theoretischen Werken begleitet. Ohne diesen Rahmen würden Wissenschaftler, obwohl auch das schon nicht einfach ist, „nur" Kunst über den Organisationsalltag machen (Taylor & Hansen 2005: 1222). Aus dieser scheinbar unabwendbaren Voraussetzung ergeben sich allerdings mehrere – hier nicht abschließend zu beantwortende – Fragen: Wie viel intellektuelle Begleitung muss sein? Wo gehen Kunst und Forschung ineinander über? Wie viel Künstler darf ein Wissenschaftler sein? Poetisch ausgedrückt: „Imagine what kind of world this would be, if science were turned into poetry" (Darmer 2006). Gerade in diesem Bereich arbeitet die Forschung an Fragen über künstlerische Forschungsprozesse und deren Unterschied zu wissenschaftlichen Forschungsprozessen, zu Methoden und Fragen der Wissensproduktion im Rahmen von *Artistic Research als ästhetische Wissenschaft* (Tröndle & Warmers 2011). Das Besondere an Kunst ist, dass sie nicht Sachverhalte und Probleme darstellt und erörtert, wie es die Aufgabe von Rede und Text ist, sondern dass sie mit ihrer besonderen ästhetischen Form etwas Neues schafft und dabei Fragen aufwirft – eine reizvolle Option für die Wissenschaft. Anders als bei einem wissenschaftlichen Text lassen ein Kunstwerk oder eine Performance Interpretationen bis zu einem gewissen Grad offen. Der Wissenschaftler tritt in den Hintergrund und lässt Raum für die Schlussfolgerungen des Rezipienten. Diese Aufforderung zur Mitkonstruktion könnte ein besonderes Verständnis begünstigen, würde aber zunächst eine entsprechende ästhetische Kompetenz im Umgang mit Malerei, Poesie und anderen Kunstformen voraussetzen.

Teil II Ästhetische Phänomene in der Wirtschaft

2 Ästhetische Phänomene

Die Ästhetisierung von Wirtschaft ist selbst bei oberflächlichem Hinsehen oft deutlich erkennbar: Bei der Arbeit sollen Mitarbeiter besonders im Dienstleistungsbereich mit gefühlsmäßigem Ausdruck ihr Unternehmen „verkörpern". Durch besondere Design-Ansätze entstehen ansprechende und auch besonders zweckmäßige Produkte. Schließlich besitzt Architektur bei beeindruckenden Firmengebäuden und modernen Büros besondere ästhetische Funktionen. Diese Themen werden im Folgenden diskutiert. Verwiesen werden muss im Hinblick auf andere ästhetische Formen in der Wirtschaft wie künstlerisch gestaltete Print- und TV-Werbung auf die lange Tradition der Marketingforschung. Bei allen diesen ästhetischen Phänomenen betrifft Ästhetik nicht die „schöne" Oberfläche, sondern macht den eigentlichen Kern aus. Performative Dienstleistungsprozesse und computersimulierte Designprozesse schaffen die Produkte und ihren ästhetischen Mehrwert. Ebenso ist die Architektur nicht nur schön anzusehen, sondern beeinflusst das Selbstverständnis und die Arbeitshaltung von Mitarbeitern und ermöglicht in Konsumkontexten erst das Kauferlebnis für Kunden. Diesen ästhetischen Phänomenen liegt eine bisweilen fast künstlerische Art des Handelns zugrunde, die – gemäß dem Titel des Buches – einerseits als Werkzeug zur Förderung von Arbeitsleistung und Konsum eingesetzt wird, manchmal aber auch eine Verbesserung des Lebens und eine Inspiration für die menschliche Erfahrung darstellen kann. So werden im Folgenden die interdisziplinären Perspektiven der Organisations- und Managementforschung geschildert, die Ästhetik sowohl an der Oberfläche als auch im Inneren von Erscheinungen betrachten sowie ihren oft unsichtbaren, unfassbaren, aber nachdrücklichen Einfluss analysieren. Es werden Gemeinsamkeiten mit und auch aufschlussreiche Unterschiede zur Welt der Kunst diskutiert. Von diesen Phänomenen gehen weitere theoretische Perspektiven aus wie Kunst-Metaphern (Teil 3), die Ästhetik ebenfalls als konstitutiv für heutige Arbeitsprozesse begreifen. Beispielsweise wird die Arbeitswelt „als Bühne" gesehen. In Teil 4 wird der Einsatz von kunstbasierten Interventionen zur Unterstützung von solchen ästhetischen Prozessen geschildert, beispielsweise sollen Rollenspiele zur Verbesserung von Arbeitsauftritten dienen.

2.1 Ästhetische und emotionale Arbeit

Die heutige Arbeitswelt wird zunehmend ästhetisch. Wenn man sagt, die Welt sei eine Bühne, dann ist Arbeit auf den Brettern, die das Geld bedeuten, zu einem Schauspiel geworden. Die Theater-Metapher (Kapitel 3.3) wird Wirklichkeit und findet auch zunehmend explizite Verwendung: Bezüglich Interaktionen im Dienstleistungsbereich wird von „Frontstage" und „Backstage" gesprochen, zu vielen Vergnügungs- und Restaurationsbetrieben gehören die „Kostümierung" der Angestellten und „Dekoration" der Räumlichkeiten und Mitarbeiter des Disneykonzerns sind offiziell „cast members" (Bryman 2004: 125). Die Managementberater Pine und Gilmore verwenden die Theateranalogie in ihrem viel zitierten Buch *The Experience Economy* zur Beschreibung von allen Arbeitsprozessen überall in Un-

ternehmen, denn es gilt: „Every business is a stage, and therefore work is theatre" (1999: x).
Sie heben hervor, dass nicht nur Produkte hergestellt und verkauft werden, sondern Mitarbeiter und Produkte in Szene gesetzt werden. Es wird ästhetisch und emotional gearbeitet,
um für den Kunden besondere Erlebnisse zu schaffen. Diese Anforderungen betreffen
Dienstleistungsanbieter, einschließlich höhergestellter Mitarbeiter, die ebenso Eindrucksteuerung oder Impression-Management betreiben müssen. Von Unternehmensberatern
wird die Inszenierung ihrer Dienstleistung erwartet und auch Manager müssen ihren Füh-
rungsanspruch durch ihr Äußeres und ihre Handlungen verkörpern – was auch der Termi-
nus „aesthetic leadership" nach Ropo und Sauer (2008) beschreibt. Die Forschung zur Wirtschaftsästhetik beschäftigt sich mit diesem Phänomen, wie auch sozialwissenschaftliche
Arbeiten und die Marketingforschung sowie Arbeiten über Service Design. Gesprochen
wird von immaterieller oder performativer Arbeit, in der Wirtschaftsästhetik eher von
emotionaler und ästhetischer Arbeit (Witz et al. 2003). Der Mitarbeiter darf und soll sich
emotional einbringen und ausdrücken (emotionale Arbeit) und das Unternehmen mit seinen Produkten ansprechend verkörpern (ästhetische Arbeit).

Zunächst geht es bei der **emotionalen Arbeit** darum, eigene Gefühle in die Interaktion
einzubinden, sie also weniger technisch und dafür persönlich zu machen. Dieser Ansatz hat
eine lange Tradition, beispielsweise im Gesundheitswesen, wo Ärzte und Krankenschwes-
tern auf die Patienten und Angehörigen eingehen. Er ist generell dort vorhanden, wo sich
der Einzelne höflich und professionell gegenüber Kollegen, Vorgesetzten und Kunden
„aufführt". Besonders bei Mitarbeitern mit Kundenkontakt: Flugbegleiter werden im Lächeln geschult, Call-Center-Mitarbeiter im höflichen Umgang mit Anrufern, Kellner im
Restaurant in einem angepassten Umgang mit dem Gast. Sie sollen die Werte der angebo-
tenen Dienstleistung darstellen, durch Aussehen und Verhalten der Interaktion eine passende Atmosphäre geben. Emotionen werden als Teil der Dienstleistung verkauft und
bieten ein besonderes Erlebnis im Sinne der Kundenbindung. Die positiven Emotionen, die
hier zum Einsatz kommen, beeinflussen die Qualität des Erlebnisses für den Kunden. Die
Atmosphäre und Stimmung machen den Service zum Erlebnis – das ästhetisch wahrgenommen wird und zu einer impliziten Form des Wissens über das Angebot führt. Formen
ästhetischer und emotionaler Arbeit stellen somit unter vergleichbaren Geschäftsmodellen
und Angeboten einen Ansatz zur Differenzierung dar, sind Quelle von Wettbewerbsvortei-
len und deshalb wirtschaftlich besonders relevant (Bryman 2004: 103 ff.). Deshalb wird vom
Mitarbeiter und auch vom Manager zunehmend verlangt, die eigenen emotionalen Ressourcen zu mobilisieren und sich möglichst persönlich einzubringen. Mitarbeiter sollen
Gefühle nicht nur zeigen, sondern wirklich empfinden und verkörpern. Das Lächeln soll
nicht aufgesetzt sein, sondern echt. Man hat erkannt, dass vorgeschriebene Floskeln und
die immer gleichen zwanghaft persönlichen Ausdrucksformen hohl und unecht wirken
und genau den Eindruck erzeugen, der eigentlich vermieden werden soll.

Diese Formen von Arbeit haben auch viel mit einem veränderten Konzept von Arbeit zu
tun, mit Mitarbeitern, die sich selbst einbringen (wollen). Dafür gibt es bei emotionaler
Arbeit reichlich Gelegenheit, aber das Gefühl dabei ist abhängig von der Autonomie des
Arbeitnehmers im Job. Es steht und fällt damit, ob er Emotionen darstellen will oder ob er
muss. Die negativen Auswirkungen von emotionaler Arbeit sind schon lange bekannt,

beispielsweise kann die Trennung zwischen Handeln und Fühlen zu psychologischen Schäden führen (Höpfl 2002). Organisationsforscher geben zu bedenken, dass die Verfremdung der eigenen Emotionen das Selbstverständnis untergraben kann, denn Mitarbeiter müssen Gefühle darstellen, die sie nicht fühlen, und Gefühle unterdrücken, die sie fühlen. Sozialwissenschaftler sprechen kritisch von einer doppelten beziehungsweise normativen Subjektivierung von Arbeit (Honneth 2002), bei der emotionale Arbeit als posttayloristische Selbstverwirklichung nicht nur vom Individuum gewünscht, sondern vom Arbeitgeber eingefordert wird. Mit der Ästhetisierung von Arbeit verlagert sich seit den 1970er Jahren die sichtbare Kontrolle von Mitarbeitern auf die Einforderung von Commitment und emotionaler Verpflichtung gegenüber dem Unternehmen. Ästhetische Zwänge treten auch hier als subtile, aber durchdringende Form von Macht auf. Andere Formen ästhetischer Kontrolle sind das passende Arrangement der Arbeitsplätze (Kapitel 2.3) sowie der Einsatz von bestimmten Trainingsinstrumenten (Teil 4). Das eingeforderte emotionale Engagement ist für den Einzelnen oft nur schwer erträglich. Deshalb findet auch bei kritischen Künstlern im Theater, aus dem sich die Wirtschaft Vergleiche der Inszenierung borgt, der Ruf nach Selbstverwirklichung sein hohles Echo (Kapitel 5.2).

Eine andere Form der heutigen Arbeit ist neben der emotionalen die **ästhetische Arbeit.** Gemäß dem Philosophen Gernot Böhme (1995) besteht ästhetische Arbeit nicht darin, Produkte herzustellen oder Prozesse in Gang zu halten, sondern Dingen und Menschen ein Aussehen zu geben und sie ins rechte Licht zu rücken, Umgebungen oder Prozesse zu inszenieren, ihnen eine ästhetische Aura und Atmosphäre zu verleihen. Ästhetische Arbeit wird im Kunstbereich verrichtet, aber ästhetische Arbeit macht einen großen und beständig wachsenden Anteil der gesamtgesellschaftlichen Arbeit aus. Ästhetische Arbeit ist damit das, was in der heutigen Wirtschaftswelt verrichtet wird. Sie umfasst das Schaffen von ästhetisch ansprechenden Räumen, das Design von Produkten und auch stimmungsvolle emotionale und ästhetische Arbeit im engeren Sinne bei Dienstleistungen. Atmosphären erzeugt auch der Mitarbeiter mit seiner Erscheinung. Die Erscheinung besitzt starke atmosphärische Eindrucksqualitäten und verleiht Interaktionen eine besondere Stimmung. Beispielsweise lässt nicht nur ein emotionales Lächeln gewöhnlich eine positive Atmosphäre für alle an der Situation Teilhabenden entstehen, sondern schon das bloße Aussehen von Menschen kann die Wahrnehmung einer Situation positiv beeinflussen.

In der Organisationsforschung wird das Konzept der ästhetischen Arbeit in diesem engeren Sinne für den speziellen Bereich von Arbeit verwendet, in dem es um die Erscheinung der Mitarbeiter geht, einschließlich ihrer äußerlichen Attribute von der Figur bis hin zur Sprache (Witz et al. 2003). Durch ihr Aussehen sollen Mitarbeiter Markeneigenschaften von Unternehmen ausdrücken. Es wird davon gesprochen, dass die Körper der Mitarbeiter wie Puppen zu ästhetischen Artefakten werden, zu geformten Stellvertretern von Unternehmen (Harquail 2006), wie es auch die Architektur ist (Kapitel 2.3). Alle Mitarbeiter, auch Führungskräfte, werden nicht nur rational beurteilt, sondern unterliegen diesem ästhetischen Zwang mit begrenzten individuellen Gestaltungsmöglichkeiten.

Wenn ästhetische und emotionale Arbeit Merkmale zur Differenzierung sind, hat die passende Ästhetik direkte ökonomische Auswirkungen. Ebenso wie die nicht passende. Gerade im Handel und Hotelgewerbe und in Teilen des Finanzbereichs, wo der Schwerpunkt auf Dienstleistung mit Kundenkontakt liegt, werden fachlich qualifizierte Bewerber abgelehnt, weil sie nicht geeignet aussehen oder klingen, Körper, Kleidung und Erscheinung nicht genehm sind (Nickson et al. 2005). Hier wird nach Äußerlichkeiten gefiltert und Einfluss auf ästhetische Wahlmöglichkeiten genommen – sichtbare Tatoos, Piercings und nonkonforme Frisuren „passen" Arbeitgebern nicht. Das wird auch als „Lookism" bezeichnet, eine ästhetische Form von Diskriminierung neben Sexismus, Rassismus und Altersdiskriminierung. Im Bereich der emotionalen und ästhetischen Arbeit kommt es nicht auf erworbene Kenntnisse und Fähigkeiten an, sondern auf die gelungene Darstellungsweise von Körper und habitueller Typik. Diese Benachteiligung ist nicht nur oberflächlicher ästhetischer, sondern auch sozialer Art: Bewerber mit gepflegter Sprechweise und gutem Benehmen werden bevorzugt und damit Bewerber mit gehobenem gesellschaftlichen Hintergrund, denn dieser bedingt nach Erkenntnissen der Sozialforschung gesittete Verhaltensweisen. Zur ästhetischen Diskriminierung gehört auch, auf Schönheit zu achten. Attraktive Bewerber sind bei Vorgesetzen und Kollegen beliebter und sie werden unhaltbarerweise für intelligent, verlässlich und kompetent gehalten. In unserer Gesellschaft wirken besonders maskuline Attribute wie das breite Kinn und der kantige Schnitt positiv, womit besonders männlich aussehende Typen bessere Chancen auf verantwortungsvolle Positionen haben, während feminin aussehenden Bewerberinnen im Berufsleben die subalternen Positionen angeboten werden (von Rennenkampf 2005).

Ästhetik ist hier mehr als nur ein oberflächlicher Zuckerguss und Verschönerung der Realität von Unternehmen, sondern nimmt als wirtschaftliche und soziale Macht durch Ausschluss von bestimmten Menschen und Typengestaltung Einfluss auf das reale gesellschaftliche Leben. Auch hier kann die Beschäftigung mit der Welt der Kunst, die das Spiel mit Schein und Atmosphären perfektioniert, eine kritische Haltung im Sinne ästhetischer Kompetenz fördern. Beispielsweise führt das klassische Theater uns vor, wie hohl doch Äußerlichkeiten sein können, aber wie wirkungsvoll sie sind: Die fiktiven Rollenfiguren sind nichts als ihre Erscheinung, die Äußerlichkeiten, die der Schauspieler ihr borgt. Beispielsweise zeigt der Protagonist in *Der Geizige* von Molière stets eine leicht krumme Haltung. Diese Attribute lassen nicht auf ein „verklemmtes" Inneres schließen, weil es dieses so gar nicht gibt. Die Kunst führt hier vor, dass das Äußere praktisch täuscht, und demonstriert gleichzeitig warnend, wie es trotzdem eine Atmosphäre entstehen lässt. Es drückt nichts aus, aber be-*eindruck*-t die Anwesenden. Hier zeigt also der Vergleich von der Arbeitswelt als Theater aufschlussreiche Unterschiede. Deshalb dient die Anwendung von Metaphern generell als wichtiger theoretischer Ansatz für die Wirtschaftsästhetik (Teil 3).

2.2   Produkte und Design

Mit der Ästhetisierung von Wirtschaft erhält der Bereich Design zunehmende Aufmerksamkeit und auch sein über die reine Produktgestaltung hinausgehendes kreatives und strategisches Potenzial. In Bezug auf Design in Unternehmen sind neue Trends in der Praxis und der wissenschaftlichen Literatur festzustellen. Die eher technische Entwicklerperspektive, die die Designpraxis in Unternehmen seit dem späten 19. Jahrhundert geprägt hat, wird mehr und mehr durch künstlerisch sensible Ansätze ersetzt. Repräsentative Arbeiten, die den kreativen und künstlerischen, prozessualen Charakter von Design betonen, sind beispielsweise Boland & Collopys (2004) *Managing as Designing* und Liedtkas (2000) *In Defense of Strategy as Design*, welches auf Mintzbergs (1990) Thesen Bezug nimmt und Design als kreatives und experimentierfreudiges, partizipatives, nicht-hierarchisches Modell sieht. In der Praxis gibt es Designberatungen, die mit Texten und Filmen über ihre Arbeit das Potenzial von Design weiter publik machen. Solche Ansätze streben eine Verknüpfung von Kunst und Wissenschaft an, von Handwerk und Technologie in der Designpraxis. Die erweiterte Rolle von Design im Kontext der Wirtschaftsästhetik wird zunehmend in der Forschung reflektiert. Ein neueres Beispiel ist das Sonderheft von *Aesthesis – International Journal of Art and Aesthetics in Management and Organizational Life* mit dem Titel *Design and the Art of Management* (Friedman et al. 2008). Design wird hier nicht nur verstanden als die an technisch-praktischen, ästhetischen und symbolischen Funktionen orientierte Gestaltung von Gegenständen und Umgebungen. Gemäß der angelsächsischen Verwendung geht der Designbegriff darüber hinaus und umfasst als lösungsorientierter Planungs- und Denkprozess das Ausarbeiten von Vorgehensweisen zur Verbesserung von existierenden Situationen mit Blick auf die Stakeholder innerhalb und außerhalb des Unternehmens.

Design ist ein besonders wichtiger Aspekt einer ästhetischen Wirtschaft, denn es ermöglicht Differenzierung von Produkten und Umsätze. Design soll aber nicht nur einen wirtschaftlichen Zweck erfüllen und Konsum weiter anheizen, sondern kann dabei auch angenehm, inspirierend und sinnstiftend sein. Gegenstände mit ansprechendem Design und gut durchdachte Prozessabläufe tragen im Allgemeinen zu einer verbesserten Arbeits- und Lebensqualität bei. Bei einem Stuhl, genauso wie einem Büroraum oder bei Arbeitsprozessen, ist die Qualität des Designs und das daraus resultierende (ästhetische) Erlebnis des Benutzers ein wichtiger Aspekt der täglichen Arbeit beziehungsweise des physischen, virtuellen oder technologischen Arbeitsumfeldes. Beispielsweise wird in der internationalen Forschung zur Wirtschaft von „schönen" Aspekten von Arbeit gesprochen („this is working beautifully"). Man denke hier auch an ein aktuelles Beispiel von Facebook-Gründer Mark Zuckerberg, der von der „eleganten Organisation" gesprochen hat: Das Angebot eines Unternehmens soll den Menschen helfen, das, was sie tun, noch besser machen zu können. Das hat ebenso mit Nachhaltigkeit und erfüllten Kundenbeziehungen zu tun. Bei Facebook oder auch bei Google, wie der Autor Jeff Jarvis beschrieben hat, geschieht dies über das Design des Angebots, den einfachen, eleganten Zugriff auf und Umgang mit Informationen. Ästhetik macht auch in anderen Fällen das Leben nicht nur schöner, sondern mit einer menschlichen Komponente oft auch lebenswerter.

Design kann Sinn stiften

Die in Dänemark ansässige Non-Profit-Organisation Index unterstützt unter dem Konzept *Design to Improve Life* (http://www.designtoimprovelife.dk) die Verbreitung und Anwendung von Design und Designprozessen, die das Leben der Menschen verbessern können, indem sie zur Lösung von Problemen beitragen, wie Klimaerwärmung, Umweltzerstörung und Armut. Ein solches Denken setzt auf Gewinn statt Profit, auf humanes, soziales Verständnis und demokratisches Denken. Die derartige Auffassung von Design berücksichtigt nicht nur die Form mit ihrer ästhetischen Gestaltung, sondern auch die wirtschaftlichen und sozialen Auswirkungen und den gesellschaftlichen Kontext. So zeichnet der Index Design Award beispielsweise Erfindungen aus wie in Entwicklungsländern eingesetzte batterielose Herztonmessgeräte zur Verhinderung von Säuglingstod bei der Geburt und einen nicht toxischen Ofen zum Kochen in geschlossenen Räumen.

Der Bereich des Designs mit seinen kreativen Prozessen und Strukturen dient in vielerlei Hinsicht als Modell für innovative Organisationsstrukturen, die kreative Ideen umsetzen können. Mit Rückgriff auf die Arbeitsweisen und Arbeitsmittel von Designern arbeiten interdisziplinäre Gruppen in Unternehmen an der Entdeckung neuer Möglichkeiten und Problemlösungen. Das ist verwandt mit dem Einsatz kunstbasierter Lernformen, die Unternehmen in verschiedenen Stellen der Wertschöpfungskette integriert haben (Teil 4). Beispielsweise wird Design Thinking analytisch-orientierten und somit beschränkten Managementansätzen entgegengestellt als kreativer Erfindungsprozess, der sich mit seiner starken ästhetischen und erlebnisorientierten, interdisziplinären, nutzerzentrierten und teamorientierten Ausrichtung, mit Einfühlungsvermögen und Experimentierfreudigkeit quasi-künstlerisch auf das Unbekannte einlässt (Bauer & Eagen 2008). Der Designer wird vom Problemlöser zum Prozessunterstützer, vom Praktiker zum aktiven Partner im unternehmensweiten Innovationsprozess. Laut Stardesigner Tim Brown, Chef der US-Agentur Ideo, sollen Manager denken wie Designer: Erfolg hat nur ein „schöpferischer Vorstandschef" mit „integrativem Denken", der sich von einem reinen Analytiker abhebt, indem er nicht nur technische Innovation betreibt, sondern mit Einfühlungsvermögen und Vorstellungskraft versteht, was Menschen erwarten, Bedürfnisse voraussahnt und den Willen zum Experiment besitzt (Hohensee 2006). So haben sich Beratungen mit Design-Ansatz etabliert (siehe Beispiel). Im Hochschulbereich zeigt sich diese Entwicklung auch in der europaweit ersten School of Design Thinking am Hasso-Plattner-Institut in Potsdam, wo Studenten mit einem interdisziplinären Ansatz neue Produkte und Dienstleistungen entwickeln.

Ansätze zur kreativen Unternehmensberatung

Beratungsfirmen wie McKinsey mit ihrer rationalen betriebswirtschaftlichen Sicht werden oft nicht besonders geschätzt und so kommen neue, kreative Beratungsansätze bei vielen innovativen und auch traditionellen Unternehmen gut an (Nussbaum 2004). Ein Beispiel ist Frog Design, ein anderes die amerikanische Firma Ideo, die auch in Deutschland vertreten ist. Ideo entwirft praktisches Alltagsdesign sowie Dienstleistungen, Architekturen und Software für Firmen wie Microsoft, Pepsi, BASF und Lufthansa. Die Berater werden für die besondere Kundenperspektive gelobt und den kreativen Ansatz: Für Ideo arbeiten auch Anthropologen, Grafikdesigner, Ingenieure und Psychologen. Sie benutzen – wie auch die Forschung zur Wirtschaftsästhetik (Kapitel 1.3 und 1.4) – qualitative Ansätze zur Datensammlung: Sie beobachten, observieren, filmen, fotografieren und interviewen Kunden, setzen Storytelling ein, veranstalten mit dem Klienten ungewöhnliche Brainstorming-Übungen mit bunten Zetteln, farbigen Zeichnungen und Gegenständen. Dann erhalten die Ideen ästhetische Gestalt: Sie werden durch schnelles Prototyping

mit billigen, aber ansprechenden Materialien fassbar und sichtbar. So lässt sich mit sinnlich wahrgenommenen Einflussfaktoren und Datenelementen produktiv arbeiten.

Design hat eine erweiterte strategische Funktion, die sich auf Aussehen, Nutzerfreundlich-
keit und Zweckmäßigkeit von Produkten und Dienstleistungen erstreckt. Es werden nicht
einfach nur Produkte entworfen, sondern Erlebnisse. Der Kunde soll eine Beziehung zum
Produkt aufbauen können, auch wenn es beispielsweise nur ein Stromzähler ist (siehe Abbildung 2.1). Das ist ein Kennzeichen der heutigen Wirtschaftswelt, in der Ästhetik nicht
nur oberflächliche Verschönerung ist, sondern ein grundlegendes Element, das mit sinnlicher und emotionaler Wahrnehmung verknüpft ist.

Produkte werden mit Designansatz neu interpretiert

Ideo hat das Design für einen Stromzähler, den „Yello Sparzähler online", entworfen, einen schlichten gelben Kasten. LED-Leuchtpunkte bilden als pulsierende Lebenslinie eine
neue Interpretation des typischen Stromzählers, der Zählerstand strahlt durch die ge-
wölbte, aufklappbare Vorderseite. Per WLAN überträgt das Gerät die Daten auf den
Computer des Kunden. Dieser kann sich seinen Verbrauch und die entsprechenden Kos-
ten ansehen, sein Verhalten ändern und seine Energie „managen" (Sander 2008). Das Design soll ästhetisch und emotional die Yello-Werte kommunizieren: einfach, positiv,
„schlau", „pfiffig". Das Gerät wurde ausgezeichnet mit dem red dot award und dem De-
signpreis der Bundesrepublik Deutschland, war Finalist des Index Awards.

Abbildung 2.1 Stromzähler „Sparzähler". Design: Ideo

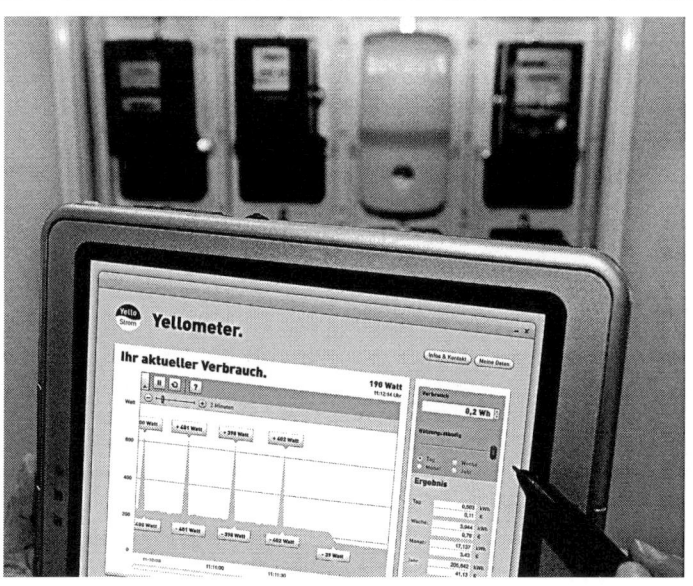

Quelle: Yello Strom

Die Ästhetisierung von Wirtschaft betrifft nicht nur die Oberfläche, sondern umfasst auch tieferliegende Produktionsprozesse, die durch technologische Neuerungen immer „künstlerischer" werden. Das Aussehen von Produkten lässt sich mit Computersimulation mühelos verändern und im Architekturbereich hat das Programm CAD die herkömmlichen aufwendigen Bauzeichnungen ersetzt. Industrielle Werkstoffe lassen sich bis zur Endfertigung mit Computersimulation konzipieren und erproben. Der ästhetische Vorgang der Simulation auf dem Bildschirm ist also nicht nur nachahmend, sondern hat produktive Funktion, die nebenbei die Produktions- und Innovationskosten senkt. Wolfgang Welsch (1996: 15) beschreibt in seiner ästhetischen Theorie: „Die einst für hart gehaltene Wirklichkeit erweist sich als veränderbar, neu kombinierbar und offen für die Realisierung beliebiger ästhetisch konturierter Wünsche … Die Wirklichkeit ist – von heutiger technologischer Warte aus gesehen – aus formbarstem, leichtesten Stoff." Wer täglich mit CAD arbeitet, weiß um die einfache Manipulierbarkeit von Wirklichkeit. Ein solches Bewusstsein ist natürlich wichtig für eine ästhetisch kompetente und kritische Haltung in der heutigen Wirtschaftswelt. Dieses Wissen teilt der Mensch mit einem Künstler, der seine Sicht auf die Welt in ausgesuchten Farben und Formen als Malerei, Skulptur oder Text wiedergibt.

Wirtschaftsästhetische Ansätze heben die Nähe der technologisch veränderten Produktionsprozesse zur Kunst hervor. Die Simulation ersetzt kostenintensives und zeitaufwendiges Anfertigen und Testen von materiellen Prototypen. Der veränderte Produktionsprozess erlaubt die noch anspruchsvollere Gestaltung der ästhetischen Form, während in industrieller Fertigung ständige Nachadjustierungen die Skaleneffekte zunichtemachen würden. Gerade dieser postindustrielle Schaffensprozess ist der präindustriellen Fertigung wieder ähnlicher als der industrielle. Künstler und Handwerker sind historisch verwandt, und gerade die iterative, schrittweise Änderung und Verbesserung von Produkten am Computer ähnelt viel stärker dem künstlerischem Schaffensprozess (Austin & Devin 2010). Industriekünstler können durch den tiefenästhetisierten Produktionsprozesses Pläne und Skizzen einfacher ausprobieren und wieder umwerfen: Der Architekt entwirft Darstellungen von Bauten, der Designer schnelles Prototyping. Wie Künstler können sie nach dem besonderen, originalen und neuen Ausdruck suchen, skizzieren, proben und probieren.

Ästhetische Simulation zur Entwicklung von Dienstleistungen

Das Fraunhofer-Institut für Arbeitswirtschaft und Organisation IAO in Stuttgart bietet mit dem ServLab einen Simulationsraum, in dem neue Dienstleistungen schneller entwickelt und bestehende ohne viel Aufwand verbessert werden können. Mitarbeiter spielen Kundeninteraktionen in mit Computertechnologie erstellten Räumen durch. Durch Virtual Reality wird die komplette Kundenschnittstelle simuliert. Mithilfe von Schauspielern und Unternehmenstheater (Kapitel 4.2.2) können auf dieser Bühne neue Möglichkeiten der Kundeninteraktion erprobt werden. So können Dienstleistungen bereits in einem frühen Stadium anschaulich für Führungskräfte, Mitarbeiter und Kunden visualisiert und vor der Markteinführung in geschützter Umgebung risikolos getestet werden. Mit dem visuell und ästhetisch ansprechenden und lebendigen Medium sollen sich auch wenig qualifizierte Mitarbeiter gut erreichen lassen. Statt technischer Erklärungen können die Teilnehmer die Verbesserungsvorschläge für die Dienstleistung „erleben". In Zukunft sollen Service-Erlebnisse sogar noch lebensnaher gestaltet werden, beispielsweise durch den Einsatz von Gerüchen in der Simulation.

Abbildung 2.2 ServLab Fotomontage

Quelle: Fraunhofer IOA

Die ästhetischen und zentralen Merkmale von Produkten und Dienstleistungen werden durch solche innovativen Entwicklungsprozesse weiter verbessert. Hier schließt in deutschsprachiger Forschung die sogenannte Dienstleistungsästhetik an, ein verhältnismäßig neues Feld, welches die ästhetische Wirkung von Mitarbeitern, Kommunikation und dem räumlichen Umfeld auf Dienstleistungskunden erläutert (Kahl et al. 2006). Diese wahrnehmbare Gestalt der Dienstleistung beeinflusst Erwartungen und Qualitätseinschätzungen. Darüber hinaus kann die Ästhetik zur Differenzierung gegenüber Wettbewerbern beitragen, denn durch die Anreicherung mit einem ästhetischen Mehrwert steigen Kundennutzen und auch Preisbereitschaft gegenüber Dienstleistungen und Produkten.

Ästhetische Merkmale werden immer wertrelevanter. Designfachleute sehen den Grund in einer Verschiebung vom Gebrauchswert zum ästhetischen Wert: In einem Zeitalter des Überflusses müssen Produkte nicht nur ihren Zweck erfüllen, sondern das Auge ansprechen und gar etwas im Menschen berühren. Diese Entwicklung wirtschaftlicher Ästhetisierung wird auch kritisch von interdisziplinärer philosophischer Theorie beschrieben. Eine Verselbstständigung des ästhetischen Scheins wurde bereits vor mehreren Dekaden von Wolfgang Fritz Haug (1971) in seiner *Kritik der Warenästhetik* formuliert. Haug beobachtete eine Auflösung und Erweiterung der Marx'schen Dichotomie von Tauschwert und Gebrauchswert, da der Tauschwert mit weiteren Qualitäten wie Aufmachung und Verpackung längst den Gebrauchswert der Ware mit ihren nützlichen Qualitäten dominiert. Böhme (1995: 64) ergänzt deshalb um den „Inszenierungswert": Es gibt mehr und mehr Produkte, die allein der Inszenierung dienen, der Verschönerung der Welt und Steigerung des Lebens. Viele Waren befriedigen nicht primär elementare Bedürfnisse, sondern sind begehrenswert, weil sie dem Dasein einen unwiderstehlichen Schimmer und Glanz verleihen können. Diese Entwicklung wurde schon Anfang des letzten Jahrhunderts als ostentativer Geltungskonsum rund um den symbolischen Wert von Thorstein Veblen beschrieben, später als Ästhetisierung der Konsumkultur und des wirtschaftlichen Lebens gesehen.

Auf ästhetische Differenzierung durch besonderes Design zu setzen und damit hohe Margen zu erzielen gilt für viele Unternehmen als einzig verbleibende Erfolgsstrategie (Austin & Devin 2010). In der globalen Wirtschaft haben Outsourcing und die Billigproduktion in asiatischen Ländern zu einem Know-how-Transfer und härteren Wettbewerb geführt. Auf der Kostenschiene sind viele europäische und amerikanische Unternehmen kaum noch wettbewerbsfähig. Es lohnt nicht, einigermaßen funktionale Produkte mit einem guten Preis-Leistungsverhältnis feilzuhalten, vielmehr muss heute ein Besonderheitswert geboten werden. Das verlangt von Unternehmen sogenannte ästhetische Konsistenz („aesthetic coherence") (Austin 2008) für die überzeugende und quasi sinnstiftend wirkende Inszenierung von Produkten. Bei ästhetischer Konsistenz passen sinnlich wahrnehmbare Qualitäten wie das Aussehen der Produkte, die Größe, Farbe, haptische Beschaffenheit und die Geschichte zusammen und auch die Partner und Vertriebskanäle (siehe Beispiel).

Ästhetische Konsistenz verleiht Produkten einen besonderen Wert

Viele Firmen besitzen ästhetische Konsistenz (Austin 2008), weil jedes Detail ins Gesamtbild passt. Beispielsweise ist Vipp weltweit bekannt für hochpreisige Haushaltsgegenstände, handwerkliche Kunstfertigkeit und die passende Hintergrundgeschichte über die Gründer Holger und Marie Nielsen aus Dänemark. Das als ikonisch bezeichnete Design der über 200 Euro teuren Treteimer aus Edelstahl folgt fast unverändert dem Original, das Holger im Jahr 1939 für den Frisiersalon von Marie entworfen hatte. Alle Produkte werden in Europa produziert. Sie erzielen hohe Margen, anders als gewöhnliche und auch im Discounter erhältliche Haushaltsgegenstände. Auch Ikea hat einen stimmigen Firmenauftritt: Das Skandinavische umrahmt Vorstellungen von gutem Design, Qualität, Familienfreundlichkeit, lockerer Du-Atmosphäre. Trotzdem sind die Preise bescheiden, aber es werden überdurchschnittliche Margen durch das Prosumer-Konzept erzielt, bei dem der Produzent-Konsument seine Ware ebenso locker selbst zusammenschraubt. Die vom Bauhausstil inspirierte Unterhaltungselektronik im Hochpreissegment von Bang & Olufsen wird nur in eigenen Stores mit sorgfältig ausgestalteter Atmosphäre und von spezialisierten Händlern angeboten oder in Kooperation mit Audi, Aston Martin und Mercedes-Benz in Fahrzeuge eingebaut. Selbst Hersteller von Bier oder Jeans und besonders Luxusmarken im Modebereich betonen Ursprung und unverwechselbare Handwerkstradition zur Legitimierung ihrer Preise.

Gerade Luxusartikelhersteller beherrschen die ästhetische Aufladung und Inszenierung ihrer Produkte und suchen dabei immer öfter die Nähe zur Kunst. Louis Vuitton besitzt aufwendig gestaltete Flagship Stores und Geschäfte, wo das Produkt mit seiner Aura und

Geschichte konsumiert werden darf (Kapitel 2.3). Zur Verstärkung dieses ästhetischen Gesamtzusammenhangs werden Bücher im Hochglanzformat publiziert mit dem Titel *Louis Vuitton. Art, Fashion and Architecture* (Viscardi 2010), in denen der „kunstvolle" und kunstnahe Stil anhand von Kooperationen mit bildenden Künstlern und Star-Architekten ins rechte Licht gerückt wird, darunter Olafur Eliasson und Zaha Hadid. Prada beispielsweise setzt auf Mäzenatentum von Avantgarde-Künstlern und Kooperation mit Architekten: Mit Rem Koolhaas entstanden Geschäfte in New York und Los Angeles, und das „kulturelle und gesellschaftliche Kapital" von Künstlern wie Sachs, Gursky, Elmgreen & Dragset wird von Prada als „symbolisches Kapital" für die Marke in Beschlag genommen (Ryan 2007). Viele Luxusunternehmen kooperieren mit weltbekannten Künstlern und Designern: Für Louis Vuitton deckte Stephen Sprouse in seiner Handtaschenkollektion Graffiti und Rosenmuster über das charakteristische Monogramm-Muster. Richard Prince verfremdete es mit Drucktechnik. Takashi Murakami ergänzte Kirschen (*Cherry Blossom Monogram*) und Comicfiguren und stellte 2009 seine Entwürfe zusammen mit den Handtaschen im Guggenheim Museum im spanischen Bilbao aus – laut Louis Vuitton-Kreativdirektor Marc Jacobs eine „monumentale Verschmelzung von Kunst und Kommerz". Die Taschen bekommen einen zusätzlichen ästhetischen Sinn und man könnte sie fast als Kunstwerke begreifen. Man erinnere sich hier an die künstlerische Avantgardebewegung, die verdeutlicht hatte, dass sich ein jedes ready-made zum Kunstwerk erklären lässt und dadurch eine sofortige Aufwertung erfährt und eine bestimmte Aura verliehen bekommt. Dieses Konzept ist in solchen Kooperationen eingetreten. Produkte mit ausgeprägten ästhetischen Merkmalen werden heutzutage durchaus in Museen für moderne Kunst präsentiert, nicht nur in Ausstellungsorten für Kunsthandwerk. Einer der erfolgreichsten deutschen Industriedesigner, Konstantin Grcic, stellt beispielsweise seine Stühle im Haus der Kunst in München und in Galerien aus, seine Lampe *Mayday* wurde in die permanente Sammlung des New Yorker Museum of Modern Art aufgenommen. Design wird von Kunst abgegrenzt, denn es unterscheidet sich nicht zuletzt durch seine Zweckorientierung. Schon Kant sprach bezüglich der Kunst von einer „Zweckmäßigkeit ohne Zweck", während Industriedesigner nicht einfach etwas Besonderes herstellen wollen, sondern mit einer Zielsetzung: Das Produkt muss einen bestimmten Zweck erfüllen (auf dem Stuhl muss man sitzen können) und sich auch verkaufen lassen. Kreativität muss sich innerhalb dieser Vorgaben entfalten. Neuere ästhetische Theorien befreien Design aus dem Verdikt des „Kunstgewerbes" und bezeichnen es wie Kunst als Form der „ästhetischen Arbeit" (Böhme 1995), sehen aber den Unterschied darin, dass Kunst nicht den Zweck hat, Menschen auf Konsum einzustimmen. Oft bleiben Kooperationen von Unternehmen mit Künstlern ambivalent, denn viele Künstler sehen sie als produktiven und provozierenden Austausch, wie beschrieben in *Corporate Mentality* von Aleksandra Mir (2003) und von Brellochs und Schrat (2005) in *Produkt und Vision. Raffinierter Überleben. Strategien in Kunst und Wirtschaft.*

2.3   Architektur

2.3.1   Gebäude und Artefakte

Architektur ist ein besonders relevantes ästhetisches Phänomen, denn sie wird schon immer eingesetzt, um über ihre Ansicht entsprechende Befindlichkeiten in Menschen auszulösen und bestimmte Vorstellungen zu vermitteln. So kann der Kirchenbau mit seiner Höhe, seinem Schmuck und dem schummerigen Licht Atmosphären des Heiligen und der Demut entstehen lassen, imposante Schlösser machen Herrschaftsformen manifest und massive Gerichtsgebäude zeigen soziale Hierarchien und Strukturen. Auch in der Welt der Wirtschaft hat aussagekräftige Architektur lange Tradition: Schon 1907 wurde bei der Gründung des Deutschen Werkbunds als wirtschaftskulturelle Vereinigung von Künstlern, Architekten, Unternehmern und Sachverständigen die Nützlichkeit von Kunst nicht nur als ästhetische, sondern moralische Kraft thematisiert, die auch in der Wirtschaft mitspielt. Mit der Entwicklung des Industriekapitalismus haben Unternehmen ihrer Macht und ihrem Ansehen auch durch Architektur Ausdruck verliehen. Man denke an die imposanten Konstruktionen von Industrieunternehmen, an die eher klassischen Konstruktionen von Börsen und Banken und an die modernen Firmensitze verschiedener Unternehmen. Bauwerke wie das Chrysler Building in New York, die Bank of China in Hongkong oder auch die Türme der Deutschen Bank in Frankfurt am Main kann man gemäß Berg und Kreiner (1990) als „antreibende Symbole von unternehmerischen Werten und Absichten" sehen. Architekturen geben immateriellen Werten wie der Marke und dem Produkt- und Dienstleistungsverständnis von Unternehmen eine materielle und plastische Form für Kunden, die Öffentlichkeit und die Mitarbeiter. Das gilt besonders für den Finanzsektor, in dem vor allem die klassische Architektur der *Tempel des Mammon* (Booker 1990) mit Säulen und Stufen Vertrauenswürdigkeit ausstrahlt. Die schweren Materialien und symmetrischen Formen verkörpern psychologische Schlüsseldimensionen des nicht fassbaren und auch stark volatilen Bankgeschäfts wie Stabilität, Sicherheit und Stärke. Gerade aufgrund der Tiefenästhetisierung eines virtuell gewordenen Finanzmarkts scheint eine oberflächliche Ästhetisierung besonders wichtig. Ideen von Stabilität und herkömmliche Vorstellungen von Wohlstand und Effizienz lassen sich durch massive bauliche Präsenz eindrucksvoller geltend machen als durch andere Mittel wie verbale oder schriftliche Formen.

Forschungsansätze im Gebiet der Wirtschaftsästhetik, die sich mit der Materialität von Bauwerken auseinandersetzen, beziehen sich häufig auf Gagliardi (1990) und die Ausarbeitungen zu Artefakten im Bereich des Organisationalen Symbolismus. Artefakte lassen sich definieren als Produkte menschlicher Handlung, die geformt, plastisch entworfen oder landschaftlich gestaltet werden, um eine spezielle ästhetische Bedeutung zu vermitteln. Sie beeinflussen die Wahrnehmung der Realität und generieren auf subtile Art und Weise Vorstellungen, Normen und kulturelle Werte (Gagliardi 1996: 575). So zeigen Studien über amerikanische Firmenbauwerke (Berg & Kreiner 1990, Kersten & Gilardi 2003), wie Architektur als Instrument der Ordnung und Kontrolle dient, indem hohe, verspiegelte Bürotürme nach außen ein Bild der Effizienz vermitteln und nach innen durch übersichtliche Großraumbüros und Raumgestaltung Unordnung und Ablenkung der Angestellten verhindern. Unternehmensarchitektur soll keinen Raum für negative Ansichten auf Geschäftsmodelle und Arbeitsbedingungen bieten. Diesbezüglich wird auch von einer „anästhesierenden Ästhetik" gesprochen, die von positiven Ansprüchen überzeugen will und andere kritische Sichtweisen sozusagen betäubt (Dale & Burrell 2003). Ein anderes Beispiel sind Kriegsgräber auf Friedhöfen (Carter & Jackson 2000), deren Anordnung und Dekoration Ruhe und Frieden ausstrahlen: Sie wollen nicht an Leiden und Unrecht erinnern, sondern affirmative Reaktionen der Betrachter hervorlocken und keinen Zorn, Missmut oder gar politische Auflehnung gegen das System provozieren. Anders als so manche Formen der Kunst will die Baukunst hier keine ambivalenten Vorstellungen vermitteln.

Beständig gewachsen ist das Interesse an einer gebauten Identität, die in deutschsprachiger Forschung auch mitunter als *Corporate Architecture* (Messedat 2005) bezeichnet wird. Für Unternehmen aus allen Branchen erstellen Architekten bauliche Kunstwerke, die Raumbilder schaffen, Geschichten erzählen und vielfältige Atmosphären entstehen lassen. Architekten erheben den Anspruch, unternehmensspezifische Inhalte baulich ansprechend umzusetzen und „Raumbilder" zu schaffen, die „einer Dramaturgie folgen" und Besucher sozusagen in eine Geschichte führen. Beispielsweise benutzt das Unternehmen Atelier Brückner (2010) den Begriff der Szenografie, der im Theater die Bühnengestaltung bezeichnet, welche die Aussage eines Stücks durch visuelle und ästhetische Mittel verdeutlicht. Aus dieser Denkweise lässt sich in Anlehnung an ein berühmtes Architekturzitat die Formel *form follows content* ableiten: Beim räumlichen Gestalten unter szenografischen Gesichtspunkten sollen Gestaltung und Inhalt ein Ganzes werden. Beispielsweise bietet das von dieser Architekturfirma gestaltete BMW-Museum in München den Besuchern Technik-, Motorsport- und Fahrambiente: Die Ausstellungs- und „Erlebnisräume" sind durch eine Rampe verbunden, als Symbol für Mobilität und Bewegung, und „das Haus ist eine Fortsetzung der Außenwelt mit Straßen und Plätzen, das den passenden Sound ebenso liefert wie da und dort auch den Geruch nach Motorsport und Rennatmosphäre" (Brauer 2006: 28). Die Anwesenden können die Automarke ästhetisch erfahren und er-*leben*. Auch andere Autohersteller setzen passend zum Produktversprechen auf Erlebniswelten. So präsentiert die Autostadt von VW in Wolfsburg in einer großen Parklandschaft Klassiker der Fahrzeuggeschichte, Kunstwerke und Filme und zeigt die Ansichten des Unternehmens über Qualität, Sicherheit und Nachhaltigkeit in vielfältiger Gestalt.

Architekturen werden nicht nur nicht nur direkt vor Ort erlebt, sondern heutzutage primär über Fotos wahrgenommen. Auch bildhafte Darstellungen kommunizieren aber nicht nur visuell, sondern lassen ähnlich wie die originalen Bauten bestimmte Atmosphären und Stimmungen entstehen, wirken ästhetisch und emotional auf den Betrachter (Böhme 2006: 54). So wie die Abbildung einer melancholischen Parklandschaft eine melancholische Stimmung auch für den Betrachter schafft, so vermittelt abgebildete Unternehmensarchitektur über ihre Atmosphären eine Form impliziten Wissens, welches die Vorstellungen der Menschen prägt, beispielsweise über den Finanzmarkt (siehe Beispiel).

Atmosphäre des Finanzmarkts: Handelssaal der Frankfurter Wertpapierbörse

Der Handelssaal der Frankfurter Börse wurde für mehrere Millionen Euro umgestaltet und erhielt Designpreise wie den red dot award. Er soll die Aspekte Computerhandel und Parketthandel mit seinem menschlichen Element zeigen, wie auch die Kompetenzen des Unternehmens Deutsche Börse. Die Ansicht gilt ebenso als das Gesicht des Finanzplatzes Frankfurt, denn sie wird von Fernsehstationen und der Presse täglich an ein Millionenpublikum übertragen. Die Bilder lassen sich so interpretieren, dass sie kein Gefühl von Hektik und Chaos vermitteln, wie frühere Bilder von aufgeregtem Zurufhandel. Vielmehr lassen sie eine Atmosphäre der Stabilität entstehen durch eine ästhetische Entschleunigung des vom Menschen entkoppelten Zeitraffers global vernetzten Börsenhandels: Die futuristischen Elemente auf dem dunklen Eichenparkett wirken stabil und sicher; die vielen runden, sich teilweise gemächlich drehenden Elemente vermitteln eine verlässliche Dynamik und Bewegung; die sich langsam ändernde tageslichtartige Beleuchtung spricht die natürlichen ästhetischen Erfahrungen des Betrachters an und schafft ein Gefühl der Ruhe und Gelassenheit. Die vertraute Kurstafel ist geblieben, die alte braune, „abschottende" Wandvertäfelung wurde ersetzt und der Handel findet mit „globaler Perspektive" unter der stilisierten Weltkarte, hoch technisiert inmitten von Newstickern und Indexdaten statt. Das durch die Ästhetik geschaffene beruhigende Gefühl überdeckt die drohende Gefahr von rasanten Kurszusammenbrüchen und Verlusten auf volatilen globalen Märkten.

Abbildung 2.3 Parkett der Frankfurter Wertpapierbörse

Quelle: Atelier Brückner

2.3.2   Arbeitsräume

Architektur in der Wirtschaft kann nicht nur Vorstellungen von Unternehmen nach außen repräsentieren, sondern auch besondere Wirkungen für die Mitarbeiter und alle in den Räumen Anwesenden entfalten. Architekturen werden nicht nur mit den Augen, sondern sinnlich und körperlich wahrgenommen, vor allem, wenn man sich in ihrer direkten Nähe befindet. Eine ästhetische Perspektive hebt hervor, dass Architekturen nicht nur etwas visuell anschaulich machen, sondern vor allem in die Befindlichkeit derjenigen eingreifen, die sich diesen Gebäuden nähern oder sie betreten (Böhme 2006). Gebäude wirken über ihre Präsenz und lassen mit ihren Materialien, Gerüchen, Licht- und Temperaturverhältnissen und ihrer Akustik eine besondere Atmosphäre entstehen. Sie werden ästhetisch wahrgenommen und erzeugen über das körperliche Empfinden eine Art impliziten Wissens mit mehr oder minder bewussten Haltungen und Vorstellungen. Folglich geht man davon aus, dass der sorgfältig gestaltete Raum in Unternehmensgebäuden das Handeln der Mitarbeiter ästhetisch beeinflussen, gar kontrollieren kann. Der entsprechende Bereich der Organisationsforschung beschäftigt sich mit den Auswirkungen von Raum auf Gesundheit, Bewusstsein und Verhalten von Mitarbeitern. Diese interdisziplinäre Perspektive betont die Relevanz ästhetischer Aspekte und ist beeinflusst von der Sozialwissenschaft, Philosophie und Architektur (Dale & Burrell 2008).

Die Gestaltung von Räumen wird seit längerer Zeit untersucht und hat als regelrechte Arbeitsplatzästhetisierung gestiegenes Interesse erfahren. Einerseits geht man davon aus, dass Mitarbeiter ästhetisch ansprechende Arbeitsplätze schätzen und gegebenenfalls anderen vorziehen – als Ausdruck der ästhetisierten Wirtschaftswelt, in der schöne Oberflächen und Erlebnisse ihren eigenen Wert besitzen. Fast künstlerisch anmutende Räume in Unternehmen sind aber vor allem Material gewordener Zweck: Organisationen schaffen schön anzusehende, oftmals besondere und stimulierende Inneneinrichtungen im Hinblick auf unterschiedliche Ziele wie beispielsweise eine Steigerung der Motivation, Produktivität und Kreativität. Der unpersönliche Bürocontainer von einst hat sich überlebt und es manifestieren sich in der ästhetischen Raumgestaltung – die den Alltag von Hunderten Millionen Menschen prägt – technologische Innovation und neue Anforderungen hinsichtlich Kreativität, einer motivierten und persönlich engagierten Arbeitshaltung.

Büroarchitekturen bieten ein narratives und nachbarschaftliches Erlebnis

Büroräume mit eindrucksvollen ästhetischen Merkmalen werden beispielsweise in *The 21 Century Office* (Myerson & Ross 2003: 11-48) beschrieben: Die Büros sehen nicht mehr alle gleich aus, sondern sollen ein „narratives Erlebnis" von der Firma und ihrer Marke bieten, sie erfahrbar und erlebbar machen. So wird das Reebok-Firmengebäude bei Boston vom Unternehmen als „Kirche" gesehen, welches die perfekte Synergie von Produkten, Innovation und Marketing für den Besucher und die Mitarbeiter erlebbar macht. Das DZ Bank-Gebäude in Berlin besitzt einen mit Glas gedeckten Innenhof, räumlich dominiert von einem Konferenzsaal in Gestalt einer frei geformten Skulptur, die sich über fast vier Geschosse erstreckt. Laut den Architekten Gehry Partners erinnert das Objekt an einen riesigen Pferdekopf, wie ein prähistorisches Fossil. Der Schädel ist sowohl bedrohlich als auch inspirierend. Man könnte die (brachiale) Kraft von Finanztransaktionen symbolisiert sehen und gemäß Myerson und Ross wird der Bank durch diese monumentale Machtdemonstration ein Imagegewinn zugesprochen sowie eine veränderte Identität, die erlebbar für Besucher und ebenso für alle Angestellten vor Ort ist. Das zeitgemäße „nachbarschaftliche" Büro (130-197) wurde als soziale Umgebung entworfen, die mit Unterhaltungs-, Ruhe- und Verpflegungszonen zum Austausch anregt.

Verschiedene Ansätze in der Organisationstheorie haben gezeigt, wie die räumlichen Arrangements die Menschen zu beeinflussen vermögen. Im Fabrikzeitalter diente Raum der Produktion und sollte möglichst reibungslose Arbeitsabläufe ermöglichen. Im postfordistischen Arbeitsalltag üben Räume durch ihre Gestaltung eine ästhetische Form von Kontrolle aus und haben gleichzeitig auch ein Potenzial zur Inspiration, zur Ermöglichung besserer und kreativer Arbeitsprozesse. Großraumflächen und Sitzbereiche für die Kaffeepause oder Meetings ermöglichen unkomplizierten Austausch und eine „offene" Atmosphäre, gerade im genannten Kreativ- oder Dienstleistungsbereich. Auch können die Mitarbeiter manchmal ihren Raum verändern, beispielsweise im Rahmen eines Kunstprojekts: Von einer Firma engagierte Künstler bauten mit Mitarbeitern eine Radiostation – eine ungeplante Raumnutzung, die aber die Kreativität und die Kommunikation im Unternehmen förderte (Hjorth 2005).

Die Ästhetik eines Büroraums ermöglicht aber auch Ausgesetztsein, Beobachtung und Kontrolle (Dale & Burrell 2008). Häufiger Bezugspunkt sind Michel Foucaults Theorien über polymorphe Macht und ihre Wirkung über den „disziplinierenden Blick" (McKinley & Starkey 1997). In modernen Institutionen wie Haftanstalten, Krankenhäusern und Fabriken herrscht ein ideales Überwachungssystem gemäß dem von Jeremy Bentham entworfenen Panopticon: In der Mitte ein Ort für eine überwachende Autorität, außen herum im Kreis fühlt sich jeder beobachtet, auch wenn er es nicht wird, und verhält sich aufgrund dieses internalisierten Gefühls von Kontrolle normgerecht. Auch in modernen Unternehmen existiert diese Disziplinierung in offenen Großraumbüros, durch Glastüren und andere entsprechende Anordnungen wie kreisförmig um einen Innenhof ausgerichtete Bürozellen. Neben der baulichen Anordnung soll auch die Dekoration die Anwesenden zu effizientem Verhalten motivieren. Besonders im Dienstleistungsbereich mit Call-Centern, Banken und Versicherungen soll durch Änderungen der Räume der Eindruck von Spaß und Spiel vermittelt werden, oftmals um hart gebliebene Leistungsanforderungen ästhetisch zu überdecken (Warren & Fineman 2007). Diese Veränderungen sind nur oberflächliche und dekorative Verschönerung, Arbeitsprozesse werden nicht verbessert.

Die Wirtschaftsästhetik bemüht sich, das interaktive Potenzial auch von solchen ästhetischen Situationen hervorzuheben. Eine unerwartete Reaktion der Mitarbeiter beschreibt Warren (2007): Eine Softwarefirma hatte ihre Räume umgestaltet, um einen neuen Anspruch an „Kreativität" für Kunden und die Öffentlichkeit nach außen und vor allem nach innen auszudrücken, damit die Angestellten einfallsreicher programmierten. Allerdings wollte nicht jeder seinen Arbeitsalltag an einem Spielplatz zubringen, mit Tischfußball, Billardtisch, Basketballkorb und bunten Kunstobjekten wie überdimensionalen, mannshohen russischen Puppen. Die kitschigen Kunstobjekte wurden von aufgebrachten Mitarbeitern tätlich attackiert und beschädigt. Als einzigen motivierenden ästhetischen Faktor schätzen die Mitarbeiter die ländliche Umwelt draußen vor dem Fenster ein – die Natur übt bekanntermaßen nach Kant ihre eigene, besondere ästhetische Faszination aus. Auch hier zeigt sich, dass Ästhetik nicht rein funktional gedacht und gesteuert werden kann, sondern sich trotz aller Untersuchungen dem bloßen Einsatz durch das kaum vorhersehbare sinnliche Empfinden und daraus resultierende Verhalten der Beteiligten oft entzieht. Nicht immer hat es einen klaren Grund, wenn verschiedene Arrangements oder Formen nicht gut ankommen, sondern die Wirkung entsteht aus einem Bauchgefühl, einer Empfindung.

2.3.3   Verkaufsräume und Konsumatmosphären, Musik

Der Philosoph Walter Benjamin hatte in seinem *Passagenwerk* Anfang des 20. Jahrhunderts aus der Perspektive des Flaneurs die Pariser Einkaufsarkaden beschrieben, die Konsum schon früh ästhetisch erlebbar machten. Dies hat sich während des vergangenen Jahrhunderts eindrucksvoll verstärkt und Marketingfachleute, Designer und Innenarchitekten benutzen kunstvolle Mittel, um Shopping-Erlebnisse zu ermöglichen. Eine besondere Aufmerksamkeit hat dieser Bereich in der Marketingforschung erhalten, die ebenfalls von Atmosphären spricht – in ähnlichem Sinne wie die eingangs geschilderte und auf die Wirtschaftsästhetik angewendete ästhetische Theorie, die mit dem Atmosphärenbegriff das kaum fassbare sinnliche Empfinden in gestalteten Umgebungen erklärt (Böhme 1995).

Bereits vor mehreren Jahrzehnten hat Philip Kotler (1973) die Rolle der **Atmosphäre** als Marketinginstrument hervorgehoben: Es geht dem Kunden nicht nur um das fassbare Produkt oder den Service, sondern um dessen symbolischen Wert und die Atmosphäre vor Ort beim Kauf oder Konsum, die sogar wichtiger sein kann als das Produkt beziehungsweise das Produkt oder die Dienstleistung darstellen kann. Das zeigt sich auch an großen Shopping-Malls, die trotz ihrer fast sterilen Ästhetik mit den Grundrissen in Form einer Kathedrale und den geräumigen Höhen die Konsumtempel von heute darstellen, in gehobenen Friseurgeschäften und in durchgestylten Stores. Die Ausgestaltung von Verkaufsräumen hat sich über die Jahre professionalisiert. Weiterführende Forschung beschäftigt sich detailliert mit Einflussfaktoren innerhalb und außerhalb von Geschäften, Raumanordnung und Dekoration (Turley & Milliman 2000). Forschung zu sogenannten „servicescapes" (zusammengesetzt aus service und landscape) untersucht besonders das räumliche Umfeld, in dem Dienstleistungen angeboten werden, und beschreibt, wie die Architektur auf die Konsumenten wirkt, wie diese den Ort nutzen und erfahren (Bitner 1992, Sherry 1998). Eine zweiteilige Sonderausgabe des *International Journal of Retail & Distribution Management* (Dennis et al. 2007) widmet sich den Atmosphären in solchen und anderen Orten des Konsums und beschreibt beispielsweise den Einfluss des Ladendesigns auf die Wahrnehmung von Marken und die Kundenbindung sowie die Auswirkungen von anderen ästhetischen Faktoren wie Farben, Musik und Geruch auf den „Erlebnisgehalt" des Shoppingtrips, die Kundenverweildauer und den Umsatz. Identifiziert wurden eine Reihe von ästhetischen Einflussfaktoren und Stimuli, die das Konsumentenverhalten beeinflussen: atmosphärische Elemente (Musik, Beleuchtung, Geruch, Temperatur), Design (Farben, Größe des Raumes) und soziale Faktoren (Erscheinung der Verkäufer, Anzahl der Kunden im Laden) (Fiore &

Kim 2007). Die grüne Farbe in Bodyshop-Geschäften beispielsweise, in Kombination mit dem modernen Layout der Ladenfläche und dem Verzicht auf aggressive Verkaufsmethoden, trägt zu einem vermeintlich umweltfreundlichen Eindruck und einer entspannten Atmosphäre bei, die sich positiv auf das Kaufverhalten auswirken soll. Teure Juweliere hingegen haben ihre Filialen mit schweren dunklen Türen abgeschirmt, um jene draußen zu halten, die ohnehin keine direkten Kaufabsichten haben. Faktoren, die unbeabsichtigt die Kauflaune senken, sind zu enger Raum, wenig ansprechende Dekoration, sowie schlecht informierte und unmotivierte Verkäufer.

Kunstformen werden in diesem Kontext ebenfalls als Werkzeug zur Verbesserung der Ästhetik eingesetzt und besonders die **Musik** hat besondere Professionalisierung und wissenschaftliches Interesse erfahren. Das gewöhnlich in Kaufhäusern, Hotels und manchen Arbeitsumgebungen eingesetzte seichte Hintergrundgedudel wird auch mit dem Begriff Muzak bezeichnet (nach einer Herstellerfirma von Gebrauchsmusik, hergeleitet von „music"). Diese funktionale Musik ist unauffällig präsent, wie eine Klangtapete, und überlagert unpassende Geräusche oder bedrückende Stille. Sie wird unterbewusst wahrgenommen und soll positiv auf den Konsum einstimmen beziehungsweise auf diesbezüglich geleistete Arbeit in solchen Orten. Von kritischer Makro-Marketing-Forschung, die auch Kunst und Kommerz betrachtet, wird die Hintergrundmusik als Form ästhetischer Kontrolle und sozialer Manipulation zur Gewinnmaximierung untersucht, der sich Kunden und Mitarbeiter kaum entziehen können und die zudem als ästhetische Zumutung in ihrer degenerierten Form einen zweifelhaften Musikgeschmack kultiviert (Bradshaw & Holbrook 2008). Das ästhetische Phänomen der Hintergrundmusik wird als Paradebeispiel für fehlgeschlagene Kunst im Wirtschaftkontext gesehen, denn sie ist uninspiriert, vorhersehbar und langweilig. Wie auch andere Kunsttheorien ihre jeweilige Spielart, sieht die Musiktheorie die Größe von Musik in dem Spiel mit enttäuschten Erwartungen, Überraschungen und neuen Erfahrungen – die von den formelhaften Arrangements in Muzak, der Musik zum Hören, nicht zum Zuhören, sorgfältig vermieden werden. So hatte sich schon der berühmte Dirigent Daniel Barenboim über die „Ohren beleidigende" und „betäubende" Hintergrundmusik beklagt und Yehudi Menuhin hatte sich im UNESCO International Music Council für das Recht auf die Freiheit von solcher Musik stark gemacht.

Ästhetische Beeinflussung geschieht aber immer häufiger nicht nur durch Muzak-Berieselung, sondern durch aktuelle und beliebte Musik aus den Charts wie in Filialen von Modeketten. Gegebenenfalls auch durch Werke klassischer Musik, die dort allerdings kaum entsprechend rezipiert werden können. Bestimmte Musik kann auch im Sinne des Audio Brandings der Marke etwas Besonderes verleihen und Wiedererkennungseffekte schaffen. Forschung zur akustischen Markenführung (Ringe 2005), auch im Kontext der Audio Branding Academy in Hamburg, untersucht den Umgang mit akustischen Reizen in der Kommunikation und die Stärkung des Markenerlebnisses durch multisensorisches Design. Dazu gehören Werbejingles in TV und Radio, Soundeffekte (das „di-di-di-di-di" von T-Mobile) und Hintergrundmelodien. So bemühen sich Unternehmen wie beispielsweise die Hotelkette InterContinental um eine charakteristische Musik in ihren Häusern, die die Werte der Marke akustisch transportieren soll, und involvieren auch Mitarbeiter über kunstbasierte Interventionen in die strategische Komposition (Kapitel 4.5).

Die Gestalt und Atmosphäre einer Luxusmarke

Für eine besondere Kaufatmosphäre hat der Luxusartikelhersteller Louis Vuitton namhafte Architekten für seine Filialen weltweit von Tokio bis New York engagiert, darunter Jun Aoki, Philippe Barthélémy, Sylvia Griño, sowie Eric Carlson und Peter Marino, die den neueren Flagship Store auf der Pariser Avenue des Champs-Elysées entworfen haben. Die Schuhabteilung von Peter Marino (Abbildung 2.4) ist eingefasst von einer Abschirmung aus Edelstahl mit der plastischen Umsetzung des charakteristischen Musters der Marke. Für viele sind die Läden zu einer Art Pilgerstätte geworden. Die Marke erhält räumliche und visuelle Gestalt und Atmosphäre: Beispielsweise werden die charakteristischen Muster wie das Monogramm mit dem LV-Signet und den stilisierten Blumen und das rechteckige Damier-Muster für optische Effekte wie Höhen- und Tiefenillusionen und raffinierte räumliche Effekte eingesetzt. Der Zweck ist, der Marke eine Gestalt zu geben, und darüber hinaus soll die Atmosphäre mit fast künstlerischem Anspruch die Vorstellungskraft der Anwesenden anregen, verschiedene Aspekte von feinen Materialien mit sensibilisiertem Blick wahrzunehmen (Viscardi 2009). Designelemente und die hochwertigen Materialien werden in der Innenarchitektur aufgenommen und schärfen dann wieder die Wahrnehmung der Produkte. Baukunst und Bekleidung beziehen sich hier aufeinander, die Schwesterkünste vermitteln Botschaften über Status und Geschmack, bieten eine Hülle, stellen gegebenenfalls ein dreidimensionales Kunstwerk dar. Mit renommierten Künstlern wird auch bei der Schaufensterdekoration zusammengearbeitet. Dazu zählten die knalligen, fluoreszierenden Bilder von Theaterregisseur Robert Wilson (2002) und *Eye see you* des dänisch-isländischen Künstlers Olafur Eliasson (2006), eine Augen-ähnliche Installation aus Glühbirnen, Licht, Stahl und Aluminium, welche die Blicke ins Schaufenster zieht.

Abbildung 2.4 Maison Louis Vuitton, Champs-Elysées, Schuhabteilung Frauen

Quelle: Louis Vuitton, Foto: Stéphane Muratet

Auch in diesem Bereich kann die Wirtschaftsästhetik mit ihrer Betonung von Veränderungsmöglichkeiten herkömmliche Untersuchungen weiterführen, in denen es vorrangig um die Verbesserung der Kaufatmosphäre geht. Denn auch diese ästhetischen Situationen dienen nicht nur der Beeinflussung, sondern beinhalten Möglichkeiten zur Interaktion. Einige Studien beispielsweise beschreiben, wie Konsumenten in sorgfältig auf den Konsum ausgelegten amerikanischen Sports-Bars ihre eigenen kleinen Freiräume schaffen (Kozinets et al. 2004) oder in Starbucks-Kaffeeläden (Venkatraman & Nelson 2008) mit der Umwelt interagieren, anstatt nur gesteuert zu werden. Solche Ansätze sind gerade für die Wirtschaftsästhetik interessant, die Hintergründe ästhetischer Interaktion erklären und die Möglichkeit der Einflussnahme von Konsumenten aufzeigen will.

Atmosphären in Konsumumgebungen können über ihre ästhetische, körperliche Wirkung Menschen teilweise unbewusst in ihrem Denken beeinflussen und gesellschaftliche Auswirkungen erzeugen. Sie stellen damit eine Form ästhetischer und wirtschaftlicher Macht dar, gegen die auch Künstler Widerstand leisten – was ebenfalls von der Wirtschaftsästhetik untersucht wird (Kapitel 5.2). Das lässt sich am Beispiel einer Starbucks-Filiale zeigen. Gerade dort geht es nicht nur um den Kaffee, sondern vielmehr wird die Atmosphäre einschließlich Raumgestaltung, Design, Beleuchtung und Mobiliar, Kaffeearoma in der Luft und Hintergrundmusik als zentrales strategisches Mittel des Unternehmens gesehen, welches den Kunden besondere Konsumerlebnisse ermöglicht (Koehn 2001). Menschen treffen sich dort, um zusammen Zeit zu verbringen und einen gewissen Stil zu konsumieren. Unternehmensgründer Schultz (1997: 21) sieht Starbucks als „third place", einen dritten Ort neben der Arbeit und dem Zuhause in der Tradition von Biergärten und Cafés, zum Leutetreffen und Ausspannen als „Hafen der Zuflucht", dessen Atmosphäre die Geborgenheit eines Zuhauses ausstrahlen soll. Tatsächlich können Starbucks-Filialen einen durchaus sinnstiftenden sozialen Treffpunkt für Konsumenten darstellen, die die räumlichen Möglichkeiten auch mal „verdrehen", Dekoration uminterpretieren oder ignorieren und neue Rollen und Verhaltensweisen wie das legere Posieren am falschen Kaminfeuer austesten können (Venkatraman & Nelson 2008). Diese Räume müssen nicht für ihre Künstlichkeit kritisiert werden, wenn sie Menschen erfreut, sondern dafür, dass ästhetische Mittel eingesetzt werden, um andere Hintergründe zu verhüllen.

Abbildung 2.5 Starbucks Coffee House

Quelle: Starbucks

Die Atmosphäre im sorgfältig gestalteten Café

Ein ästhetischer Ansatz (Böhme 2006) betrachtet verschiedene Faktoren und verdeutlicht, wie die Atmosphäre geschaffen ist. Der Raum ist hoch, die Säulen und weiten Fenster suggerieren Offenheit und schaffen einen scheinbar zugänglichen, einladenden Ort. Das luftige Arrangement erlaubt es den Anwesenden, sich in ihrer Vorstellung ein wenig zu entfalten. Runde, weiche Formen und niedrige Tische erinnern an ein heimeliges Wohnzimmer, begünstigen entspannte Gefühle und gar ein wenig Geborgenheit. Es unterstützen die gelbe Beleuchtung, die warme Materialität des braunen Holzes und die plüschigen Bezüge. Licht wird nicht nur durch die Augen aufgenommen, sondern auch durch die Haut, wirkt auf den Körper, kann ein Gefühl der Behaglichkeit induzieren. Ein anderes, unsichtbares Element ist der Geruch: Düfte sind eine starke Wirkkomponente von Atmosphären und prägen sie subtil und nachhaltig. Kaffeearoma wird üblicherweise als positiv empfunden, es dringt durch die Nase in den Körper ein, macht Menschen zum Teil der Atmosphäre. Auch die unaufdringliche Hintergrundmusik wird durch ihren Rhythmus und ihre Frequenzen vom Körper aufgenommen und erzeugt Resonanzen, lässt ihn mitschwingen. Visuell verbreiten die Logos auf Bechern und Servietten mit der massiven Materialität des Runds im Fenster eine wahrnehmbare Präsenz der Marke. Bestenfalls strahlen die Bedienungen (Baristas) ansteckende, emotionale Freundlichkeit aus. Alle Faktoren ergänzen sich zu einer Atmosphäre, in der der Einzelne entspannt konsumieren kann. Halbverarbeitete Kaffeebohnen werden neben der Kasse ausgestellt, es gibt Bilder von glücklichen Kaffeebauern in grüner Natur. Atmosphärische Störfaktoren wie nicht abgeräumte Essensreste und Gedränge finden in dieser offiziellen Ansicht keinen Raum. Auch erinnert nichts an die Kritik an Starbucks: Der Organisation wird vorgeworfen, durch ihre dicht gesetzten Läden zur Verödung von Vierteln beizutragen, Unpersönlichkeit statt Lokalbezug auszustrahlen, verantwortlich zu sein für Umweltzerstörung, Menschenrechtsverstöße wie Kinderarbeit, Ausbeutung von Zulieferern und Produzenten und das lange Verweigern von Fair Trade-Vereinbarungen (Thompson & Arsel 2004). Politisch-künstlerische Demonstrationen (Kapitel 5.2) werden hier schnell beendet. Die Atmosphäre schafft eine andere Realität.

Die ästhetische Analyse verdeutlicht noch einmal, wie Atmosphären über das körperliche und emotionale Empfinden von Menschen wirken und eine besondere Art impliziten Wissens über ein Unternehmen und eine bestimmte Auffassung von seinen Produkten entstehen lassen. So wird oftmals auch die Forderung laut nach „weniger Ästhetik" und „mehr Ethik". Dem kann die Wirtschaftsästhetik Rechnung tragen, indem sie die ästhetische Situation analysiert und Kritik von Stakeholdern einbezieht, also die subtile Natur ästhetischer Einflussfaktoren zeigt und diese in Verbindung setzt mit wirtschaftlichen und gesellschaftlichen Auswirkungen sowie Möglichkeiten zur Diskussion eröffnet.

Während der Einsatz ästhetischer und quasi-künstlerischer Methoden in diesem Teil des Buches als stark zweckgesteuert bewertet wurde, werden spätere Sektionen über den Einsatz künstlerischer Methoden (Teil 4) und die Kritik von Künstlern (Teil 5) Situationen darstellen, die einen weniger engen Handlungskontext besitzen und den Menschen mehr Möglichkeiten bieten können zum Agieren und Interagieren mit und gegen Unternehmen.

Teil III Metaphern aus der Welt der Kunst

3 Kunst-Metaphern

Mit der Ästhetisierung von Wirtschaft und neuen Konzepten von Arbeit, wie sie beispielsweise die Formel vom „Manager als Künstler" ausdrückt, halten Metaphern aus dem Bereich der Kunst verstärkt Einzug in die wirtschaftswissenschaftliche und Organisationsforschung. Metaphern dienen in diesen Bereichen seit mehreren Jahrzehnten als wichtiges heuristisches Werkzeug, das neue Einsichten in die Praxis bietet und einen wichtigen Beitrag zur Theoriebildung leistet (Tsoukas 1991). Wird ein Begriff wie die „Jazzband" als Metapher auf das wirtschaftliche „Unternehmen" übertragen, lässt die Analogie vom „Unternehmen als Jazzband" ein neues Konzept entstehen. Dieses ist mehr als die bloße Zusammensetzung beider Bereiche, denn es lässt Gemeinsamkeiten und Unterschiede hervortreten und beinhaltet wichtige weitere Implikationen (Cornelissen et al. 2005). Da zeitgemäße Konzepte von Arbeit Fähigkeiten voraussetzen, die gerade im künstlerischen Bereich zu finden sind, soll der theoretische Vergleich von Unternehmen mit Künstlern und Kunstorganisationen Inspiration für Handlungsweisen, Prozesse und Strukturen bieten, die den Herausforderungen des 21. Jahrhunderts gewachsen sind.

Die zunehmenden Kunstvergleiche sind Kennzeichen eines Paradigmenwechsels. Anleihen an der Kunst ersetzen herkömmliche Bilder von wirtschaftlichen Organisationen, die hauptsächlich mechanisch und militärisch geprägt sind. In einer neueren Sonderausgabe des Journals *Leadership* mit dem Titel *Leadership as an Art* (Ladkin & Taylor 2010) werden unterschiedlichste Vergleiche zwischen Managern und Künstlern gezogen. Auch hat das *Journal of Management & Organization* der künstlerischen und ästhetischen Seite von Management ein Sonderheft gewidmet (Kerr & Darsø 2008). Kunst-Metaphern unterscheiden sich von traditionellen mechanischen Bildern von Unternehmensführung, bei denen ein „Rädchen in das andere greift" und Prozesse „verzahnt" sind. Das Denkmodell der Wirtschaft als Maschine ist nicht mehr zeitgemäß, betont beispielsweise die erfolgreiche Beraterin und Managementautorin Margaret Wheatley: „I see in the field of management development and education that we are trying to educate people to be technicians rather than leaders; that we are giving people a lot of metrics and formulas and really acting from this assumption that numbers express reality and that good managers are people, who can work with metrics and measurements" (zit. in Darsø 2008: 482). Viele Kritiker teilen die Einschätzung, dass eine zu analytische Managerausbildung mit Zahlenorientierung und dem Einsatz von Standardformeln den Blick für die menschlichen Beziehungen und die Komplexität von Zusammenhängen verdeckt. Eine gute Führungsperson ist kein Techniker, sondern Künstler, und laut Wheatley bietet die Orientierung an der Kunst einen Weg zum besseren Verständnis der Umwelt und auch der eigenen Möglichkeiten.

Der Maschinen-Perspektive liegen traditionelle hierarchische und bürokratische Organisationskonzepte und Managementmodelle von Henri Fayol und Max Weber und Arbeitsmodelle wie das Scientific Management von Frederick Winslow Taylor zugrunde. Letzteres postuliert das wissenschaftliche Studium von Arbeitsprozessen, Messungen und Regelwerken, um Mitarbeiter, die lediglich ihre Arbeitspflicht erfüllen, besser rational und objektiv steuern, kontrollieren und vergüten zu können. Im postfordistischen Arbeitsalltag hingegen ist Führung weniger Wissenschaft als Kunst und es herrschen Konzepte der Selbstverwirklichung durch Arbeit und der komplexen Bedürfnisse vor, die von der Führung nicht nur Kontrolle, sondern auch ein Möglichmachen verlangen. Anstelle von Pflichterfüllung wird Subjektivität, emotionaler Einsatz und manchmal sogar Leidenschaft verlangt. Bilder von maschineller Kontrolle und Organisation engen hier eher ein und so sind Kunstvergleiche besonders passend und beliebt. Die an der Kunst angelehnten Denkmodelle zur Beschreibung von Führungs- und Arbeitsprozessen beinhalten Dimensionen des kreativen Schaffens, der Vision und Ansprache und der innovativen Umsetzung von Ideen – Faktoren, die man fördern und verstehen will. Diese theoretische Bereicherung durch Kunst-Metaphern wird ergänzt durch den praktischen Einsatz kunstbasierter Interventionen in Unternehmen, die solche Fähigkeiten direkt fördern sollen (siehe Teil 4).

Im Folgenden werden die wichtigsten Kunst-Metaphern dargestellt. Kapitel 3.1 behandelt Metaphern vom Manager als Künstler, der wie ein Dirigent, Maler oder Bildhauer kreativ und formvollendet arbeitet. Hier schließt Kapitel 3.2 über die zunehmend beliebten Musik-Metaphern von Jazz und Orchester an, die ein stimmiges, teamorientiertes Modell zur Betriebsführung entwerfen. Beispielsweise wird versucht, Improvisationstechniken auf die Managementpraxis zu übertragen. Kapitel 3.3 behandelt eine der bekanntesten Metaphern: Unternehmen als Theater. Der Vergleich geht auf Konzepte des sozialen Rollenspiels und der Selbstdarstellung im Alltag zurück, und so wird auch der Manager als Schauspieler gesehen. In Kapitel 3.4 wird Storytelling diskutiert, welches Unternehmen als eine Ansammlung von Erzählungen beschreibt und wirtschaftliches Handeln als das Schaffen und Weiterführen von Geschichten. All diese Analogien erweitern das Verständnis von Kunst, Ästhetik und Wirtschaft, zeigen Gemeinsamkeiten sowie Unterschiede und Unverträglichkeiten – für eine differenzierte Einschätzung ihres Verhältnisses.

3.1   Der Manager als Künstler

Der Manager wird landläufig oft als Künstler bezeichnet und vor allem in der populären Literatur ist diese Analogie sehr häufig zu finden. In ihrer Vielfalt weisen diese Ratgeber zumindest alle darauf hin, dass Management nicht unbedingt eine nüchterne Wissenschaft ist. Schon vor über dreißig Jahren hatte Vincent Degot (1987) in seinem bekannten Artikel *Portrait of the Manager as an Artist* den Manager konkret mit einem Künstler verglichen. Bei der Erkundung der Parallelen zwischen beiden Welten ergab sich die Schlussfolgerung, dass das alltägliche Handeln eines Managers doch mehr mit einer künstlerischen Aktivität zu tun hat, als es traditionelle rationalistische Bilder suggerieren. Diese Ideen wurden von der Wissenschaft fortgeführt, beispielsweise mit der Konferenzreihe *The Art of Management and Organization,* die Forscher der Wirtschaftsästhetik zusammenbringt, und in Dobsons (1999) *The Art of Management and the Aesthetic Manager.* Wie eingangs erwähnt wird oft zwischen dem Manager und der Führungsperson (Leader) unterschieden, wobei gerade Letztere besonders von der Kunst lernen kann: In der komplexen Wirtschaftswelt mit schnellem technischen, politischen und sozialen Wandel müssen Führungspersonen Menschen nicht nur anleiten und kontrollieren, sondern aktivieren und zum persönlichen Engagement motivieren. Aus der Welt der Kunst sollen sich Ideen und Techniken für diese emotional und intellektuell ansprechende Aufgabe ableiten lassen (Carroll & Flood 2010: 5). Weiterführende wissenschaftliche Ansätze, die in diesem und den folgenden Kapiteln geschildert werden, untersuchen noch differenzierter, was für eine Form der Inspiration Kunst für Führung darstellen kann.

Heutzutage wird besonders die Verbindung zwischen wirtschaftlichen Unwägbarkeiten und künstlerischen Anforderungen betont: In der schnelllebigen Wirtschaftswelt kann immer Unvorhergesehenes eintreten, nicht alles ist rational erklärbar, und bei der Dichte an Informationen lässt sich der eine, richtige Weg kaum finden. So muss eine Führungsperson wie ein Künstler den eigenen Impulsen folgen, sich auf die Sinne und Intuition verlassen. Eine solche ästhetische Perspektive eröffnet neue Möglichkeiten, während induktives und deduktives Denken die Wahrnehmung eher einengen (Springborg 2010). Guillet de Monthoux (et al. 2007) arbeitet deshalb im gleichnamigen Werk das Konzept des *Aesthetic Leadership* aus, welches Führung als ästhetisches, sinnliches Handeln mit einem gewissen Schwung (flow) beschreibt, das über das rationale Denken und Handeln hinausgeht. Schon länger wird betont, dass eine Führungstätigkeit keineswegs eine immer gleich ablaufende, störfreie Routine ist, sondern ständig kreative Einschätzungen und Handlungen erfordert, die denen eines Künstlers ähneln. Schon in den 1970er Jahren unterstrich beispielsweise Dresdner Bank-Chef Jürgen Ponto die Relevanz der Kunstsammlung mit Parallelen zwischen Unternehmern und Künstlern: Beide sah er dazu berufen, „Dinge zu gestalten", wobei sie auch „unentrinnbar dem Zwang zur Entscheidung" ausgesetzt seien; er sprach vom „virulenten Interesse an der Entwicklung neuer Formen", „permanenter Neugier", einem „auf Progression eingestellten Rhythmus" (zit. in Ullrich 2010b: 27). Der Künstler gilt als Rollenmodell, weil er nicht nur nach Vorgabe arbeitet, sondern eine besondere Gabe zum Erkennen von Zusammenhängen und Trends besitzt. Zeitgenössische Kunst gilt oft als Indikator für gesellschaftliche Entwicklungen, denn Künstler reagieren sensibel auf ihr Umfeld und auf Veränderung und setzen sich damit in ihrer Arbeit auseinander.

Eine weitere zentrale Komponente des Modells vom Manager als Künstler beziehungsweise Führungsperson als Künstler ist die Kommunikationsfähigkeit. Ein wichtiger Teil der Führungstätigkeit besteht in der Kommunikation mit anderen, die Feingefühl, Einfühlungsvermögen und Spürsinn verlangt. Der Manager als Künstler agiert empathisch und individuell statt nach starren Regeln und kann deshalb Menschen besonders gut erreichen. Der Managementvordenker Peter Drucker sah die Führungskraft des 21. Jahrhunderts als Dirigenten und Henry Mintzberg als ein anderer Vorreiter der Künstleranalogie sieht das Leiten eines Sinfonieorchesters als ideales Vorbild für einen subtilen und professionellen Managementstil. Der Dirigent kennt die jeweiligen Stärken und Schwächen der Musiker und kann ihre Talente anleiten und zu stimmiger Hochform bringen. In diesem Sinne lassen sich noch weitere konkrete Künstlerrollen wie der Jazzmusiker, Maler oder Schauspieler heranziehen, um auf spezielle Techniken und Ausdrucksformen einzugehen.

Aus der Beschreibung der Arbeitsweisen von Künstlern leiten eine Vielzahl von Studien Empfehlungen für das Handeln in wirtschaftlichen Zusammenhängen ab. Der vielleicht

reinste Ausdruck der Künstlermetapher findet sich in Werken wie Goodsells (1992) Untersuchung des Verwaltungsangestellten als angewandtem Arbeitskünstler, der unter dem
Einsatz handwerklicher Fähigkeiten sein „Material" kreativ und kunstgerecht verarbeitet,
um etwas Ansprechendes und Nützliches für die Gesellschaft zu schaffen. Richards (1995)
Anleitung zum Künstler-Sein am Arbeitsplatz postuliert individuelles, sorgfältiges Handeln anstelle des Abspulens alltäglicher Routinen. Das populäre Buch *Artist's Way* (Bryan et
al. 1998) ist ein Leitfaden zur Entwicklung von Kreativität und Persönlichkeit als Mittel zur
spirituellen Erfüllung und hohen Leistungsfähigkeit im Job. Künstlerische Fähigkeiten,
Form und Sinn sollen das heutige Arbeitsleben weiter verbessern. Der Vergleich mit einem
bildenden Künstler (Cadenhead & Fischer 2000) betont den besonderen Blick auf die Welt:
Michelangelo sei bei einem Gang durch Florenz ein Engel in einem Steinblock erschienen,
den er „befreien" wollte, und diese Vision einer Skulptur ließ er aus einem Marmorblock
Realität werden. Diese Fähigkeit der Vorstellung und ihrer Umsetzung hat Besonderes
hervorgebracht und Generationen von weiteren Künstlern in ihrem Schaffen inspiriert.
Genauso sollte auch eine erfolgreiche Führungsperson Chancen entdecken und Visionen
verwirklichen können. Der Künstler unter den Managern ist in diesem Sinne auch ein Meister der Komposition, der es vermag, einzelne Teile des Werkes als Synthese seiner Ideen
harmonisch zu arrangieren. Für den Anstoß bei Veränderungsprozessen kann durchaus ein
wenig Dissonanz provoziert werden. Der Manager soll wie ein Maler Perspektiven konstruieren, die die Vision und Werte eines Unternehmens deutlich machen. Den Mitarbeitern soll ein Blick für ihren Betrag zum Ganzen vermittelt werden.

Künstler sind oft hervorragende Manager in eigener Sache und werden deshalb von verschiedenen Autoren auch als konkrete Vorbilder für kreative und erfolgreiche Unternehmensführung herangezogen. Anderson, Reckhenrich und Kupp (2010) argumentieren in
ihrem Buch *The Fine Art of Success,* dass Künstler schon seit Jahrhunderten Innovationen
vorangetrieben haben, und bieten konkrete Lehren aus der Welt der bildenden Kunst. Beispielsweise kann sich der Manager des 21. Jahrhunderts zum Umgang mit der Globalisie-
rung inspirieren lassen. Künstler des 19. und frühen 20. Jahrhunderts hatten in der sich
verändernden Kunstwelt die Adaption und Integration von innovativen Ideen perfektioniert. Die Autoren schildern ebenso, wie Führungspersonen von zeitgenössischen Künstlern wie Damien Hirst lernen können, der kurz vor der Weltwirtschaftskrise noch über 110
Millionen Pfund bei einer kühnen Auktion über Sotheby's erzielte, die traditionelle Absatz-
kanäle wie Galerien außen vor ließ. Ein solcher Fall wird als Paradebeispiel für künstlerisches Gespür bei der innovativen Neuerfindung von Produkten und Marktmanipulation
ausgelegt. Auch von Joesph Beuys, Madonna, Pablo Picasso könnten Manager einiges lernen. Pierre Guillet de Monthoux (2004) macht in seinem Buch *The Art Firm* viele weitere
Beispiele kreativer Wertschöpfung wie vom bekannten Theatermacher Robert Wilson und
von Richard Wagner für Manager in der Wirtschaft nutzbar. In diesen Fällen kann von
Künstlern nicht nur Kreativität abgeschaut werden, sondern außergewöhnliches wirtschaftliches Handeln. Auch andere Managementrollen aus dem Kunstbetrieb werden hinsichtlich
ihrer Inspiration für Unternehmen untersucht. Beispielsweise eignet sich der Theaterdirektor als Vorbild für Manager, denn er muss mit Einfühlungsvermögen und Anpassungsfähigkeit sogenannte „hot groups" anleiten, Teams aus hoch kreativen und involvierten,

fokussierten Einzelnen und Künstlern – quasi den Idealmodellen des postfordistischen Arbeitnehmers (Dunham & Freeman 2000). Jede Führungsperson, die bisweilen komplizierte und extravagante Hochleistungsträger anleitet, kann vom Kunstbereich lernen, der uralte Erfahrung mit Primadonnen hat. Künstlerische Managementansätze werden auch in anderer Form im Unternehmensalltag eingesetzt: Es gibt Künstler, die fachfremd anstelle von Betriebswirten als Consultants für Unternehmen tätig werden. Vorteile des Künstlerberaters (Reaves & Green 2010) sollen sein: ein besonderes Gespür für verschiedene Publikumsgruppen (einsetzbar bei Produktenwicklung, Marketing, gegenüber Kunden und Mitarbeitern); die Avantgarde-Haltung ist kritisch gegenüber Bestehendem und strebt nach Differenzierung (besonders hilfreich bei Innovationsprozessen in Unternehmen); die künstlerische Outsider-Haltung durchbricht eingefahrene Denkmuster und Barrieren in der Unternehmensstruktur. Das künstlerische Vorgehen ist hier sehr diszipliniert, verbunden mit genauen Recherchen der Unternehmenskultur und des Geschäftskontexts. Dieser Künstler als Exot lebt vor, was dem normalen Manager an „Kunstfertigkeit" fehlt. Diesen Gedanken weiterzudenken, führt zum konkreten Einsatz kunstbasierter Methoden zur Führungskräfteentwicklung (Teil 4).

Da aber beileibe nicht alle Künstler gute Manager sind, stellt die Forschung zum Kulturmanagement – auf die in diesem Buch nicht gesondert eingegangen werden kann – umgekehrte Überlegungen an. Sie beschäftigt sich mit dem mittlerweile notwendigen Transfer von Managementfähigkeiten in den Kunst- und Kulturbetrieb: Für das Bestehen im wettbewerbsorientierten globalen Kunstmarkt müssen Künstler eine Reihe von unternehmerischen Fähigkeiten einsetzen, von der Kostenkontrolle bis zum Selbstmarketing. Solche Ansätze sind quasi die komplementäre Perspektive zur Wirtschaftsästhetik, die von Künstlern für die Wirtschaft lernen will.

Über die bloße Metapher vom Manager als Künstler hinaus werden neuerdings immer mehr theoretisch fundierte Überlegungen zum Thema *Leadership as an Art* angestellt. Der Frage, wie Führung als Kunst konkret aussehen könnte, nähert sich beispielsweise die gleichnamige Sonderausgabe der Zeitschrift *Leadership* (Ladkin & Taylor 2010). Die interdisziplinären Beiträge beschäftigen sich mit kaum messbaren Aspekten von Führung, die auf gewisse Art künstlerisch sein könnten. Herausgearbeitet werden besondere ästhetische Komponenten, die für das Modell von Führung als Kunst besonders maßgeblich sind:

1. Verkörperung (embodiment) – „Künstlerische" Führung gründet auf implizitem Wissen im Sinne ästhetischer und nicht nur kognitiver Erfahrung. Führung wird sinnlich wahrgenommen, sie wirkt über ihre Präsenz in der Interaktion mit Menschen. Ebenso wirkt Kunst mit ihren hervorgebrachten Atmosphären auf Menschen.

2. Künstlerisches Empfindungsvermögen und ästhetische Kompetenz (developing artistic sensibilities) – Ohne ästhetisches Verständnis kann eine Führungsperson nicht überzeugend und erfolgreich handeln. Dieses erweiterte Bewusstsein wird nicht durch Theorie, sondern durch die körperliche, sinnliche und emotionale Erfahrung künstlerischen Handelns geschult – was besonders relevant wird für die Aus- und Weiterbildung.

3. Produktiver Umgang mit Widersprüchen (holding contradictions)

Der dritte Punkt des produktiven Umgangs mit Widersprüchen verdeutlicht, dass sich von der Kunst für Führung mehr lernen lässt als der zweckgerichtete Einsatz ästhetischer Mittel. Kunst will Fragen stellen und Freiräume geben, um Menschen zu sinnlichen Erfahrungen und zu eigenen Interpretationen anzuregen. Das kann eine Inspiration für Führungspersonen in einem komplexen wirtschaftlichen Umfeld mit anspruchsvollen Mitarbeitern sein, die sich selbst einbringen wollen und sollen. Erstens würde dies bedeuten, die eigenen Widersprüche und dunklen Seiten zu beherrschen und sinnvoll einzusetzen (Gaya Wicks & Rippin 2010). Hierbei hilft die Beschäftigung mit Kunst als Ergänzung zur herkömmlichen Führungskräfteentwicklung, denn sie unterstützt auf andere Weise Prozesse der Selbstreflexion und der Reflexion über Wertvorstellungen, auch im weiteren sozio-ökonomischen Kontext. Einschlägige kunstbasierte Methoden bestehen beispielsweise in der Auseinandersetzung mit ethischen Fragen in Gedichten, mit den Abgründen von Führung in Shakespeares Werken, im Selbstausdruck mit Werkstoffen – um nur einige Formen zu nennen. Damit verbunden ist die zweite Dimension des produktiven Umgangs mit Widersprüchen: Welche Freiräume kann Führung für Menschen geben? Diese Frage wird kaum allgemeingültig zu beantworten sein. Sie führt allerdings zu einer moralischen Dimension, denn das Ideal „künstlerischer" Führung wird im Einklang mit neuesten Organisationsperspektiven verstanden als ein konstruktiver Umgang mit Widersprüchen und Problemen, der andere Menschen zum Denken anregt, anstatt sie nur zu beeinflussen, und ihnen damit einen Teil der Führung überlässt (Biehl-Missal 2010a). Der Manager als Künstler soll nicht einfach nur ästhetische Mittel anwenden, sondern anderen Freiräume geben und Teilhabe ermöglichen. So unterscheiden auch Barry und Meisiek (2010b) zwischen Management als Kunst oder Management als (Kunst-)Handwerk: Beim Handwerk geht es um das Ankommen, ästhetische Mittel werden zweckgerichtet auf ein Ziel hin eingesetzt. Kunst hingegen bildet einen Ausgangspunkt für die menschliche Entwicklung. Diese Forschungsansätze sehen Kunst nicht nur als Werkzeug, sondern verbinden mit Kunst als Inspiration Ansprüche auf Menschlichkeit und Verständnis und die Hoffnung auf ein fruchtbares, nicht zerstörerisches Arbeitsumfeld – Themen, die neuartiger für die Wirtschaftswelt, aber nicht neu für die Kunst sind (Thomson 2010).

3.2   Unternehmen als Orchester oder Jazzband

Die Verbindung von Musik und Management hat eine lange Tradition, schon Marx hat eine Analogie zwischen einem **Orchester** und einer Fabrik beobachtet. Das Zusammenwirken eines Orchesters hat sich als fruchtbares Konzept für die Managementtheorie bewiesen. Beispielsweise hat Peter Drucker (1988) das Orchester als Organisationsmodell der Zukunft beschrieben. Hier agieren Spezialisten ihres Fachs, die wie Musiker auf das Feedback der Kollegen reagieren und in direktem Kontakt mit einem Chef stehen, dem Dirigenten. Die Orchester-Metapher wird gerne benutzt, um kreatives Teamwork und gegenseitiges Zuhören hervorzuheben und die Wichtigkeit von Disziplin und Zielstrebigkeit. Das vermitteln auch die entsprechenden musikbasierten Interventionen (Kapitel 4.5). Andere Verwendungen dieser Metapher legen noch mehr Wert auf eine Betonung von Kooperation. Neure ästhetisch orientierte Ansätze für die Untersuchung von Orchestern (Koivunen 2008) betonen die gemeinsame Virtuosität und Kooperation aller Beteiligten inklusive Produzenten und wie sie alle ihre fünf Sinne einsetzen plus ein unbestimmtes ästhetisches Gespür zwischen Telepathie, kinästhetischer Empathie und Energie. Tröndle (2005) sieht Orchester als „Hochleistungsapparate", als äußerst spezialisierte Organisationen und als Beispiele für Exzellenz durch feine Koordination mit möglichst geringer Fehlerquote und einer Leidenschaft, die viele Unternehmen auch gerne besäßen.

Die andere große Musikmetapher ist der **Jazz,** welcher sich vom Orchester mit dem tonangebenden Dirigenten durch sein weniger hierarchisches Prinzip unterscheidet. Dies wird auch von anderen Musikgruppenvergleichen wie mit der Rockband aufgenommen. Mit Unternehmen des 21. Jahrhunderts werden Eigenschaften in Verbindung gebracht wie Flexibilität, Anpassungsfähigkeit an die Umwelt und flache Hierarchien – genau das assoziiert man mit einer Jazzband, die deshalb als besonders passendes Modell für die zeitgemäße Organisation gilt (Hatch 1998). Orchestervergleiche können unzulänglich sein, wenn sie Strukturen und Hierarchien mit dem Dirigenten, der ersten Geige und anderen Instrumenten betonen, die organisationstheoretisch betrachtet überholte Strukturen mit Führungskräften auf verschiedenen Ebenen und ausführenden Subordinierten darstellen.

Die Jazz-Analogie hat in den letzten Dekaden gestiegenes Interesse erfahren (DePree 1992, Kao 1996) und wird seit den 1990er Jahren international diskutiert. Ein erster Meilenstein war das Symposium *Jazz as a Metaphor for Organizing in the 21st Century* 1995 in Vancouver, bei dem Wirtschafts- und Organisationswissenschaftler, Führungspersonen und Unternehmensberater verschiedene Aspekte von Improvisation und Management diskutierten. Erschienen sind die Perspektiven in einer Sonderausgabe von *Organizational Science* (Weick 1998). In Deutschland wurde das Thema zunächst kaum beachtet, hat aber mittlerweile seinen Weg in die Führungsetagen, den Beratermarkt und den wissenschaftlichen Diskurs gefunden (Rüsenberg 2004, Scheer 2002). Seit 2006 findet in Bremen jährlich die Fachmesse *jazzahead* statt, die ergänzt wird von einem gleichnamigen Jazzfestival, einer internationalen kulturpolitischen Konferenz und einem wissenschaftlichen Symposium. Beim ersten Symposium *MANexchAnGEMENT! Learning from Jazz and Science* diskutierten Wissenschaftler, Praktiker und Musiker über Analogien von Jazz und Strategie, Führung und Organisation.

Die Veränderungen im Organisationsalltag und in den Vorstellungen von Arbeit mit gestiegener Eigenverantwortung und flachen Hierarchien lassen sich gut mit der Metapher der Jazzband erklären. Sie eignet sich für die Untersuchung von nicht-linearen, improvisationsähnlichen Prozessen in Organisationen (Weick 1998). Diese Metapher kann spontanes, improvisiertes Handeln verdeutlichen und zeigt, dass Entscheidungsprozesse offener und fließender sind als in vielen herkömmlichen Darstellungen. Jazz als auf Improvisation basierender Musikstil macht Kommunikationsprozesse und Teamleistungen in der Gruppe sichtbar und zeigt, dass so etwas wie eine gemeinsame Vision das Spiel leitet und wie durch improvisierendes Handeln ad hoc etwas Neues und Innovatives entstehen kann. Verschiedene Spieler mit unterschiedlichen Kompetenzen spielen zusammen und nutzen Synergien. Die Jazzband braucht keinen Vorspieler, sondern die Musiker wechseln sich ab. Die Hauptinstrumente sind Saxophon, Trompete, Schlagzeug und Kontrabass. Die beiden erstgenannten führen als Solisten, bei der Improvisation kommen alle zum Einsatz. Es gibt also durchaus eine Ordnung und die Musiker beachten genaue Regeln wie das gemeinsame Tempo, die Harmonie des Stücks und Vereinbarungen über die Soli und kommunizieren durch abgesprochene Gesten. Die Musiker spielen nicht nur einfach aus dem Bauch heraus, sondern schöpfen aus ihrem – partiell impliziten – Wissen über Harmonien, Skalen und Abfolgen. Diese Art von Musik braucht eine Gruppe, deren Mitglieder aufeinander hören und miteinander und nicht gegeneinander spielen. Scheer (2002) beschreibt Jazz als Teamarbeit, bei der das „Individuum seine volle Kreativität entfalten kann" – eine Idealvorstellung zeitgemäßer Arbeitsweisen. Mitarbeiter müssen wie Jazzmusiker sensibel gegenüber Veränderungen sein, ein Gespür für Entwicklungen und das Handeln der anderen besitzen. Die Jazz-Metapher und die mit ihr verbundenen Ideen werden durch tatsächliche Auftritte von Jazzbands bei kunstbasierten Interventionen in Unternehmen für Führungskräfte und Mitarbeiter sozusagen ästhetisch erlebbar, auf der akustischen und visuellen Ebene nachvollziehbar und über die Atmosphäre begreiflich (Kapitel 4.5).

Für die Anwendung in Unternehmen bedeutet die Jazz-Metapher, dass eine Führungskraft als Teamleiter die Mitarbeiter bei ihrer Weiterentwicklung auf ihrem Spezialgebiet unterstützen muss, ihnen Freiheiten einräumt, anstatt sie übermäßig zu kontrollieren. Weil Führung aufgeteilt wird und Erfolge der Gruppe zählen, setzt dieses Denken auch eine gewisse Reife voraus. Als erstrebenswert für eine anpassungsfähige Organisation werden folgende vom Modell der Improvisation abgeleiteten Fähigkeiten für die Führungskraft und den Mitarbeiter gesehen: Handeln im Jetzt statt Planung und Proben, Verständnis der internen Ressourcen, Abweichen von Routinen, offener Blick, Vertrauen in die eigenen Fähigkeiten, Einsatzfreude, gegenseitige Aufmerksamkeit, Tempo, prozessorientierte Haltung statt Festhalten an klaren Strukturen (Weick 1998). Der mit Jazz verbundene Begriff der Improvisation mag für Anhänger gründlicher Planung negativ besetzt sein. Allerdings sind in einem sich schnell verändernden wirtschaftlichen Umfeld Improvisation und schnelle Reaktion einträglicher als das Festhalten an einem starren Plan (siehe Beispiel).

Musikrezeption bietet Konzepte für künstlerische Führung

Aus der Rezeption von Musik lassen sich Ideen für Führung ableiten: Musik und das Handeln in Unternehmen sind vergleichbar, denn sie sind durch formale ästhetische Gefüge gegliedert und zur „kunstvollen" Führung gehören Wahrnehmungs- und Denkprozesse, die wie beim Musikhören über das Rationale hinausgehen (Bathurst et al. 2010). In Anlehnung an die Ausarbeitungen zur Ästhetik Roman Ingardens, der die Rezeption von Musik und dazugehörige Interpretationsvorgänge mit dem Begriff der „Konkretisation" beschreibt, sollen Manager bei ihrer Wahrnehmung von Situationen ebenfalls konkretisieren. Das bedeutet, sie sollen verschiedene Unbestimmtheiten mit eigener Imagination ausfüllen und das bereits Geschehene in Bezug zum Kommenden setzen. Wer Musikstücke hört, muss sich an das Gehörte erinnern, um das aktuell Wahrgenommene als Variation oder Entwicklung eines Musters zu verstehen und so das Kommende zu antizipieren. Das ist eine aktive, mitschöpferische Tätigkeit. Anhand eines Beispiels einer Krisensituation (Hurrikan Katrina) zeigen die Autoren, dass die Verantwortlichen aufmerksamer gegenüber der Zeitdimension der Situation, ihren Mustern und möglichen Dissonanzen hätten sein müssen, um mit besserer Vorstellungskraft intuitiv mehr Sicherheit an den Tag zu legen. Weitere ästhetische Denkprozesse wie die achtsame Wahrnehmung von Form und Inhalt hätten geholfen, Routinen und das Handeln in Ausnahmesituationen besser abzustimmen. Schließlich hätte auch ein gekonnter Umgang mit dem ästhetischen Ausdruck durch Symbole und Sprache bei der Abstimmung und der öffentlichen Kommunikation geholfen. Zu „künstlerischer" Führung gehören hier ebenfalls das Einfühlen und der produktive Umgang mit Mehrdeutigkeit.

Trotz aller offensichtlichen Inspiration für Vorgänge der Improvisation, für kreative Arbeitsabläufe und Strukturen, hat auch die Jazz-Metapher wie jede Metapher ihre Grenzen. Hatch und Weick (1998) listen eine Reihe von Kritikpunkten auf. Beispielsweise wird im Organisationsalltag eher „vom Blatt" gespielt als improvisiert und das persönliche Engagement wird Mitarbeitern eher abverlangt als wirklich gefördert. Mit dem Bild des Jazz vertragen sich auch existente bürokratische und konservative Strukturen in Unternehmen nicht. Zudem hat die wissenschaftliche Beschäftigung mit der Jazz-Metapher nicht die in der Jazz-Praxis geübte Kritik am Rassismus aufgenommen: Der Jazz wurde von Schwarzen als Ausdruck einer unterdrückten Minderheit entwickelt und wird von weißen Musikern und Produzenten dominiert. Dann ist noch der Sexismus im Jazzvergleich offensichtlich, aber wenig berücksichtigt: Es gibt verhältnismäßig wenige Zuhörerinnen und erfolgreiche Musikerinnen, von Vokalistinnen wie Ella Fitzgerald einmal abgesehen. Im Mittelpunkt der Gender-Forschung im Organisationsbereich und im Fokus der Aufmerksamkeit von Managerinnen-Netzwerken in der Praxis steht eine verbreitete Diskriminierung weiblicher Mitarbeiterinnen, die schlechter vergütet werden und an der „gläsernen Decke" auf ihrem Weg in die obersten Führungszirkel scheitern. Die Jazz-Metapher kann diese männlichen Strukturen subtil als normal darstellen. Weitere Kritikpunkte sind Elitismus und Überheblichkeit: Die Jazz-Band ist zu einem gewissen Grad in sich selbst versunken, konzentriert sich stark aufeinander, spielt also weniger für das Publikum als für sich selbst, verachtet gegebenenfalls noch die Zuhörer für ihre undifferenziert positive Anerkennung, und lebt darüber hinaus Egoismus durch Zuspätkommen und exzentrische Künstlerattituden aus. Solche Aspekte sollen natürlich nicht als Vorbild auf die Unternehmensführung übertragen werden, existieren aber in Unternehmen, wenn beispielsweise Stakeholder- und Investoreninteressen nicht entsprochen und sexuell und ethnisch benachteiligt wird. Das diskriminierende Potenzial solcher Metaphern, das sich subtil über nicht Gesagtes, aber Gedachtes und Empfundenes verbreitet, muss bei ihrer Anwendung immer bedacht werden.

Das Modell der Jazzmusik wird auch benutzt, um Spannungen zwischen der wirtschaftlichen Existenz und dem Künstlerdasein zu verstehen. Mit Bezug auf die Kritische Theorie und Max Horkheimers und Theodor Adornos Ausarbeitungen zur *Kulturindustrie* diskutiert die Forschung im Makro-Marketing-Kontext, dass die ästhetische Exzellenz von Jazzmusik der potenziell zerstörerischen Macht des Marktes ausgesetzt ist. Jazz degeneriere zur akustischen Tapete in Einkaufszentren, kultiviere ein reduziertes Verständnis von Musik und fördere nur den Konsum (Bradshaw & Holbrook 2008, Holbrook 2005). Weitere Spannungen zwischen Kunst und Wirtschaft setzen der Jazz-Metapher zusätzliche Grenzen. Ob ein Unternehmen nun realiter mit einer gewissen Coolness „swingt", macht Verluste nicht wett und befriedigt keine Investoreninteressen. Wie bei andern Kunstformen sind Spiel und Ästhetik Zweck des Jazz, aber nicht der zentrale Kern unternehmerischen Handelns.

Der Jazzmusiker unter den Managern

Die Rolle des Jazzmusikers lässt sich für einen Manager auch real leben, wie eine kurze Anekdote (Biehl 2007b: 128 f.) zeigt. Deutlich macht sie aber auch Spannungen zwischen Jazz und Unternehmen, schon ausgehend von Äußerlichkeiten. Der ehemalige Chef der Deutschen Börse, Werner Seifert, trat vor Mitarbeitern und Journalisten an der Hammondorgel mit seiner Jazzband in der Konzernzentrale auf. So inszenierte er sich mit positiven Attributen des Künstlers. Seifert hatte schon die Börse mit einer Jazzband und seinen Interimschef mit einem „veritablen Trompeter" verglichen. Die künstlerische Haltung mit dem gewissen Etwas manifestierte er auch mit Pfeife, karierten Jacketts und gepunkteter Krawatte, bei Jazzauftritten trug er schwarze Rollkragenpullover. Den Rolli trug er auch bei einer Bilanzpressekonferenz und Cowboystiefel an den Füßen. Der Manager musste bald nach einer gescheiterten Fusion seinen Posten räumen und Fehler waren schnell gefunden: mangelnde soziale Kompetenz und Überheblichkeit. Das *Handelsblatt* stellte pikiert fest: „Um die in der Finanzszene gängige Kleiderordnung schert er sich wenig. Selbst bei offiziellen Auftritten tritt er in schwarzem Rollkragenpulli auf." Irrelevant, dass der Manager an jenem Tag von starkem Husten geplagt wurde. Hier muss erwähnt werden, dass in anderen Branchen ein legerer (swingender?) Auftritt eher möglich ist, so erschien beispielsweise Fiat-Boss Sergio Marchionne einst mit Rucksack und Pullover zu einem Treffen mit Angela Merkel im Kanzleramt.

Die Jazz-Metapher endet spätestens dort, wo ein Künstler auf der Bühne zwar nicht ganz aus der Rolle fallen darf, aber dennoch Möglichkeiten erproben kann und der Manager nicht, da schon der Pullover „dissonant" wirkt. Die Gemeinsamkeiten von Kunst und Management reißen bei den vielfältigen Zwängen in der Wirtschaftswelt ab und gerade die Betrachtung dieser Grenzen macht eine Metapher wertvoll. So loten neueste Forschungsansätze zu „Führung als Kunst" aus, inwiefern ein von der Kunst inspiriertes Vorgehen mehr Mut zur Offenheit besitzt und der menschlichen Interaktion einen anderen Ton verleihen kann. In diesem Sinne bietet auch die im Folgenden erläuterte Theater-Metapher weiterführende Ideen, beispielsweise zur Schauspielertätigkeit eines Managers (Kapitel 3.3.1).

3.3   Unternehmen als Theater

Die Metapher von Organisationen beziehungsweise Unternehmen als Theater ist eine der prominentesten Metaphern in der wirtschaftswissenschaftlichen Organisationsforschung. Sie beschreibt, wie Mitarbeiter ihre Arbeit ausführen (eine Rolle spielen), gemäß der Unternehmensziele (Drama oder Skript) handeln und dabei eine beeindruckende „Inszenierung" vor einem „Publikum" von Kunden und auch der Öffentlichkeit präsentieren. Die Analogien von Theater und Unternehmen werden Realität mit ästhetischer und emotionaler Arbeit (Teil 2) oder mit dem Einsatz von Theater als kunstbasierter Intervention (Teil 4). Seit etwa drei Dekaden sind mehrere Ausarbeitungen zur Theater-Metapher entstanden, die in diesem Kapitel vorgestellt werden. Die Wirtschaftsästhetik entwickelt die Metapher weiter, indem sie nicht nur Vergleiche mit Theatervokabular anstellt, sondern das ästhetische Erleben in den Vordergrund rückt.

Die Theater-Metapher („Die ganze Welt ist eine Bühne") kann Aspekte des lebendigen Rollenspiels und der menschlichen Interaktion im Unternehmenskontext besonders gut beleuchten, während mechanische Metaphern und Systemmetaphern diese kaum erfassen können (Mangham & Overington 1987: 3). Die Theater-Metapher hat eine lange Tradition und ist im Alltagsdenken weit verbreitet, da Selbstinszenierungen anthropologische Parameter sind. Man denke an das volksnahe Auftreten von Politikern, an die pompöse Inszenierung von Geistlichen und eben auch die Auftritte von Managern. Das Konzept des Welttheaters (theatrum mundi) hat seinen Ursprung in der Antike und entspricht der seitdem bestehenden Vorstellung, dass alles Handeln ein vorüberziehendes Schauspiel ist, wobei der Mensch seine vom Schicksal bestimmte beziehungsweise von Gott auferlegte Rolle spiele. Das Leben wird als Schauspiel bezeichnet, weil es vergänglich ist, und die Welt als Bühne, weil sie nur Schein ist. Das Theater teilt mit dem menschlichen Leben die Attribute Scheinhaftigkeit und Vergänglichkeit und gilt deshalb als virtuose Metapher. Die Motive vom Menschen als Marionette Gottes, als Spielball des Zufalls, als Lebenskünstler oder als selbst bestimmte Existenz auf der Weltbühne werden in der Philosophie von Platon über Shakespeare, Büchner, Schopenhauer und Brecht durchgespielt und ebenso widmen sich verschiedene kulturwissenschaftliche Perspektiven diesem Thema.

In der internationalen Management- und Organisationsforschung hat die Theater-Metapher mit einer zunehmenden Ästhetisierung der Wirtschaft seit den 1980er Jahren ein gestiegenes Interesse erfahren. Das wird reflektiert in einer Anzahl von Artikeln und Sonderausgaben wissenschaftlicher Zeitschriften (Schreyögg & Höpfl 2004, Oswick et al. 2001), in denen über die Inszenierung von Unternehmen, Managern, Mitarbeitern debattiert und weitere Vergleiche mit der Welt des Theaters gezogen werden. Die meisten Ausarbeitungen gründen auf soziologischer Theorie, hauptsächlich auf Erving Goffmans (1959, 1967) Forschung zur Selbstdarstellung im Alltag und Kenneth Burkes Dramatismus (1945, 1968).

Erving Goffman (1959) beschreibt eine soziale Darstellung oder Performance als das Handeln einer Person, die andere beeinflusst. Das Alltagsleben wird als Schauspiel begriffen, in dem Menschen eine „Vorstellung" geben, auch mit anderen zusammen als „Ensemble" vor „Publikum" auf einer imaginären „Bühne". Der Auftretende bedient sich einer bestimmten Sprache und arrangiert seine Kleidung und Frisur, greift auf ein standardisiertes Ausdrucksrepertoire zurück, gestaltet seine Szenerie und sendet bewusst und unterbewusst Signale, die von den Zuschauern interpretiert werden, um sein gegenwärtiges und zukünftiges Verhalten einzuschätzen. Eine Rolle in einer Organisation verlangt besonders das Einhalten von gewissen Normen und Erwartungen und den Ausdruck abstrakter Wertvorstellungen. Ein Beispiel ist die Reinlichkeit bei Dienstleistern, die der Arzt im „klinisch weißen" Kittel demonstriert. Um glaubhaft zu wirken, sollten Erscheinung, Verhalten und Bühnenbild deckungsgleich mit den Erwartungen des Publikums sein. Solche Prozesse der Eindrucksteuerung und Selbstidealisierung werden unter dem Begriff „Impression-Management" von Soziologen und Sozialpsychologen weiter untersucht und seit den späten 1980er Jahren auch verstärkt im Hinblick auf Vorgänge in Organisationen.

Die Konzepte aus Goffmans soziologischen Ausarbeitungen passen zu Mintzbergs (1973) Untersuchungen von Manager-Rollen (Kapitel 3.4) und sind besonders wichtig für die Forschung zu Mitarbeiterführung und insbesondere charismatischer Führung (Conger & Kanungo 1998). Diese Ansätze beziehen sich auf Impression-Management-Konzepte und beschreiben Führung als performative, darstellerische Tätigkeit. Weil natürliche Situationen im Unternehmensalltag immer seltener anzutreffen sind, müssen Führungskräfte mithilfe bestimmter Techniken überzeugende, charismatische Auftritte absolvieren, um eine gute Beziehung zu ihren Mitarbeitern und Anhängern aufzubauen. Dazu gehört eine gewisse Idealisierung der Realität: Die Führungsperson soll eine Rolle präsentieren, die als glaubhaft, moralisch gefestigt, innovativ und effizient, gar – im Einklang mit der einschlägigen Literatur – auch als „heroisch" beschrieben wird (Gardner & Avolio 1998).

> Charismatische Führung entsteht durch inszeniertes Verhalten
>
> Gardner und Avolio (1998) entwickeln Goffmans dramaturgische Perspektive und sehen charismatische Führung als Kombination von Impression-Management-Taktiken mit *framing* (Wahl der richtigen Worte und Vision), *scripting* (Vorplanen der Handlung), *staging* (Inszenierung mit Gestaltung des Aussehens und der Szene) und *performing* (der Auftritt mit dem Ausagieren des geplanten Verhaltens zum Aufbau einer Beziehung zum Publikum). Dieser Ansatz wird von Harvey (2001) auf Apple-Chef Steve Jobs angewandt. Sie zeigt, dass der Manager vor Publikum rhetorische Mittel einsetzt, um sich selbst exemplarisch als gutes und moralisches Beispiel herauszustellen *(exemplification)*, das Unternehmen Apple und seine Vision positiv abzugrenzen von der Konkurrenz wie IBM und Xerox *(promotion)*, und schließlich eigene Fehler und Unzulänglichkeiten herunterspielt, um das eigene Gesicht nicht zu verlieren, sondern zu wahren *(facework)*.

Inszeniertes Handeln in der Wirtschaft beziehungsweise damit verbundene Reputation und Wertschöpfung wird hierzulande besonders von der Forschung zu Public Relations und der Kommunikationswissenschaft untersucht, sowohl von wissenschaftlichen als auch für Praktiker ansprechenden Ausarbeitungen. Beispielsweise ist hier die Loseblattsammlung *Kommunikationsmanagement* von Günter Bentele, Manfred Piwinger und Gregor Schönborn (2001 ff.) zu nennen. Goffmans Ideen werden für eine Theorie des „Impression-Managements" von Institutionen verwendet, welche die Unternehmenskommunikation als „Inszenierungsstrategie" sieht und den Prozess der immateriellen Wertschöpfung durch Reputations- und Vertrauensaufbau beschreibt (Piwinger 2005). Diesbezüglich wird auch an einem Kommunikationscontrolling (Piwinger & Porák 2005) gearbeitet, das den Wertschöpfungsbeitrag des Inszenierungsaufwands beziffert. Das herkömmliche Kontrollinstrumentarium für betriebswirtschaftliche Prozesse erfasst bisher nur einen Teil der Wertschöpfungsprozesse, obwohl der Unternehmenserfolg in hohem Maße abhängig von der öffentlichen Positionierung ist. Auch solche neuen und relevanten Untersuchungsansätze von Ästhetik und Wirtschaft sind aus der Theater-Metapher entstanden.

Um die konkrete Inszenierung von Unternehmensmitarbeitern geht es gerade in der Marketingforschung, hauptsächlich im Bereich Dienstleistungsmarketing (Services Marketing), in den die Theater-Metapher Eingang gefunden hat. Die Ausarbeitungen heben die Theatralität des persönlichen Aufeinandertreffens von Mitarbeitern mit Kunden in Dienstleistungssituationen und Verkaufsgesprächen hervor. Basierend auf Goffmans Beobachtungen kann das Zusammentreffen mit dem Kunden als „Theaterstück" mit vier wichtigen Bestandteilen beschrieben werden (Grove et al. 1998): Erstens werden die Mitarbeiter als Schauspieler oder „Cast Member" gesehen, deren Handlungen und Verhaltensweisen dem Service für den Kunden das gewisse Etwas verleihen. Der Kunde als Zuschauer ist dabei die zweite Komponente. Drittens spielt die räumliche Umgebung, die Bühne mit allen möglichen Requisiten und der Dekoration, eine wichtige Rolle für die Stimmung und Wahrnehmung des ästhetischen Erlebnisses. Schließlich werden diese Komponenten eingerahmt von der Performance, also dem tatsächlichen Aufeinandertreffen von Mitarbeitern und Kunden. Hier entsteht die unverwechselbare Erfahrung des Kunden, welche die Dienstleistung von anderen abgrenzt (service excellence) oder das erworbene Produkt zu etwas Besonderem machen kann. An einzelne Komponenten dieses Modells wie die Dekoration schließt wiederum die Forschung und Praxis zu Konsumerlebnissen und Marketingatmosphären (Bitner 1992, Kotler 1973) an. Dieser Aspekt der Wirtschaftsästhetik, bei dem die vielschichtige, lebendige Gesamtatmosphäre aus ästhetischer Arbeit, Raumgestaltung und Architektur ihre Wirkung auf die Menschen entfaltet, ist in Teil 2 dieses Buches dargestellt – während Literatur zu Metaphern zunächst den Ursprung und Inhalt der Ideen erkundet.

Ein weiterer wichtiger Einfluss auf die Forschung zu Theater und Organisationen ist Kenneth Burkes Dramatismus (1945, 1968). Burke benutzt den Theatervergleich und argumentiert noch wörtlicher, dass menschliche Interaktion nicht *wie* Theater sei, sondern gewissermaßen Theater *ist*. Das Wirtschaftsleben besteht im Nachspielen von Rollen mit vorgeschriebenen Verhaltensregeln. Zur Beschreibung entwickelte Burke die Pentade der dramatischen Erzählung, die zu einem bewährten Modell zur Analyse des alltäglichen Lebens in Unternehmen geworden ist (Czarniawska 1998, Mangham & Overington 1987).

Burkes Pentade der dramatischen Erzählung

Burkes Pentade hat fünf Elemente: Es wird eine Handlung vollzogen (act), in einer bestimmten Umgebung (scene), von einem Handlungsträger (agent), unter Verwendung bestimmter Hilfsmittel (agency). Der Handlung zugrunde liegen eine bestimmte Absicht und ein zu erreichendes Ziel (purpose). Walker und Monin (2001) beispielsweise wenden die Pentade auf eine inszenierte Großveranstaltung eines Unternehmens in Neuseeland an. Der Firmengründer (der Akteur) lädt unter Einsatz eines größeren Budgets (Hilfsmittel) seine hundert großteils polynesischen Mitarbeiter (Ko-Akteure) zu einer Reise heim ins idyllische Samoa (Szene) ein, wo er sich zunächst einen Häuptlingstitel verleihen lässt und dann traditionelle Spiele und ein Fest mit Musik und Tanz abhält (Handlung). Diese Form von großem Theater diente (Absicht) als Feier zum Firmenjubiläum, als respektvolle Geste gegenüber den Angestellten, und sollte vor allem der Firma Medienresonanz verschaffen sowie dabei ihr soziales Engagement gleich mitbeleuchten. Diese eher einfache Analyse zeigt, dass sich mit der Pentade einzelne Elemente von wirtschaftlicher Aktion genauer untersuchen lassen und auch weitere Fragen nach verschiedenen Interpretationen von theatraler Handlung und Zweck aufgeworfen werden.

Inspiriert von Goffman und Burke ist eines der bedeutendsten dramaturgischen Werke auf dem Managementfeld: *Organizations as Theatre* von Mangham und Overington (1987). Die

Autoren erklären nutzen Theateranalogien für einen Überblick über vielfältige theatrale Formen in ritueller, sozialer Interaktion wie das gekünstelte und regulierte Verhalten vor Gericht, in der Politik und in anderen gesellschaftlichen Situationen. Diese Muster werden auf den Unternehmensalltag angewendet. Sie diskutieren einzelne Faktoren, beispielsweise Räume und Dekoration und Manifestation von Hierarchie in Architektur – mit dem Firmenchef ganz oben und den Büroangestellten auf der untersten Etage. Der Metapher-Ursprungsbereich des Theaters lässt Rückschlüsse auf das Handeln in Organisationen zu: „Proben" und Schreiben des „Dramentextes" geschehen hinter den Türen des Vorstands, bei der „Aufführung" agieren die Angestellten wie „Rollenfiguren". Das verdeutlicht den Inszenierungscharakter wirtschaftlicher Interaktion und stellt Fragen nach eigenen Gestaltungsmöglichkeiten oder dem Gefangensein in der Rolle. Zudem unterstreicht die Theater-Metapher, dass es in Unternehmen nicht um Konzepte und Theorie, sondern um das gemeinsame Handeln geht, die Performance, das Sprechen, Zeigen, Überzeugen und Tun (Mangham & Overington 1987: 147) oder, anders ausgedrückt: um die Ästhetik.

Diese Ideen werden in vielen anderen Werken fortgeführt und variiert. Die Unternehmensberater Pine und Gilmore (1999) beziehen sich in ihrem vielzitierten Buch *The Experience Economy. Work is Theater and Every Business a Stage* besonders auf die Arbeit als Theater. Einzelne Kapitel heißen „Setting the Stage", „The Show Must Go On" und „Now Act Your Part". Die Autoren stellen die Wirtschaftwelt als eine Erlebnisökonomie dar, bei der es nicht um die bloße Ware, sondern um die Inszenierung von Kauf- und Konsumerlebnissen geht, die für Unternehmen einen Mehrwert schaffen. Hier wird betont, dass die fünf Sinne des Menschen überzeugend angesprochen werden müssen, um einprägsame und von der Konkurrenz differenzierende Erlebnisse zu ermöglichen. Es geht also um die Ästhetik, um die ganze Bandbreite der sinnlichen und körperlichen Wahrnehmung, die mit Mitteln der Inszenierung und Theatralität stimuliert werden soll.

Um diesen ästhetischen Erlebnissen Rechnung zu tragen, muss die Wirtschaftsästhetik die Beschäftigung mit Metaphern um eine ästhetische Perspektive ergänzen. Gerade bei einer zunehmenden Ästhetisierung von Wirtschaft ist es wichtig zu verstehen, *wie* solche theatralen Interaktionen erlebt, empfunden und wahrgenommen werden. Es ist gerade die ästhetische Erfahrung der Performance, die Situation, die als die zentrale Verbindung von Theater und Unternehmen gilt (Mangham & Overington 1987). Die beliebte Theater-Metapher ist hier unzureichend, denn sie wird dafür kritisiert, dass sie trotz all ihrer Erkenntnisse einen begrenzten heuristischen und theoretischen Wert besitzt, da sie nur eine Terminologie zur etwas anderen Beschreibung des Unternehmensalltags bietet (Cornelissen 2004). Die Forschung benötigt deshalb interdisziplinäre Ansätze, die noch stärker auf die Ästhetik ausgerichtet sind. Beispielsweise schlagen Managementforscher zur Untersuchung von Unternehmensveranstaltungen die Anwendung theaterwissenschaftlicher Modelle vor (Clark 2008). Tatsächlich greift ein interdisziplinärer theaterwissenschaftlicher Ansatz auf ein reichhaltiges Wissen über ästhetische Situationen zurück, denn Theater bedeutet nicht Dramatext, sondern die Situation der Aufführung mit der körperlichen Ko-Präsenz von Akteuren und Zuschauern. Eine derart ausgerichtete Untersuchung macht deutlich, wie alle Anwesenden die Situation gemeinsam schaffen, und zeigt Potenziale für ästhetische Interaktion, die über das Spielen von Rollen und metaphorische Vergleiche hinausgeht.

Abbildung 3.1   Hauptversammlung der Daimler AG 2009 im ICC Berlin

Quelle: Daimler AG

Die Inszenierung von Unternehmensveranstaltungen

Inszenierte Events wie Hauptversammlungen lassen sich aus theaterwissenschaftlicher Sicht als Performance untersuchen (Biehl 2007b, Biehl-Missal 2011). Es lässt sich ein angepasster *Katalog zur Inszenierungsanalyse* verwenden, um das Event in Elemente zu zerlegen und die ästhetische Situation zu rekonstruieren. Angefangen bei der Bühne: Schon die *Szenografie* versucht, Manager positiv herauszuheben. Vorstände sitzen erhöht und abgeschirmt, eingerahmt von Logos, vor großen Leinwänden und hinter polierten Automodellen (Daimler). Wie im Illusionstheater ist die Bühne stets mit heller *Beleuchtung* versehen und der Zuschauer sitzt im stimmungsvollen Halbdunkel. Das erleichtert das Einfühlen in die Geschehnisse, nicht das kritische Mitrechnen. *Bühnenbilder* wollen mit aufsteigenden Schriftzügen optimistisch wirken, es leuchten Firmenfarben und Leitmotive wie „A Passion to Perform" (Deutsche Bank), was sich aber gerade in der Bühnensituation nicht nur mit „Leistung aus Leidenschaft", sondern doppeldeutig mit „Spaß am Schauspielen" übersetzen lässt. Bei der Telekom kommentierten Aktionärsvertreter das riesige Bild eines Jongleurs, der mit Bällen in Unternehmensfarben hantierte, unter dem Gejohle der Anwesenden mit: „Herr Vorstand, Schluss mit der Gaukelei!" Beruhigend kompetent soll wieder die uniforme *Kleidung* wirken, mit Unternehmensansteckern und akkurat gepunkteten Krawatten. Die *Körpersprache* mit *Gestik* und *Mimik* lässt den sogenannten Funken oft kaum überspringen, meist klebt der Blick am Redemanuskript und die *Stimme* verbreitet gehaltlose Nullenergie – im Widerspruch zu Ankündigungen von „Kundenorientierung". Eine Analyse der *Rhetorik* zeigt, wie sich Manager sportlich („getretene Kostenbremse") und durchsetzungsstark geben („Führungspositionen erkämpfen"). Defensive Taktiken sind Standard: Manager erwähnen mehr positive als negative Punkte, schieben Misserfolge auf Umweltkatastrophen, die „schlechte Konjunkturlage", den „nervösen Endverbraucher". Richtige *Interaktion* beginnt mit der Generaldebatte, in der das Publikum mit Humor und Schärfe konträre Sichtweisen präsentiert, atmosphärisch unterstützt von lautem Beifall. Alles in allem wird deutlich, wie die Zuschauer durch ästhetische Elemente beeinflusst werden und interagieren, anstatt nur zu reagieren. Diese und andere ästhetische Situationen in Unternehmen beinhalten ein Potenzial für Veränderung und nicht nur für Manipulation.

3.3.1   Der Manager als Schauspieler und Performer

Ganz allgemein hat schon Peter Vaill (1989) in seinem Buch *Managing as a Performing Art: New Ideas for a World of Chaotic Change* den Manager als Performer bezeichnet. In einer sich immer schneller verändernden, chaotischen Arbeitswelt werden kreative Fähigkeiten benötigt, die üblicherweise mit den performativen Künstlern in Verbindung gebracht werden. Auch Iain Mangham (1990: 110) sieht die Tätigkeit des Managers als eine handelnde und vollziehende Kunst: „Managing is itself a form of performance; to manage is to engage in the art of performing." Die Tätigkeiten eines Managers und eines Schauspielers gleichen sich, denn beide müssen Situationen und Ereignisse quasi wie einen Dramentext richtig interpretieren und dann ihre Handlungen darauf ausrichten, improvisieren und eben performen. Dazu gehören Probenprozesse und Auftritte, bei denen die eigene Rolle vor- und ausgespielt wird. Die Führungsperson kann die Autorschaft ihrer eigenen Rolle übernehmen – allerdings nur in den sehr engen institutionellen Grenzen.

Dieser Punkt verweist auf die Grenzen der Metapher und die wenig spielerische Seite des Handelns in Unternehmen. Offensichtlich decken sich die Konzepte von Unternehmen und Theater nicht und es schwingen immer einige aufschlussreiche Unterschiede mit (Cornelissen 2004). Diese Unterschiede sollen nachfolgend einmal exemplarisch verfolgt werden, um zu zeigen, wie die Metapher als Erkenntnisinstrument weitere Einsichten bringen kann. So ist das Theater eine Veranstaltung zum ästhetischen Vergnügen, während Unternehmen zweckgebunden agieren. Dem Theater als Ort der Kunst wird auch eine andere soziale Aufgabe zugeschrieben, es kann neue Wahrnehmungen ermöglichen und ein Ort der Kritik sein, es kann politisch sein, wenn es Fragen aufwirft, oder es kann einfach der Unterhaltung dienen. Das Handeln in Unternehmen hingegen ist zweckgebunden und zielgerichtet. Deshalb werden ästhetische, künstlerische Formen innerhalb eines reduzierteren Spektrums eingesetzt. Trotz aller postulierten Individualität dominieren Stereotype von angepassten Persönlichkeiten, Uniformität und floskelhafte Einheitssprache, und auch der gesichtslose Typ vom Top-Manager ist weit verbreitet. Ist nicht die Berufswelt ein Theater, in der sich der Mensch am meisten verstellen muss, um den Anforderungen an seine Rolle zu genügen? Die kritische Organisationsforscherin Heather Höpfl (2002) beschreibt, wie Akteure in Organisationen ihre Rolle weniger „leben", als sie mechanisch und leidenschaftslos nachzuspielen, was auch zu psychischen Folgeschäden führt. Deutlicher noch bezeichnen andere Managementforscher Arbeit als „Dressur" (Jackson & Carter 1998), mit der erzwungenen Demonstration von Folgsamkeit und dem Erfüllen von vorgeschriebenen Ansprüchen. Der Einsatz von Theatertraining in Unternehmen kann diese Rollentreue noch weiter fördern, während in anderen Formen mehr Möglichkeiten zur ästhetischen Veränderung stecken können (Kapitel 4.2).

Die Debatte um den Manager als Künstler ist hoch aktuell und verlangt von der Wirtschaftsästhetik ein besseres Verständnis von Kunst. Generell wird kritisiert, dass grundlegende Prinzipien der Kunst in dieser Forschung nicht hinreichend reflektiert werden und nur wenige Arbeiten wirklich betrachten, was Künstler genau tun (Barry & Meisiek 2010b). Die Formel vom „Manager als Künstler" wird landläufig nur so verstanden, dass ansprechend und elegant gehandelt wird. Aber ästhetische Elemente allein lassen Management nicht zu einer Kunst werden. Für Hinweise auf das besondere Potenzial von Ästhetik in Unternehmen müssen die Grenzbereiche solcher Metaphern untersucht werden. Eine interdisziplinäre Diskussion der besonderen Ästhetik von Theater kann beispielsweise beim Schauspielervergleich neue Ideen über Führungskonzepte auftun. Ebenso kann eine tiefgründige Analyse anderer Kunstvergleiche nicht nur die Zwänge diskutieren, die in Organisationen herrschen, sondern auch neue Entwicklungsmöglichkeiten ergründen.

Diese Unterschiede sollen hier am Beispiel des Vergleichs einer Führungsperson (der Manager) mit dem Schauspieler erklärt werden (Biehl-Missal 2010a). Für die Performance im Arbeitsalltag sollen dem Wirtschaftsdarsteller zunächst Tricks der Darstellung genauso vertraut sein wie dem Schauspieler. Jenem bieten sie aber die Möglichkeit, fremde und ungewohnte Rollen des Menschseins zu erproben, sich und andere in den Vorstellungen nicht nur zu bestärken, sondern aufzurütteln. Die Charaktere der Kunst sind keine Idealbilder, sind oft problematische Persönlichkeiten, die sich ihren starren gesellschaftlichen Rollen verweigern und das „Spiel nicht mitmachen". Die Bühnen haben die Herrschenden lächerlich gemacht, den König, Kapitalisten oder Kommunisten auf seine Gier und seinen Geiz reduziert, in großen Dramen und opulenten Werken. Manager versuchen, von Shakespeares Werken zu lernen (Kapitel 4.4), besonders über deren menschliche Schwächen und Verfehlungen, die kaum Eingang in die herkömmliche Managementliteratur gefunden haben. Positive Vorbilder findet man auf der Bühne gerade nicht. Die Tätigkeit des Schauspielers ist sehr gegensätzlich zu der des Managers, denn das Theater präsentiert subversivere Vorstellungen von Persönlichkeit und hält der selbstsicheren Pose wirtschaftlicher Helden Masken der Verunsicherung entgegen. Das Prinzip gilt im klassischen Theater, wenn Helden in ihr tragisches Ende rennen oder Hamlet sich die unbeantwortete Frage nach dem Sein oder Nichtsein stellt. Zum Beispiel weisen die Helden Bertolt Brechts in ihrer unsicheren Unbeständigkeit darauf hin, dass das Leben ein ständiges Experiment zur Veränderung sein kann. Die Unsicherheit und Fehlbarkeit der Protagonisten verdeutlichen, wie im realen Leben auf nur vermeintlich überzeugende Weise Handlungsalternativen präsentiert werden und wie die soziale und wirtschaftliche Ordnung errichtet ist. Theater stürzt und stützt die Ordnung nicht, sondern lässt sie trüb und schütter erscheinen (Lehmann 2002: 34). Dabei ist auch der Schauspieler als Medium selbst die Nachricht, denn während der Manager gemäß der Selbstdarstellungsrichtlinien keine verunsichernden Diskrepanzen zwischen dem Selbst und der Rolle zeigen darf, bleibt der Schauspieler immer als Akteur und Rollenfigur präsent, als Vorführender und als Vorgeführter. Mit dem

Auftritt des Schauspielers (griech.: Hypokrites), der sich verstellt und zum Spiel bekennt, stellt das Theater die Welt des Scheins nicht nur dar, sondern im selben Zuge auch bloß. So deckt das Theater auf, dass die Welt eine Bühne und Bühne des Scheins sein kann.

Welche Inspiration kann das für den „Manager als Künstler" bedeuten? Ausgehend vom Schauspielervergleich würde ein Manager nicht nur einfach ästhetische Mittel anwenden, um charismatisch oder heroisch zu wirken. Natürlich besteht nicht die Freiheit des Theaters, andere Menschen zu provozieren und zu verunsichern. Ein von der Kunst inspiriertes Vorgehen würde aber ein wenig mehr von Herausforderung und kritischer Interaktion beinhalten, ein wenig mehr Offenheit und Vieldeutigkeit anstelle von „kontrollierten" Visionen, Plattitüden und Floskeln der Managersprache. Durch die Brille des Theaters betrachtet beinhaltet eine „Kunst der Führung" ästhetische Mittel, aber keine übermäßige Beeinflussung, die Sichtweisen von Mitarbeitern und Stakeholdern einengt. Vielmehr beinhaltet dieses Konzept einen produktiven Umgang mit Vieldeutigkeit und Ungereimtheiten (Ladkin & Taylor 2010), um Möglichkeiten zur Reflexion, Urteilsbildung und folglich auch zu konstruktiver Mitsprache anzubieten. Solche Vorstellungen stehen im Einklang mit neuesten Ansätzen von partizipativer Führung und bescheidenen Führungskräften, die Selbsterkenntnis und Werteklarheit der Anhänger hervorheben (Gardner et al. 2005). Das ist für die Wirtschaftsästhetik besonders wichtig, der es um die kritische ästhetische Kompetenz des Publikums für konstruktive Veränderung geht. Dazu gehört auch, dass die Führungsperson Schwächen zeigen darf, um menschlich zu sein und anderen den Raum zu geben, ebenfalls nicht nur funktionieren zu müssen (Thomson 2010: 89): „Sometimes there's nothing healthier than being vulnerable in front of people that you're working with regularly, so they can see your humanity. Because they are human, too, they know they have weaknesses. To see someone else admit to it gives them the freedom to do the same." Ein solches Verhalten soll den veränderten Ansprüchen an Arbeit zuträglicher sein und für alle eine bessere Atmosphäre schaffen.

In diesem Sinne ergänzen interdisziplinäre Ansätze der Wirtschaftsästhetik die Forschung zu Führung um eine weitere ästhetische Komponente: Es wird von „corporeal leadership" (körperlicher Führung) gesprochen, um die Relevanz der ästhetischen Präsenz und Ausstrahlung in der Interaktion mit anderen hervorzuheben (Ropo & Sauer 2008). Führung wird als sinnliches und verkörpertes Phänomen begriffen, da Mitarbeiter und Stakeholder Einschätzungen von Führungsfähigkeiten und Kompetenzen aufgrund von ästhetischer Erfahrung bilden und nicht rein intellektuell. Führungspersonen in Unternehmen werden stark über ihr Handeln und Verhalten und die Erscheinung wahrgenommen. So berichten Dunham und Freeman (2000) von einem Chef, der als Zeichen seiner Rückkehr im Foyer Klavier spielt und mit wohlwollender akustischer Präsenz die Räume erfüllt. Das ist eine der vielen möglichen eindrücklichen ästhetischen Erfahrungen von Führung. Zukünftige Forschung, die solche künstlerischen Metaphern um die ästhetische Komponente erweitert, wird noch viele weitere Einsichten in die menschliche Interaktion und ihre Möglichkeiten für Veränderungen ermöglichen können.

3.4 Unternehmen als Erzählung und Storytelling

Unter dem Begriff Storytelling werden Unternehmen als Geschichten im Sinne von Erzählung oder Ansammlungen von Erzählungen begriffen. Das Handeln in der Wirtschaftswelt versteht sich damit als das Erfinden, Erzählen und Ausagieren von Geschichten. Diese Analogie ist keine Kunst-Metapher im engeren Sinne, hat aber in der Wirtschaftsästhetik große Aufmerksamkeit erfahren. Erstens sind narrative Ansätze zur Organisationsanalyse, die auch mit den dramaturgischen Theateransätzen verbunden sind, von Anfang an vertreten. Zweitens entspricht die Entwicklung der Forschung zum Storytelling dem Trend, über die Metapher hinaus das Ästhetische noch starker zu betonen. Die Erzählung an sich ist performativ und wird in der Situation ästhetisch erfahren. Storytelling vermag es, Wirklichkeiten zu beeinflussen, welche wiederum in ihrer materiellen Gestalt mit ihren Artefakten ästhetisch wahrgenommen werden.

Die Erzählung als kreative Tätigkeit ist mit anderen künstlerischen Formen wie dem Theater und der Literatur verwandt und schließt damit an bereits besprochene Metaphern und weitere kunstbasierte Interventionen in Unternehmen wie etwa im Bereich der Dichtung an. Wenn man Management als Kunst betrachtet, so muss es auch die Kunst des Geschichtenerzählens sein. Wie schon Mintzberg (1973) in Bezug auf die Managerrollen festgestellt hat, ist der Hauptteil der Managementtätigkeit verbal und interaktiv und erfordert gute Beherrschung: Im Bereich *interpersonale Rollen* kann der gute Storyteller das Unternehmen als Galionsfigur überzeugend repräsentieren, als Vorgesetzter andere führen und motivieren; im Bereich *informationale Rollen* kann er als Radarschirm, Sender und Sprecher besser verstehen, was innerhalb und außerhalb des Unternehmens vor sich geht und dies schlüssig kommunizieren; bezüglich der *Entscheidungsrollen* kann er vor allem in Veränderungsprozessen effizienter vermitteln, verhandeln und motivieren (Taylor et al. 2002). Storytelling und narratives Geschick wird heute als Führungskompetenz gehandelt, wie es beispielsweise auch neuere Arbeiten zur Wirtschaftsrhetorik beschreiben: Mit der Rede als Führungsinstrument lassen sich glaubhafte Geschichten vermitteln und eindrückliche Erfahrungen vermitteln, die zum Unternehmenserfolg beitragen (Bazil & Wöller 2008). Zum Storytelling gehören Erzählungen von Beispielen, Metaphern, Fabeln oder fiktive Geschichten aus anderen Kontexten und auch echte Anekdoten aus dem Firmenalltag, die explizites und implizites Wissen möglichst lebendig und abwechslungsreich, bildhaft und emotional weitergeben. Storytelling wird eingesetzt, um Visionen, Werte und Unternehmenskultur zu vermitteln, um Prozesse der Zusammenarbeit zu verbessern und Veränderungen zu unterstützen.

In internationaler Forschung sind die Werke von David Boje (1995, 2001, 2008) besonders maßgeblich und Storytelling ist auch im Hinblick auf narrative Vorgänge im Management von anderen Autoren bearbeitet worden (Czarniawska 1998, für einen Überblick siehe Taylor et al. 2002). Storytelling und narrative Methoden werden auch hierzulande in der Beratung von Unternehmen eingesetzt (Frenzel et al. 2006). Es werden Geschichten und Sprachgebräuche analysiert, um Firmenkultur, Wertesysteme, individuelle Vorstellungen und auch Probleme in zwischenmenschlichen und arbeitstechnischen Prozessen besser einschätzen zu können. Solche Geschichten können im Rahmen von Wissensmanagement eine effektive Form der Weitergabe von Kenntnissen und Erfahrung darstellen, Veränderungsprozesse in Unternehmen und die strategische Planung unterstützen. Geschichten sind aber nicht nur Quelle von Informationen über ein Unternehmen, sondern machen vielmehr ein Unternehmen aus, wie das folgende Beispiel verdeutlicht.

> Unternehmen werden durch ihre Erzählungen ästhetisch erfahren
>
> Unternehmen können als „storytelling organization" begriffen werden, die über Erzählungen wahrgenommen werden. Besonders ausgeprägt ist das bei Großkonzernen wie Disney, Nike, McDonald's und Wal-Mart mit hochprofessioneller PR, immensem Werbeetat und hartem juristischen Vorgehen gegenüber Kritikern (Boje 2008). Boje beschreibt, wie solche Unternehmen ihre Erzählungen an die sich verändernde Wahrnehmung von Kunden und der Öffentlichkeit anpassen und so ihre Gestalt ändern. Auf Kritik von außen wird strategisch gehandelt, beispielsweise gibt sich McDonald's ernährungsbewusst und reagierte auf den Film *Supersize Me* von Morgan Spurlock aus dem Jahr 2004, der Folgen von Fehlernährung durch Fastfood plakativ dokumentierte. Die „Story-Strategie" wird geändert, Supersize-Optionen mit Riesenportionen gestrichen, Tabletts verkleinert, Salatmenüs in das Programm aufgenommen und strategische Kooperationen mit Fitness- und Ernährungsexperten angeleiert. Der neue „Spin" der globalen Strategie ist nun: *Go Active!* Es wird suggeriert, dass ein gesunder, aktiver – und glücklicher – Lebensstil mit Fastfood kompatibel sei.

An diesem Beispiel wird die ästhetische Dimension des Storytellings deutlich. Erzählungen sind Teil der Ästhetisierung von Wirtschaft und verändern Realitäten, die von den Menschen sinnlich erfahren werden. Im Beispiel ist dies besonders deutlich: Es geht um Nahrungsmittel, die einen unverwechselbaren Geschmack und ein besonderes Verzehrerlebnis bieten und auch – gemäß der Kritiker – körperliche Schäden verursachen können. Ästhetisch wahrgenommen wird auch das verändere Innenleben der Restaurants einschließlich Dekoration und Tablettgröße. Hier zeigt sich die Notwendigkeit einer ästhetisch kompetenten und kritischen Haltung gegenüber narrativen Phänomenen. Inspirieren können diesbezüglich auch Kunstprojekte, die Storytelling-Methoden und verwandte Theatermittel anwenden, wie die fiktive Fluggesellschaft Ingold Airlines von Res Ingold (Kapitel 5.2).

Storytelling hat eine enge Verbindung zum Theater, besonders zu seinen neueren Formen. Boje (1995) betont, dass die Erzählungen nicht kohärent und linear sind, sondern eher fragmentiert, zerstückelt, widersprüchlich, polyfon. Zur Verdeutlichung dient das Modell *Tamara*, das auf einem postdramatischen Theaterstück basiert. Der Begriff postdramatisch beschreibt Performanceprojekte und ein Theater nach dem Drama, das nicht über eine vollständige Geschichte wirkt, sondern hauptsächlich über das ästhetische Erlebnis, die Situation aus fragmentiertem Text, Worten, Musik oder Stille und die Präsenz der Akteure (Lehmann 1999). Bei *Tamara* treten in einem großen Haus an verschiedenen Stellen mehrere Performer auf. Der Zuschauer erhält nur einen partiellen Überblick über die einzelnen Erzählungen und erschließt sich einen Sinn durch die ganz individuelle Erfahrung. Dieses Konzept ist wichtig für die gesamte Wirtschaftsästhetik mit ihrer Untersuchung sinnlicher und emotionaler Wahrnehmungsprozesse – und *Tamara* wurde auch zum Namen des einschlägigen *Journal for Critical Organization Inquiry* (früher: *Journal of Critical Postmodern Organization Science*). Auch Mitarbeiter, Kunden und die Öffentlichkeit nehmen Erzählungen von Unternehmen nicht nur im Kopf auf, sondern erfahren sie ästhetisch und sinnlich – durch Bilder, Musik oder durch die ganze Atmosphäre bei der Begegnung mit Unternehmensvertretern, Produkten und Räumlichkeiten (Teil 2). Storytelling von Unternehmen beinhaltet die Idealisierung und Verzerrung von Realitäten, die auf konträre Geschichten von Kritikern treffen (siehe Beispiel) und auch mit der persönlichen Erfahrung eines Unternehmens nicht übereinstimmen müssen. Die Wirtschaftswelt ist komplex mit vielen widersprüchlichen und auch unsichtbaren Realitäten. Auch hier besteht eine Verbindung zum Einsatz von Kunst in Unternehmen: Der Umgang mit solchen komplexen und widersprüchlichen Realitäten verlangt ästhetische Kompetenz von allen Menschen und besonders von Führungspersonen. Um gerade Managern die Fähigkeiten zur Entscheidungsfindung in einem solchen Umfeld zu vermitteln, bieten sich verschiedene kunstbasierte Methoden an, wie beispielsweise die Beschäftigung mit Poesie und Werken der Dichtkunst, die einen aufgeschlossenen Umgang mit ihrem perfektionierten Spiel der Worte fordern (Kapitel 4.4).

Erzählungen von Unternehmen können genehme Wirklichkeiten darstellen

Unternehmen kommunizieren Geschichten auf emotionale und ästhetisch ansprechende Art, Disney etwa durch seine bunten Filme und klischeetriefende Darstellung des Firmengründers. Eine kritische, ästhetisch kompetente Betrachtung kann ganz andere Realitäten zeigen. In der Analyse von Disney zeigt Boje (1995), dass Firmengründer Walt Disney in offiziellen Darstellungen als tragender Hauptdarsteller porträtiert wird, als kreatives Genie, die Verkörperung des American Dream. Passend dazu stellen die Produkte mit ihren jeweiligen Protagonisten eine heile Welt dar – sind aber verkitscht und auch rassistisch mit blonden Prinzessinnen und verklärten Indianermädchen. Hinter den Kulissen: eine Cartoon-Fabrik mit strenger Arbeitsteilung und billigen Arbeitskräften, streng hierarchisch organisiert, diskriminierend gegenüber Frauen und Minderheiten, mit stark reguliertem Zeitmanagement. Die Mitarbeiter bezeichneten Walt Disney als „den Führer", „Mr. Fear", „den Teufel" und „Mickey Mou$e". Während er offiziell als großväterlicher, verständnisvoller Typ dargestellt wurde, berichten Mitarbeiter von einem launischen, rachsüchtigen, einschüchternden Mann. Eine Analyse von Storytelling muss also immer die inoffiziellen mit den offiziellen Geschichten abgleichen. Auch die Arbeitsrealität in heutigen Disney Themenparks weicht grob von ihrem Anschein ab. Mit einer anderen Metapher könnte man sie als „großes Theater" verstehen.

Die Methoden zur Beschreibung von Storytelling haben sich mit der Entwicklung der Wirtschaftsästhetik von diskursiven Ansätzen zu ästhetisch sensiblen Methoden erweitert. Zur Analyse von Geschichten im Bereich Storytelling gibt es verschiedene Ansätze. Viele Modelle beziehen sich auf die Diskursanalyse, die aus sozial-, sprach-, geschichtswissenschaftlicher oder politikwissenschaftlicher Perspektive den Zusammenhang von sprachlichem Handeln und sprachlicher Form untersucht sowie die Relation von sprachlichem Handeln und gesellschaftlichen, insbesondere institutionellen Strukturen. Von dieser Tradition, einschließlich postmoderner Ansätze, wurden Analysemodelle der Organisationsforschung inspiriert. Die Ansätze nach Boje (2001) konzentrieren sich auf folgende Faktoren: Brüchigkeit und Diskontinuität im Diskurs (deconstruction analysis), die Dominanz einzelner Stimmen und ihre Ideologie (grand narrative analysis), Widersprüchlichkeit und Vielstimmigkeit (microstoria analysis, intertextuality), Netzwerke und Knotenpunkte von Fragmenten in der Geschichte (story network analysis), Entstehung von vermeintlichen Zusammenhängen (causality analysis), Genre (Komödie, Tragödie oder andere) und Entwurf und Entstehung der Handlung (plot analysis); Themenzusammenhänge (theme analysis). Diese diskurstheoretischen Perspektiven betrachten besonders die Makroebene, beziehen aber mehr oder minder explizit mit ein, dass ästhetisch-sinnliches Wissen Geschichten beeinflusst beziehungsweise dass sich Geschichten in ästhetischen Darstellungen von Bildern bis Architektur und in anderen Ausdrucksformen sowie in Handlungen manifestieren. Beim Betreten eines Disney-Stores beispielsweise wird der Einzelne praktisch überwältigt von visuellem und ästhetischem Storytelling: reihenlange Darstellungen von Stars, Arrangement von Merchandise, passendes Dekor – ergänzt von anderen sinnlichen Initiativen: Gerüche, einladende Ware zum Anfassen und der Sog hinein in das Erleben der Story, die alle fünf Sinne umfasst (Boje 2008: 207). Daraus resultiert Bojes Empfehlung für die Forschung: Sie soll untersuchen, wie die menschlichen Sinne durch Storytelling angesprochen werden. Hier zeigt sich wieder die Relevanz einer wirtschaftsästhetischen Perspektive, die nicht nur die geistige, rationale Dimension des Verstehens von Geschichten, sondern das körperliche, sinnliche Eingebundensein in die Erfahrung der Erzählung zu verstehen sucht.

Eine ästhetische Perspektive auf Storytelling betrachtet vorrangig die Mikroebene, die sinnlich-körperliche Erfahrung der Interaktion. Storytelling in Unternehmen ist ein genuin ästhetisches Phänomen, denn es ist stark situativ und findet ständig, von Moment zu Moment auf der Mikroebene zwischen den Menschen statt (Boje 2008). Die orale Interaktion lässt sich als ästhetische Interaktion begreifen und beinhaltet eine Reihe (theatraler) Ausdrucksmittel wie Gestik, Mimik und Stimme – die eine Führungsperson demnach auch beherrschen sollte. Außerdem verbreiten auch gelesene Geschichten eine „Atmosphäre" – wie man mit einem Konzept neuer ästhetischer Theorie sagen kann – und ermöglichen eine sinnliche Erfahrung. Eine wirkungsvolle Geschichte zeichnet sich durch ein bestimmtes Arrangement von Elementen aus, wie den zeitlichen Ablauf, Ereignisse, dramatische und poetische Qualität, Bildersprache, interessantes Setting, die Charaktere, Kürze und Würze. Durch die gesamte ästhetische Form und ihre Erfahrung wird eine Geschichte nicht nur mitgehört oder gelesen, sondern auch „erlebt" und erhält einen intuitiv verständlichen Sinn. Anders als abstrakte, nüchterne, zweckgebundene Anweisungen werden ästhetisch eindrucksvolle Erzählungen nicht abgeblockt, sondern gar noch länger erinnert und mit ihrer Botschaft verinnerlicht. Sie können über ihre eindrückliche Nachvollziehbarkeit eine Verbesserung von Lernprozessen und Interaktionen in Unternehmen begünstigen. Ästhetik dient auch in diesem Beispiel als Mittel der Beeinflussung, welches sich subtil über die sinnliche und emotionale Wahrnehmung einschleicht. Erzählungen in Unternehmen bleiben wie andere künstlerische Formen in ihrer Wirkung ambivalent. Der folgende Teil des Buches wird weitere Phänomene der Wirtschaftswelt beschreiben, die ästhetische Mittel zur Beeinflussung von Menschen einsetzen, aber auch in vielerlei Hinsicht Verbesserungen inspirieren und ermöglichen können.

Teil IV Einsatz von Kunst in Unternehmen

4 Kunstbasierte Interventionen

4.1 Einsatz von künstlerischen Methoden in Unternehmen

Der Einsatz von Kunst in Unternehmen wird als Trend des 21. Jahrhunderts bezeichnet, der sich von einem Randphänomen zu einem viel praktizierten Ansatz entwickelt hat (Seifter & Buswick 2010). Geschätzt haben schon Hunderttausende oder Millionen Unternehmensmitarbeiter weltweit an einschlägigen Fortbildungsprogrammen teilgenommen, die zumindest für große amerikanische Firmen einfach dazugehören, für viele staatliche Institutionen, auch in Europa, und für renommierte Business Schools (Nissley 2010). Der internationale Wettbewerbsdruck und die Notwendigkeit ständiger Veränderung führen zu einer steigenden Nachfrage solcher Angebote. Die vielfältigen künstlerischen Methoden von Malerei über Theater in Unternehmen bis hin zu Literaturworkshops sind vielversprechend, aber noch nicht hinreichend untersucht. Als Grundlagenwerk gilt Lotte Darsøs (2004) *Artful Creation*, das mit vielen Interviews erstmals einen Überblick über künstlerische Arbeit in Unternehmen bietet. Viel Aufmerksamkeit hat auch das Buch *What Managers Need to Know About How Artists Work* erfahren, das der Harvard Business School-Professor Robert Austin (2003) mit dem Theaterdirektor und Autor Lee Devin verfasst hat. Es gibt mittlerweile auch zwei Sonderhefte des *Journal of Business Strategy* über das Thema *Arts-based Learning for Business* (Seifter & Buswick 2005, 2010), in denen die strategischen Auswirkungen und praktischen Dimensionen anhand von Beispielen und Interviews mit Führungskräften und Künstlern diskutiert werden.

Die in Rede stehenden Projekte mit Kunst werden als „kunstbasierte" oder „künstlerische Interventionen" bezeichnet, die Produkte, Menschen und Prozesse aus der Welt der Kunst in Unternehmen bringen (Berthoin Antal 2009). Man spricht auch vom „kunstbasierten Lernen" in Bezug auf Ansätze zur Führungskräfteentwicklung, Mitarbeiterfortbildung und zur Begleitung von Veränderungsprozessen, bei denen Kunst als didaktisches Instrument eingesetzt wird: „Arts-based learning describes a wide range of approaches by which management educators and leadership/organization development practitioners are instrumentally using the arts as a pedagogical means to contribute to the learning and development of individual organization managers and leaders, as well as contributing to organizational learning and development" (Nissley 2010: 13). In diesem Buch wird ebenfalls von „Interventionen" gesprochen, die den Arbeitsalltag unterbrechen und gerade daraus ihr besonderes Potenzial schöpfen. In Anlehnung an das Englische wird der Begriff „kunstbasiert" verwendet. Damit soll noch einmal deutlich gemacht werden, dass von künstlerischen oder an die Kunst angelehnten Formen gesprochen wird, die mit einem bestimmten Zweck in Unternehmen eingesetzt werden. Die künstlerischen Freiheitsgrade variieren, unterscheiden sich aber in ihrer Ästhetik oft von ungebetenen „künstlerischen" Interventionen (Teil 5). Es handelt sich hier um einen Fachbegriff im Bereich Management beziehungsweise der Personal- und Organisationsforschung.

In diesem Teil des Buches werden kunstbasierte Methoden dargestellt, die eine gewisse Tradition in der Praxis besitzen und bisher eine gewisse wissenschaftliche Aufmerksamkeit erfahren haben wie Malerei, Theater, Dichtung, Literatur und Musik. Es gibt darüber hinaus dem künstlerischen Bereich zuordenbare Angebote wie Tanz (Tangotanzen, Übungen mit Choreografen) und Film (Drehbuchreiben, filmische Produktion), über die es bislang aber kaum wissenschaftliche Ausarbeitungen gibt, auf die zurückgegriffen werden könnte. Auch hier bestehen noch Aufgaben für die Forschung. Einige solcher Ansätze werden jedoch an passenden Stellen erwähnt (wie Tanz in Kapitel 4.5.2).

Bei den **kunstbasierten Interventionen** treffen entsprechende Trainer und Künstler mit Beschäftigten an deren Arbeitsplatz oder in eigens einberufenen Veranstaltungen für meist kurze Projekte zusammen. Die Anbieter können entweder selbst Erfahrungen in der jeweiligen Kunstform vorweisen, sind beispielsweise Schauspieler oder Musiker, oder beauftragen professionelle Künstler. In diesem Bereich sind auch Intermediäre entstanden, die oft gemeinnützig und mit staatlicher Förderung Unternehmen mit Künstlern zusammenbringen, Projekte abstimmen und auch evaluieren, beispielsweise TILLT (Schweden), Disonancias (Spanien), Artists in Labs (Schweiz) und Interacts (Großbritannien). Beispielsweise fördert die Institution Arts & Business (2009) in Großbritannien kunstbasierte Methoden finanziell, steht beratend zur Seite und stellt auch Fragebögen zur Evaluation für Unternehmen bereit. Zukünftige Forschung muss die Funktion und das Potenzial solcher Verbindungen noch weiter untersuchen. In Deutschland gibt es solche Intermediäre bisher nicht und der Schwerpunkt von Vermittlern, wie dem Kulturkreis der deutschen Wirtschaft, liegt auf mäzenatischer Künstlerförderung, Kultursponsoring und Kulturpolitik. Als Intermediäre bei kunstbasierten Interventionen fungieren Eventagenturen, die beispielsweise Mitarbeiterversammlungen ausrichten und dafür Unternehmenstheater oder Trommelworkshops buchen. Ansonsten entsteht der Kontakt über Akquise und die Personal- oder die Kommunikationsabteilung von Unternehmen, in denen oft einzelne kunstaffine oder aufgeschlossene Verantwortliche sich für den Einsatz von Kunst anstelle von herkömmlichen Fortbildungen entscheiden.

Es gibt auch langfristige kunstbasierte Interventionen mit **Artists in Residence,** die als Maler, Musiker oder Dichter für einen Zeitraum von mehreren Wochen oder Monaten an der Veränderung der Unternehmenskultur oder Schulung der Fähigkeiten der Mitarbeiter arbeiten. Andere breit angelegte Kunstprojekte kombinieren mehrere künstlerische Formen (Darsø 2004: 109ff.): Eines der größten ist *Catalyst* des Konsumgüterherstellers Unilever, welches mehrere Hundert Mitarbeiter in verschiedene Kunstformen wie Foto- und Theaterworkshops einbezog, um quasi als „Katalysator" über Stimulation die Kreativität der Mitarbeiter und die Firmenkultur zu stärken. Beim *PAIR Project* von Xerox PARC (Palo Alto Research Center) arbeiteten einzelne Forscher mit je einem Künstler als kreatives „Paar" über Monate oder gar Jahre zusammen – viele neue Ideen entstanden, manchmal entstand auch nichts. Bei bestimmten Unternehmen gehören Kunstangebote fest dazu, wie beispielsweise beim dm-drogerie markt, der Theaterprojekte und Malerei zur persönlichen und professionellen Weiterentwicklung anbietet – in der anthroposophisch geprägten Firmenkultur wird Mitarbeiterführung als sozialer und künstlerischer Prozess verstanden (Chodzinski 2007: 265). Verschiedene Studien unterstreichen das Potenzial solcher Projekte

(Styhre & Eriksson 2008), aber es gibt erst wenige Ansätze zur schwer bestimmbaren Wirkung von kunstbasierten Interventionen (vgl. Unterkapitel S. 99 ff.).

Das Angebot ist stark gewachsen und es gibt eine Bandbreite von kunstbasierten Interventionen mit verschiedenen Zielsetzungen. Es können vier besondere Merkmale dieser Methoden ausgemacht werden (Taylor & Ladkin 2009: 56-60):

1. **Transfer von Fähigkeiten:** Kunstbasierte Methoden können ästhetische Fertigkeiten vermitteln, die im Organisationsalltag nützlich sind (bspw. Präsentationsfähigkeiten durch Theater).

2. **Projektionstechniken:** Die künstlerische und ästhetische Form erlaubt, Gedanken und Gefühlen besser auf die Spur zu kommen (bspw. Nachbauen der Firmenstrategie mit Lego-Steinen).

3. **Illustration des Wesentlichen:** Durch kunstbasierte Methoden lässt sich das „Wesen", die „Essenz", eines Konzepts besser vermitteln und erlebbar machen als durch nüchterne Formate (bspw. Jazz-Vorführungen zur Illustration von Gruppendynamik).

4. **Herstellen** von Artefakten wie Masken, Skulpturen: Die selbstgesteuerte Tätigkeit kann zur Selbsterfahrung und Reflexion beitragen und bietet einen Gegenpol zu den vorgeschriebenen Arbeitsroutinen

Kunstbasierte Interventionen werden in Unternehmen für die Personalentwicklung mit der Aus- und Weiterbildung von Mitarbeitern und Führungspersonen eingesetzt sowie bei der Organisationsentwicklung. Zuerst zur **Personalentwicklung.** Durch kunstbasierte Interventionen lassen sich zunächst konkrete ästhetische Techniken der Mitarbeiter trainieren, darunter beispielsweise Kommunikationsfähigkeiten für die Arbeit im Team und den Vollzug einer Dienstleistung. Gemäß obiger Auflistung kann man vom „Transfer von Fähigkeiten" sprechen. Dann sollen solche Methoden noch weitergehende Effekte besitzen, die man mit den „Projektionstechniken" und dem „Herstellen" verbinden kann. In der Praxis wird davon gesprochen, dass kunstbasierte Methoden das „Humankapital überarbeiten" (Thomson 2010). Es sollen Fähigkeiten gefördert werden, die vielen Mitarbeitern aufgrund der Unzulänglichkeit konventioneller Bildungsprogramme wie dem MBA mit analytisch ausgerichtetem Curriculum, quantitativer Orientierung und der Vermittlung von Standardkonzepten einfach fehlen (Bennis & O'Toole 2005, Mintzberg 2004). Durch die Beschäftigung mit Kunst sollen fortgeschrittene Formen der Wahrnehmung und des kombinierenden, ästhetisch empfindenden Denkens gefördert werden (Scharmer & Kaufer 2010). Als Schlüsselqualifikation des 21. Jahrhunderts gilt das Denken in komplexen Zusammenhängen zum Finden kreativer Lösungen – welches auch kennzeichnend für quasi jeden künstlerischen Schaffensprozess ist (Lichtenberg et al. 2008). Denn an die Stelle von vorgegebenen Routinen und Top-down-Prozessen unter dem Vertrauen auf explizites Wissen treten heutzutage eine ständige Neuentwicklung von Handlungsweisen, ein fließender Austausch von unten nach oben oder Bottom-up und das noch stärkere Einbeziehen von implizitem Wissen. Laut *Harvard Business Review* soll die Beschäftigug mit Kunst vor diesem Hintergrund zu einem besseren Denk- und Urteilsvermögen und menschlichen Verständnis führen (Badaracco 2006). Da schon verkündet wurde, dass das

Kunstdiplom MFA „der neue MBA" sei, schlägt Adler (2006) vor, einen MBD (Master of Business Design) oder MBArts (Master of Business Arts) anzubieten. Auch hierzulande ändern sich Studiengänge und es gibt beispielsweise vom Kulturkreis der deutschen Wirtschaft das Bronnbacher Stipendium, welches für Studenten der Wirtschaftswissenschaften einen inspirierenden Austausch mit Künstlern vorsieht.

Kunstbasierte Methoden werden auch zur **Organisationsentwicklung** und bei Veränderungsprozessen eingesetzt. Der Einsatz kunstbasierter Methoden trägt der Tatsache Rechnung, dass Arbeits- und Veränderungsprozesse nicht nur rein rational sind, sondern mit Emotionen, Gefühlen und Ästhetik verbunden sind. Traditionelle Ansätze können solche Faktoren kaum erfassen, aber beispielsweise hat Peter Pelzer (2002) mit einem ästhetischen Ansatz mit Change-Prozessen verbundene Reaktionen untersucht: Er stieß auf Ekel („Mir wurde speiübel") als auffällige körperliche Reaktion auf als unerträglich empfundene Zustände, die damit eine weitere Form impliziten und handlungsleitenden Wissens darstellt. Das verdeutlicht, dass nicht nur die Köpfe überzeugt werden sollen, sondern eben der ganze Mensch und – klischeehaft gesagt – auch die Herzen. Beispielsweise kann die ästhetische Form der Kunst Mitarbeiter nachhaltiger ansprechen und bewegen als trockene, rationale Informationen. Das fällt in der oben angeführten Liste unter die „Illustration des Wesentlichen". Man denke an dieser Stelle auch an das gemeinsame Singen einer neuen Firmenhymne, welches durch das ästhetische Erleben ein ganz anderes Verständnis für Veränderungsprozesse vermittelt. Hier ist der Einsatz von Kunst als Werkzeug offensichtlich, während in anderen künstlerischen Workshops mit mehr Freiräumen auch ein Austausch, beispielsweise auch durch interaktive „Projektionstechniken" stattfinden kann, der zu gemeinsam erarbeiteten Verhaltens- und Bewusstseinsänderungen führt.

Man nimmt an, dass die Wirkung von Kunst beim einzelnen Mitarbeiter ansetzt, dann auf die Gruppe überspringt und dann Veränderungen in der Unternehmenskultur begünstigt (Schiuma 2009: 9). Berthoin Antal (2009: 31) gibt auch zu bedenken, dass die Veränderungen im Mitarbeiter, der nach wie vor als Mensch im Unternehmen anwesend ist, auch in die Gesellschaft hinausgetragen werden. Das unterstreicht die Relevanz dieser künstlerischen Ansätze über die Unternehmen hinaus auf die wirtschaftliche und soziale Welt. Effekte von Kunst werden gemäß Berthoin Antal besonders im Bereich des menschlichen Wachstums einschließlich ästhetischer Bildung und Selbstbewusstsein gesehen. Man erwartet, dass durch die Konfrontation beziehungsweise Kombination von Menschen, Prozessen und Produkten aus der „fremden" Welt der Kunst Impulse für neue Denk- und Verhaltensweisen entstehen – was bereits mit dem Begriff der ästhetischen Kompetenz bezeichnet wurde.

Lotte Darsø (2004: 155 ff.) sieht die Wirkung von Kunst auf drei Ebenen: der individuellen, der kollektiven und der gesellschaftlichen Ebene. Auf der **individuelle Ebene** kann Kunst einen neuen Blick auf die Welt bieten, denn sie kommuniziert visuell, ästhetisch, durch Bewegung oder poetische Sprache. Dieser neue Blick im Sinne einer erhöhten Sensibilität für die Umwelt und die Mitmenschen ist kaum greifbar. Konkreter ist der Transfer von bestimmten Fähigkeiten: Die Beschäftigung mit Dichtung bei Poetry-Workshops in Unternehmen beispielsweise stärkt den Umgang mit Worten. Auf der **Wir-Ebene** kann Kunst durch die geteilten Erlebnisse ein Gefühl der Zusammengehörigkeit und Verbundenheit entstehen lassen, das sich in besserer Teamarbeit niederschlägt. Mehr noch als gemeinsame Aktivitäten wie Betriebskegeln oder Ausflüge ermöglichen Bilderausstellungen, Gedichtinterpretationen oder Theaterstücke einen konkreten Gedankenaustausch auch über persönliche Wahrnehmung und Werte, welcher ein erweitertes gegenseitiges Verständnis entstehen lassen kann. Das gemeinsame Herstellen einer Skulptur zu einem Unternehmensthema beispielsweise ermöglicht einen sachspezifischen Austausch. Darsø sieht auch verschiedene Auswirkungen auf der **gesellschaftlichen Ebene:** Wenn Kunstprojekte Auswirkungen auf das Handeln der Mitarbeiter und die Firmenstrategie haben, können sie auch das Handeln von Konkurrenten beeinflussen. Das bezieht sich ebenso auf Kunstprojekte im engeren Sinne: Die Medienaufmerksamkeit, wie sie beispielsweise Unilever mit *Catalyst* erhalten hat, kann einen Anreiz für andere Firmen darstellen. So kann auch staatliche Förderung für Kunst in Unternehmen einen Schneeballeffekt auslösen – beispielsweise entstanden in Dänemark Sponsoring-Initiativen, Forschungsgruppen und Ausbildungsplätze. Schließlich sollen öffentlich zugängige Kunstprojekte wie Ausstellungen auch Stakeholder zur Auseinandersetzung mit in der Kunst reflektierten gesellschaftlichen Themen motivieren können.

An dieser Stelle müssen noch einige Einschränkungen gemacht werden. Zwar wird kunstbasiertes Lernen als wichtiger Trend identifiziert, aber die Finanzkrise hat seinem Aufschwung einen Dämpfer versetzt (Nissley 2010). Obwohl gerade in der Krise kreative Fähigkeiten und die Zusammenarbeit gestärkt werden müssten, haben international viele Unternehmen in diesem Bereich kurzfristig – und wohl kurzsichtig – hohe Einsparungen durchgesetzt. Zwar hat sich das Bewusstsein für das Potenzial von Kunst in Unternehmen generell erweitert, aber bei vielen Firmen sei die Sicht auf Kunst als Objekt zum Sammeln oder zum Sponsoring noch vorherrschend, was Künstler in diesem Sinne zur „schlecht genutzten Ressource" macht (Styhre & Eriksson 2008). Vielen Unternehmen scheinen die Wege der Kunst nicht schlüssig oder gar riskant. Sie können die Inhalte verschiedener Ansätze nicht einschätzen und auch nicht deren Wirkung, die natürlich nie vollständig kontrollierbar ist. Berater berichten beispielsweise von einer gewissen Nervosität auf Kundenseite, wenn der erste Theaterworkshop ansteht. Man hätte keine Erfahrung und wolle nur positive Resultate erzielen, heißt es dann vom Unternehmen. Das unterstreicht noch weiter die Notwendigkeit systematischer Forschung in diesem Bereich.

Sicht der Künstler

In Bezug auf die beteiligten Künstler müssen noch weitere theoretische Überlegungen zur Rolle der Kunst als Instrument und Inspiration angestellt werden. Es wurde bereits erläutert, warum Unternehmen Kunst einsetzen. Bleibt nun die Sicht der Künstler zu betrachten. Von Künstlern wird oft die Frage gestellt, ob die Kunst korrumpiert wird, wenn sie ihre Kritik innerhalb der Institution artikuliert, die sie kritisiert (Landau 2010: 214). Deshalb werden Möglichkeiten des Widerstands von außen erprobt (Teil 5). Es gibt Künstler, die es strikt ablehnen, mit Unternehmen zu kooperieren, während andere explizit von einem gegenseitigen Gewinn sprechen: Bei der Arbeit mit Unternehmen haben Künstler die Möglichkeit, außerhalb der Kunstwelt tätig zu werden sowie neue Ressourcen zu erschließen und die Auftragslage zu verbessern, und auch ihre Fähigkeiten einzubringen und neue Fähigkeiten zu entwickeln (Gomes de la Iglesia & Vives Almandoz 2009). Wenn öffentliche

Subventionen fehlen, lassen sich durch Angebote für Unternehmen oder Führungspersonen neue Einkommensquellen erschließen, die zu verbessertem Fundraising führen können. Solche veränderten Angebote sollten das Selbstverständnis der Künstler beeinflussen. Die Zusammenarbeit mit Unternehmensmitarbeitern kann auch neue künstlerische Impulse für die involvierten Musiker, Regisseure, Maler freisetzen. Das scheint aber abhängig von der künstlerischen Freiheit, die mit der Art des Angebots variiert. Als besonders unabhängige, empfängliche Akteure und (kritische) Inspiration mögen sich Artists in Residence mit ihrer gewissen Narrenfreiheit sehen oder Künstler in Unternehmen, die mit den Mitarbeitern konzeptionell und sozial engagiert zusammenarbeiten und sich durch sogenannte Organizational Art (Ferro-Thomsen 2005) mit der Organisation auseinandersetzen. Solche Akteure sind Grenzgänger, die sich außerhalb von Kunstinstitution einen kreativen Raum schaffen, mit ihrer Kunst und Forschung die Unternehmen aber nicht untergraben, sondern eine wechselseitige Abhängigkeit anerkennen. Die Kunstwerke und Performances können im Unternehmen noch lange eine ambivalente Wirkung entfalten, die aber noch nicht vollständig untersucht ist (Strauß 2007).

Bei dem Gros kunstbasierter Interventionen besteht allerdings eine klare Hierarchie zwischen künstlerischem Dienstleister und Unternehmen. Es wird abgesprochen, welche Musikstücke einstudiert werden, welche Darbietungen es von der Jazzband oder der Theatertruppe vor den Mitarbeitern gibt. Dann werden Konzepte oder Theaterstücktexte den Verantwortlichen vorgelegt und müssen gegebenenfalls geändert werden. Aber das empfindet nicht jeder Künstler als Zumutung und sieht sich nicht als „vom Unternehmen eingekauftes Werkzeug", sondern betont, dass die Angebote einen Beitrag zur Verbesserung der Unternehmenskultur leisten, Spaß machen, verschiedene Fähigkeiten fördern und Mitsprache ermöglichen können. Mit Verweis auf die Tradition künstlerischer Abhängigkeit von Institutionen haben sie Verständnis dafür, dass ihre Darbietungen in ihrer Ästhetik eingeschränkt werden.

Man kann davon ausgehen, dass Künstler zwar für eine klar definierte Zielsetzung arbeiten, aber darüber hinaus trotzdem einen weiteren, ideellen Beitrag leisten können. So betont der Philosoph Gernot Böhme, dass Kooperationen zwischen Wirtschaft und Künstlern immer auf einer „gegenseitigen Forderung basieren" müssten (Heid & John 2003: 18). Man dürfe den kritischen Aspekt nicht aus den Augen verlieren, sonst würde die ganze Sache unauthentisch und verlogen. Das führt der Künstler Henrik Schrat aus, der für viele Projekte in und über Unternehmen verantwortlich ist: Ablehnung der Wirtschaft sei bei vielen Künstlern das Resultat von Unwissen, der Unwilligkeit zu lernen oder fehlgeleiteter Stolz. Dabei könnten Künstler viel über Prozesse lernen, die erhebliche gesellschaftliche Wirkungsmacht entfalten: „Einige Tore müssen geöffnet werden, um tiefer hineinzukommen, sinnvoll Fragen stellen zu können und kritische Werkzeuge zu entwickeln. Das betrifft die Beschäftigung der Kunst mit Wirtschaft und umgekehrt" (Brellochs & Schrat 2005: 11 f.). Das sinnvolle Fragenstellen scheint einen Weg zu bieten, anstelle einer einseitigen „Ver-Nutzung" einen wechselseitigen „Nutzen" (Küpers 2005) zu generieren. Dieser drückt sich bestenfalls nicht nur in Profit aus, sondern in Gewinn: Beide Bereiche können idealerweise durch gegenseitige Herausforderung und erwiderndes Eingehen eine Art von Ver-Antwortung bekennen und nicht nur wachsen, sondern etwas Neues und eine verbesserte

Wirklichkeit entstehen lassen. Dieses Thema beinhaltet noch viel Potenzial für Praxis und Forschung. Im Folgenden wird an der Diskussion der existierenden Formen von kunstbasierten Interventionen die durchgängige Ambivalenz des Themas dargestellt: Kunst ist in manchen Fällen ein sehr augenscheinliches Werkzeug, das Mitarbeiter beeinflusst und kontrollieren soll, in anderen Fällen eine Inspiration, die Menschen zum kreativen Denken und zur persönlichen Auseinandersetzung anregen kann und damit durchaus eine humane Komponente im Sinne einer Verbesserung der Arbeitswelt besitzt.

Erklärungsansätze zur Wirkung

Bis jetzt ist keine Theorie in der Lage, die komplexen Vorgänge bei kunstbasierten Interventionen und ihre meist indirekten Auswirkungen auf Organisationen zu beschreiben. Die Resultate können kaum nach Tagen oder Wochen festgestellt werden, manchmal kann es Monate dauern. Es ist nicht genau feststellbar, bis zu welchem Grad sie sich überhaupt in Jahreszahlen ausdrücken, und deshalb kann eine starke Ausrichtung auf kurzfristige Renditeziele dem Einsatz von Kunst zuwiderlaufen (Nissley 2010). Eher sollen die Effekte in der Mitarbeiterzufriedenheit erkennbar sein oder in einer persönlichen Entwicklung, die aber nicht quantifizierbar ist. Die Auswirkungen von Poetry-Workshops sollen beispielsweise gar nicht messbar sein, aber durch bestimmte Kriterien feststellbar (Morgan et al. 2010: 138): Durch die Beschäftigung mit Dichtung denkt man über Dinge intensiver nach, findet eine fehlende Lösung nicht irritierend, sondern stimulierend, kann mit Mehrdeutigkeit und Widersprüchen besser umgehen, achtet auf den präzisen Sinn von Worten und „fühlt" Zusammenhänge besser. Auf organisationaler Ebene zeige sich die Wirkung in einer Haltung, die Offenheit und Zeit zum Nachdenken vor kurzfristige Ergebnisse stellt.

Vor diesem Hintergrund sind neue und interdisziplinäre Ansätze und Methoden für empirische Ausarbeitungen gerade besonders gefragt (Schiuma 2009). Beispielsweise wird eine Mischung aus action research, Fallstudien und Umfragen vorgestellt, die sich besonders um die Erfahrungen der Teilnehmer bemüht und auch die Motivation der beteiligten Künstler besser analysieren will, die nicht zuletzt Auswirkungen auf die Effekte der Aktionen hat (Berthoin Antal 2009). Berthoin Antal schlägt vor, dass Wissenschaftler konkrete Projekte begleiten, denn es ist anzunehmen, dass die durch Kunst angestoßenen Veränderungen von den Praktikern tendenziell zu positiv dargestellt werden. Sie haben den direkten Zugang zu den Geschehnissen und wie die Unternehmen ein Interesse an positiver Berichterstattung. Man liest kaum über gescheiterte oder nutzlose Kunstprojekte. Die von Unternehmen intendierte Wirkung tritt aber nicht zwangsläufig ein, sondern kann auch verpuffen oder die Intervention kann gar existente hinderliche Vorstellungen und Strukturen verfestigen. Generell sind ästhetische Erfahrungen und damit die Effekte kunstbasierter Interventionen nicht vollständig kontrollierbar.

In Bezug auf Veränderungsprozesse wird die Wirkung kunstbasierter Interventionen oft mit wirtschaftstheoretischen Modellen erklärt, wobei auf Konzepte des organisatorischen Wandels zurückgegriffen wird, die auf anthropologische Modelle zur Beschreibung von Ritualen zurückgehen. Weitere systemtheoretische Ansätze orientieren sich an den Soziologen Helmut Willke, Niklas Luhmann und Dirk Baecker und gliedern organisationale

Veränderung in verschiedene Phasen wie beispielsweise Krise, notwendige Einsicht und Akzeptanz von Veränderung, das Ausprobieren und die Reflexion neuer Verhaltensweisen und schließlich deren Integration (Heindl 2007). Kunstbasierte Interventionen können in verschiedenen Phasen durch ästhetische und emotionale Ansprache Widerstände gegen Veränderungen lockern. Beispielsweise hält Taylor (2008) in Bezug auf das Drei-Phasen-Modell des Psychologen Kurt Lewin mit den Phasen Auftauen (unfreezing), Bewegen (moving), Verfestigen (refreezing) besonders Theateraufführungen geeignet für die erste Phase des Auflockerns. Sie zeigen die Lage aus einer anderen Perspektive, vermitteln auch Ängstlichkeit oder Schuld in Bezug auf die Situation, und können so Veränderung motivieren. Allerdings müssen sie ein Mindestmaß an Sicherheit bieten, damit sich die Zuschauer stark genug für Veränderungen fühlen. Die Theaterinterventionen können so auf individueller Ebene wie eine Katharsis wirken, weniger im Aristotelischen Sinne als Reinigung, sondern im Sinne von Brecht oder Boal als Dynamisierung und Aktivierung, als Reinigung von schädlichen Blockaden (Meisiek 2004).

Man kann davon ausgehen, dass die Grundlagen für Veränderungen während des Ablaufs der kunstbasierten Interventionen durch die ästhetische Erfahrung geschaffen werden. Die Interventionen unterbrechen den Arbeitsalltag und ermöglichen anstelle des „üblichen Download-Modus" einen sinnlich empfänglichen Zustand (Scharmer & Kaufer 2010: 24). Sie bieten Verfremdungen, Fragmentierung, Neukombinationen von Inhalten und Perspektivenwechsel und können eingefahrene Sichtweisen, Denkweisen, Gefühlsreaktionen, Sprachmuster und Handlungsstrukturen infrage stellen. Es geht bei kunstbasierten Interventionen weniger um die dabei hergestellten Produkte, sondern um den Prozess als solches. Das Potenzial des ästhetischen Erlebnisses wird auch immer wieder von Trainern unterstrichen: „Das mit allen Sinnen Erarbeitete und Erlebte wirkt intensiver und verankert sich damit leichter und nachhaltiger als Lerninhalte, die lediglich auditiv oder visuell aufgenommen werden" (Funcke & Havermann-Feye 2006: 43). Anders als logisch-rationale Ansätze heben diese Methoden Problemstellungen von der kognitiven auf eine sinnlich erfahrbare Ebene. Zum besseren Verständnis wird die Forschung verstärkt dieses Erlebnis untersuchen müssen mit der Komplexität der auf die Teilnehmer wirkenden ästhetischen Faktoren (Clark 2008: 407). Das ästhetische Erlebnis lässt sich beispielsweise in inszenierten Versammlungen mit theaterwissenschaftlicher Analyse erklären (Biehl-Missal 2011).

Das Erlebnis der kunstbasierten Intervention wird als Schlüssel für organisationale Veränderung gehandelt und lässt sich mit einem Begriff aus der Ritualforschung als liminale Phase, Liminalität oder Schwellenphase bezeichnen. Liminalität wird als Zustand einer Zwischenexistenz bestimmt, die sozusagen „betwixt and between" ist, zwischen dem Alltag und dem Widereintritt in diesen (Turner 1995). Das ist auch charakteristisch für kunstbasierte Interventionen, die den Arbeitsalltag unterbrechen und eine Zäsur darstellen. In der Schwellenphase werden Spielräume für Vorschläge eröffnet, die ausprobiert, verworfen oder akzeptiert werden können. Die Teilnehmer dürfen andere Rollen annehmen, das Unaussprechbare ansprechen, ohne Druck und Verpflichtung, oder als Zuschauer emotional verschiedene Situationen durchleben, bevor sie wieder in den Arbeitsalltag entlassen werden. Veränderungen sollen demzufolge nicht angeleitet, sondern „ausgespielt" werden, wie Sandelands (2010) erörtert in einem Sonderheft des *Journal of Organizational Change*

Management zum Thema Arbeit und Spiel. Das temporäre Einreißen der Grenzen zwischen Arbeit und Spiel kann die für kreative Veränderung nötigen Spannungen innerhalb der Organisation erzeugen. Die liminale Phase kann verändern und so werden Rituale auch als transformative Performanz bezeichnet. Kunst als Ritual allerdings will keine gemeinsamen Werte etablieren, sondern nur eine geteilte ästhetische Erfahrung für Menschen bieten (Fischer-Lichte 2005). Kunstbasierte Interventionen hingegen wollen das transformative Potenzial im Sinne klassischer Rituale nutzen, die als Instrument zur Festigung von gemeinsamen Werten dienen. Die ästhetische Theorie spricht deshalb auch von der „handlungsentlastenden" Atmosphäre der Kunst, die sich abgrenzt von der Zweckorientierung beim instrumentellen Einsatz ästhetischer Mittel (Böhme 1995: 16). Dennoch lassen sich die ästhetischen Erlebnisse bei kunstbasierten Interventionen nicht vollständig kontrollieren.

Kunstbasierte Interventionen oszillieren zwischen beiden Polen: Sie haben den Zweck, Veränderungen in Organisationen und gewünschte Kompetenzen in Individuen zu fördern, sind aber spielerisch und möglicherweise subversiv – je nachdem, wie sie ästhetisch erfahren und verarbeitet werden. Viele Effekte liegen in einer Grauzone. Barry und Meisiek (2007) identifizieren beispielsweise bei Unternehmenstheateraufführungen einen Verzerrungseffekt, der bei den Teilnehmern eine zeitlich verzögerte und kaum kontrollierbare Änderung der Wahrnehmung des Unternehmens hervorruft. Durch den Austausch entwickeln sich die Ideen dann noch weiter. Das erinnert an Modelle des Storytellings, die Unternehmen als bestehend aus vielstimmigen, nicht lokalisierbaren und nicht fassbaren Erzählungen beschreiben. Offensichtliche Steuerungsversuche wie einseitig positives Unternehmenstheater bei von oben durchgedrückten Veränderungsprozessen werden als wenig wirksam, gar als frustrierend für die Mitarbeiter beschrieben und können Trotz und Gegenwehr erzeugen (Clark & Mangham 2004b). Für besonders wirkungsvoll werden im Allgemeinen partizipative Interventionen gehalten, bei denen die Teilnehmer sowohl ihren Beitrag als auch die Themensetzung beeinflussen können (Meisiek & Hatch 2008).

Diesbezüglich muss einschränkend erwähnt werden, dass die Literatur kaum auf Hemmschwellen zur Teilnahme eingeht. Die Begegnung mit Kunst ist nicht ganz freiwillig. Mitarbeiter nehmen einerseits gerne an Kunstangeboten teil, weil sie Spaß, Möglichkeiten zur professionellen Weiterentwicklung und gar einige Einflussmöglichkeiten versprechen. Allerdings können sich Mitarbeiter durch Kunst auch ästhetisch belästigt fühlen, besonders bei einseitigen Formaten. In Anbetracht der diskutierten Metapher vom Unternehmen als Theater und der emotionalen Arbeit ist doch die Wirtschaftswelt der Ort, an dem sich der Mensch am meisten verstellen muss. In Unternehmen herrscht Leistungs- und Konkurrenzdruck und so manche Handlungsweise ist in die Kritik geraten. All das erfährt ein Mitarbeiter nicht nur intellektuell, sondern ebenfalls ästhetisch und formt sich daraus das implizite Wissen um sein Unternehmen. Der Bedachte wird es nicht immer für ratsam halten, seine Einschätzungen über andere und sich selbst über Theater, Gedichte oder Skulpturen zu teilen. Zumindest besitzen kunstbasierte Interventionen einige federnde Mechanismen: Die als Spiel deklarierte liminale Phase erlaubt, sich hinter der angenommenen Rolle oder dem nicht ganz ernst Gemeinten zu verstecken. Vor allem bietet die Kunst ästhetische Formen, die offen und interpretierbar sind und nicht die unangenehme Eindeutigkeit gesprochener oder geschriebener Worte besitzen.

4.2   Malerei und Kunstsammlungen

Kunstsammlungen sind als kunstbasierte Intervention zu verstehen, weil sie Werke wie Malereien und Skulpturen in ein Unternehmen zu den Mitarbeitern bringen. Sammlungen sind die konventionellsten Erscheinungen von Kunst in der Wirtschaft und viele Firmen wie gerade Banken haben ihre eigenen Kollektionen. Im Allgemeinen haben sich Kunstinterventionen weiterentwickelt und bringen nun nicht mehr nur Objekte, sondern Künstler in Unternehmen und lassen schließlich die Mitarbeiter selbst künstlerisch tätig werden. Das wird in Kapitel 3 deutlich, das kunsttherapeutische Ansätze schildert, bei denen Malerei als Ausdrucks- und Visualisierungsmittel von persönlichen oder organisationsspezifischen Problemen angewendet wird.

Zunächst wird in diesem Kapitel geschildert, dass (moderne) Kunst in Unternehmen ein wichtiges Statussymbol ist und zur Legitimation von Führungsansprüchen dient – eine Funktion, die Kunst traditionell erfüllt. Der zweite Aspekt ist der Einsatz von Kunstsammlungen für Lern- und Veränderungsprozesse. Kunst soll die Atmosphäre, Motivation und Kreativität verbessern und das Zugehörigkeitsgefühl zum Unternehmen stärken. Sie soll in diesem Sinne neue Anstöße für Mitarbeiter bieten, neue Kompetenzen vermitteln und zur Zukunftssicherung und Wettbewerbsfähigkeit von Unternehmen beitragen.

4.2.1   Bilder und Kunstwerke

Kunst zeigt nicht nur Formen und Farben, sondern kommuniziert sinnlich und entfaltet eine ästhetische Wirkung auf den Betrachter. Diese Wirkung kann den Betrachter anregen, aber auch einschüchtern. Kunst vermittelt Autorität und Hierarchien und eignet sich als Herrschaftsstrategie zur Inszenierung von Macht und Größe (Ullrich 2000). Auch in der Wirtschaftswelt werden Kunstwerke zum Zwecke der Selbstdarstellung und zur Beeinflussung von Mitarbeitern und Stakeholdern benutzt, nicht etwa nur als Geldanlage. Ästhetik besitzt damit nicht nur eine schmückende, verschönernde Funktion. Als Instrument entfalten Bilder und Kunstwerke in Unternehmen eine stumme, kaum greifbare, aber eindrückliche Wirkung, beeinflussen die Identität der Führungspersonen und auch die Selbstwahrnehmung der anderen Mitarbeiter und der nur temporär Zugelassenen.

Die Kunstwerke helfen bei der Inszenierung von wirtschaftlichen Werten und Ansprüchen und stehen in einer langen Tradition der Selbstdarstellung. Viele offizielle Fotografien, beispielsweise im Geschäftsbericht (Biehl-Missal & Piwinger 2009), zeigen Führungspersonen mit einer Malerei und dokumentieren eine Affinität von Macht und Kunst, die von Politikern schon lange bekannt ist. Die wenigsten Fotos wollen dem Betrachter mehrdeutige Interpretationen ermöglichen. Zu den gewollt künstlerischen Ansätzen zählt beispielsweise der Fotograf Per Morten Abrahamsen, der aufgrund seiner Berühmtheit die Freiheit hat, prominente Geschäftsleute für ihre bestellten Porträts so zu treffen, dass sich keine einfache positive Interpretation aufdrängt, sondern durch schiefe Posen und schelmische Gesichter ein ambivalentes Bild der mächtigen Männer entsteht (Guthey & Jackson 2005).

Gängige Darstellungen sind im Unternehmensinteresse gewollt eindeutig. Es gibt Abbildungen von Vorstandschefs der Deutschen Bank wie Hilmar Kopper und Rolf Breuer, mit verschränkten Armen und selbstbewusstem Gesichtsausdruck, vor abstrakten Linien oder großformatigen Formen. Das zeigt einen Wandel des unternehmerischen Selbstverständnisses: Wo früher gediegenes Ambiente präsentiert wurde und Porträts der Firmengründer die Wände schmückten, um Tradition, Kontinuität und Legitimation des Geschäfts zu suggerieren, drückt heute moderne Kunst zeitgemäße Ansprüche aus. Der moderne Manager in der schnelllebigen Wirtschaftswelt lässt sich mit Adjektiven beschreiben wie dynamisch, offen, kreativ und innovativ – Wertzuschreibungen, die genauso für moderne Kunst angewandt werden, die alte Strukturen überwinden und neue Denkmuster ermöglichen kann. Beispielsweise fanden zu Beginn der 1980er Jahre die sogenannten Neuen Wilden aus der Tradition des Expressionismus besonderen Anklang bei Banken und Unternehmen: „Ihre großformatigen und heftigen Bilder wirkten wie Sprengstoff auf die tradiert-gediegene Ausstattung von Konferenzräumen oder Vorstandszimmern; damit bereiteten sie die Grundlage für die bald darauf einsetzende Ästhetisierung von Flexibilität, Umbruch und Innovation (Ullrich 2000: 28). Die Kunstwerke kommunizieren Führungsansprüche emotional über ästhetische Erfahrung einschließlich einer gewissen Einschüchterung des Betrachters (Hutter 2010: 155 ff.).

Die Kunstsammlung ist ästhetisches Mittel der Einschüchterung, denn gerade moderne Kunst manifestiert intellektuelle Distanz und Überlegenheit gegenüber ihren Betrachtern und jenen, die sich solche Werke nicht leisten können (Ullrich 2000: 42). Wolfgang Fritz Haug erhebt in seiner *Kritik der Warenästhetik* (1971: 167) den Vorwurf, Kunst verdecke den Profitgedanken und fungiere als Blendwerk, indem es Unternehmen gleichsetze mit dem Guten, Wahren und Schönen. Kunstwerke können so als „Mittel unter anderem der Verdummung" fungieren. Das würde in etwa dem entsprechen, was die Wirtschaftsästhetik unter der „anästhesierenden" Funktion von Ästhetik versteht, die man beispielsweise auch bei affirmativen Architekturen findet.

Deshalb finden es nicht alle Künstler gut, wenn ihre Werke Teil einer Unternehmenskunstsammlung werden. Die Malerin Verena Landau beispielsweise hat eines ihrer Werke, das von der HypoVereinsbank erworben wurde, zurückgekauft und ihre Erfahrung in der Edition *Kunstraub_Kopie* ausgedrückt (Kapitel 5.3). Kritik an der Reduzierung der Kunst auf die zweifelhafte Funktion eines rein ökonomisch beurteilten Reputationsfaktors gibt es häufig. Beispielsweise hat schon 1975 der Künstler Hans Haacke Aussagen amerikanischer Unternehmen über den Zweck von Kunstsammlungen in Metallplatten graviert: So dienen die Kunstkäufe dem Mineralölkonzern Exxon als „soziales Schmiermittel", um die Stakeholder freundlich zu stimmen. Hier schließt die Debatte um Zuwendungen, Sponsoring und Werbung an, die nicht direkt im Fokus der Wirtschaftsästhetik steht, sondern zur Kunst- und Kulturförderung gehört, auf die an dieser Stelle verwiesen werden muss.

Kunst ist nicht einfach ein Mittel zur Überzeugung, sondern eröffnet oft auch andere Interpretationsmöglichkeiten und damit Möglichkeiten zum Widerspruch und zu möglicher Veränderung. So muss realitätsferne Selbstdarstellung nicht gut ankommen, wenn sie blenden will und Kunst vereinnahmt. Sie kann auch Ressentiments wecken. Gefragt sind hier ästhetische Kompetenz im Sinne von Urteilungsvermögen und Einfühlungsvermögen – aufseiten der Betrachter und auch aufseiten der Dargestellten.

> Der ungewollt widersprüchliche Einsatz einer Malerei
>
> Der Kunsthistoriker Wolfgang Ullrich (2010b: 31) schildert den Fall Hilmar Kopper (Deutsche Bank), der sich 2002 vor dem Gemälde *Couple* des russischen Malers Maxim Kantor fotografieren ließ. Es zeigt zwei ausgemergelte Gestalten, die sich Schutz suchend aneinander klappern. „Sollte einer der mächtigsten Männer sich hier wirklich mit den Armen, Unterdrückten, Hungernden – mit der sozialen Opposition solidarisieren?" Das passt auch nicht zur Koppers Image, der soziales Einfühlungsvermögen vermissen ließ, als er 50 Millionen DM Schulden gegenüber Mittelständlern nach der Pleite des Bauunternehmers Jürgen Schneider als „Peanuts" abtat. Die Darstellung wirkt unehrlich und hilft nicht, sein Image zu verbessern. Auch als Zeichen, dass die Bank osteuropäische Kunst im Portfolio hat und daher kompetenter Partner für expansionswillige Kunden ist, würde die Ansicht von „mangelnder Sensibilität" zeugen. „Wie nämlich könnte sonst so vollständig vom Sujet des Gemäldes abstrahiert werden?" Kunst lässt sich hier nicht dienlich machen, sondern wirft unbequeme Fragen auf.

Kunst in Unternehmen wirkt nach außen und nach innen auf die Mitarbeiter. Im Allgemeinen verweist der Akt des Sammelns auf Qualitäten wie Kultiviertheit, Großzügigkeit und Verantwortung. Im Speziellen können die Werke abstrakte, mit dem Unternehmen verbundene Werte transportieren. Für einen Finanzdienstleister wie eine Bank können als besonders modern und innovativ anerkannte Werke das erstrebenswerte Gespür für neueste Trends ausdrücken. Die Kunstsammlung kann als Marketinginstrument in Firmenfarben zum Corporate Design passen: So dekoriert das Energieunternehmen E.ON seine Niederlassungen mit Werken von Rupprecht Geiger in der Firmenfarbe Rot. Dieses Beispiel wird in der Ausstellung *Macht zeigen. Kunst als Herrschaftsstrategie* des Deutschen Historischen Museums präsentiert (Kapitel 5.3). Hier heißt es, E.ON benutze Geigers Auseinandersetzung mit der Farbe Rot und die Vorstellung, Kunst könne Energie vermitteln, um „das eigene bildlose Produkt doch noch fotogen zu präsentieren und zugleich aufzuwerten" (Rottenburg 2010: 167). Rottenburg stellt sich die Frage, ob der Künstler dadurch zum Corporate Designer geworden ist und ob die Werke „durch ihre Instrumentalisierung als Marketinginstrument ihre autonome und dadurch machtvolle Position" einbüßen. Das wird verneint, denn die aggressive Ästhetik der Geigerschen Werke füge sich nicht restlos in das Design ein, sondern schaffe immer noch Reibung und auch nicht gewünschtes und ungesteuertes ästhetisches Unwohlsein.

4.2.2   Kunstworkshops

Mit einer Kunstsammlung wollen Unternehmen nicht nur auf ästhetischem Wege bestimmte Vorstellungen nach außen vermitteln, sondern auch mit ihrem Einsatz als kunstbasierte Intervention Effekte nach innen auf die Mitarbeiter erzielen. Beispielsweise sind Teile der Kunstsammlung der Deutschen Bank der Öffentlichkeit zugänglich, womit sogenanntes gesellschaftliches Engagement bewiesen werden soll, und andere Werke der Sammlung werden in Bankfilialen und in Gebäuden des Unternehmens präsentiert, für die Öffentlichkeit, die Kunden und natürlich für die Mitarbeiter, die von der Kunst ebenfalls beeinflusst werden sollen. Die dargebotenen Kunstwerke sollen durch ihre ästhetische Präsenz nicht nur eine Identifikation mit dem Unternehmen fördern, sondern die Mitarbeiter zum kreativen Empfinden, Denken und Handeln anregen, welches sich idealerweise an der komplexen Darstellung schärft. Ullrich (2010b) spricht leicht ironisch von Kunst als kalkuliertem Störfaktor, der nach anfänglicher Irritation zu geistiger Höchstleistung anspornen und zu einer Bewusstseinserweiterung von Managern und Mitarbeitern führen soll. Auch Manager sagen, dass sie durch das Betrachten eines Kunstwerks Inspiration und Urteilsvermögen gewinnen für ihre komplexen Aufgaben. Hier wird ein Zusammenhang von künstlerischer Kreativität und ökonomischer Produktivität unterstellt. Auch dieser Einsatz von Kunst bleibt ambivalent, denn eine mögliche positive Inspiration zur Reflexion und Persönlichkeitsentwicklung steht neben der ästhetischen Kontrolle oder gar, wie sich zeigen wird, ästhetischen Belästigung von Mitarbeitern.

Für die Gestaltung ihrer Räume wählen Unternehmen oft moderne Kunst und Fotografien, darunter berühmte Künstler wie Andy Warhol und auch junge, noch unbekannte Künstler. Klassische Malereien würden zu vielen Unternehmen weniger passen. Eher selten sind künstlerisch-provokante Ansätze: Beispielsweise werden Kunden, Besucher und vor allem Angestellte in den Räumen der dänischen Pharmafirma Novo Nordisk mit Werken von unbekannten Künstlern konfrontiert, die Schriftzüge wie „be aggressive" tragen oder einen Balletttänzer mit ausgestrecktem Mittelfinger zeigen. In diesem Fall will der Vorstand Experimentierfreude des Unternehmens ausdrücken, Neugier, Grenzüberschreitung, Erneuerung, und das auch den Angestellten vorhalten (Kerr & Darsø 2008: 477). Anstatt zu provozieren, wollen Unternehmen generell moderate Ansichten bieten. Dieses Phänomen einer künstlerisch reduzierten, gefälligen Ästhetik wird noch in den Folgenkapiteln bei anderen Kunstformen offensichtlich.

Die ausgestellten Kunstwerke in Unternehmen werden mitunter für Mitarbeiter in Workshops erklärt. Ausgangspunkt ist ebenfalls die Annahme, dass sie eine kreative Stimulation bieten. Ernsthaft wurde dieses Konzept von dem Wissenschaftler Michael Bockemühl und dem Unternehmensberater Thomas Scheffold (2007) durchgespielt, die das Kunstkonzept der Beratungsfirma Droege & Comp. untersucht haben: Aufgrund der zunehmenden Komplexität der Wirtschaftswelt und den damit verbundenen Herausforderungen für Führungspersonen soll die Beratung als Impulsgeber zu neuen Vorgehensweisen finden und dafür Kunst als „Quelle der Erneuerung" fruchtbar machen. Durch den Umgang mit Kunst lasse sich eine differenzierte Wahrnehmung und eine „erweiterte Kompetenz zur Wirtschaftsgestaltung" (Bockemühl & Scheffold 2007: 74) gewinnen. Regelmäßige Workshops in der Firma (siehe Beispiel) sollen kunstgeschichtliches Wissen und Techniken der Bildbetrachtung und Analyse vermitteln. Dazu gehören Führungen zu Kunstwerken im Haus und die Diskussion einzelner Werke. Zusätzlich gestaltete ein Artist in Residence ein Kunstwerk im Treppenhaus. Die Mitarbeiter sollen die Auseinandersetzung mit der Kunst als „künstlerische Suche" (116) erleben, die der „permanenten Eigenentwicklung" (133) diene – und schließlich auch zur Entwicklung des Kunden beitragen sollte. Für den Berater werden Anregungen zur Erweiterung fachlicher und persönlicher Befähigungen geboten

(183), die eine Form von Sinnstiftung jenseits der monetären Dimension darstellen sollen.

Berater lernen eine Lektion vom schwarzen Bild

In einem Kunstworkshop bei Droege & Comp. wird unter dem Tagesordnungspunkt „Herausforderung/Change: Das Alte neu sehen lernen" eine Malerei von Günter Umberg *Ohne Titel* diskutiert (Bockemühl & Scheffold 2007: 73). Es handelt sich um ein monochromes, schwarzes Bild, rechteckig, 38 mal 35 Zentimeter. Auf den ersten Blick erkennt man, dass das Bild schwarz ist. Der Betrachter soll nun die Mitte des Rechtecks fixieren und abwarten. Was passiert? Aufgrund der physiologischen Reaktion des Auges verändert sich die schwarze Fläche, für den Einzelnen kann sie sich aufhellen, dunstig erscheinen, wie ein rechteckiges Loch in der Wand wirken, oder sich verdichten, farbig aussehen. „Diese Farbe hält nicht still ... vergleichbar mit dem Luftflimmern auf einer sonnenheißen Asphaltstraße oder wie die Wolken und Schlieren von Sahne, die man in den Kaffee schüttet" (110). Auf den zweiten Blick sieht man also alles Mögliche, aber kein Schwarz, es zeigt etwas anderes und auch mehr, nichts Eindeutiges, sondern einen Prozess. Fazit: „Es ist gut, wenn der Berater auf den ersten Blick sieht, was bei seinem Kunden der Fall ist. Aber es ist auch gut, wenn er weiß, dass er damit auf keinen Fall bereits die volle Wirklichkeit gesehen hat, sondern einen Ausschnitt ... Die Zusammenhänge, Prozesse, die Optionen eines Unternehmens treten erst langsam in den Blick, wenn sich das Auge darauf einstellt" (110). Oder: „Der zweite Blick zeigt mehr. Vertieftes Wahrnehmen ist die Grundlage jeder konstruktiven Veränderung" (73).

Diese Lehren aus dem Kunstwerk erscheinen schlüssig und könnten zu einem offeneren Blick auf das wirtschaftliche Handeln inspirieren. Was in dem Beispiel stutzig macht, ist aber gerade die Schlüssigkeit, mit der auf eine Interpretation des Kunstwerks und auf ein Fazit für den Beratungsalltag hingesteuert wird. Alleine die Schlussfolgerung lässt die Interpretation paradox wirken, denn sie suggeriert dem Unternehmensberater, dass es doch wieder „eine Lösung" gibt. Wie durch vorangegangene Erörterungen über Kunst deutlich geworden ist, hat sie ein besonderes Potenzial, eine Spannung zu eröffnen und zu halten, keine abschließende Lösung zu bieten, sondern zu eigenen Schlussfolgerungen zu ermuntern. Gerade das wird von neuesten Forschungsansätzen zu *Leadership as an Art* geschätzt, die davon sprechen, das gerade Führungspersonen mit Mehrdeutigkeit kunstvoll umgehen können sollten, anstatt diese geistlos auszumerzen (Gaya Wicks & Rippin 2010). Ästhetische Kompetenz und Bildung sind kein Konsum, bei dem Fertiginterpretationen einverleibt werden, sondern umfassen das eigene, wenn auch unbequeme Denken. Deshalb ernten auch Magazine wie *Capital* oder *Wirtschaftswoche* mit ihrer Kunst über Bestellcoupon den Spott von Kunsthistorikern: Neben der versprochenen Wertsteigerung sollen die Kunstwerke als Dialogpartner und idealer Kraftspender fungieren, als Wundermittel zur Einsicht im Rahmen persönlicher Selbsttherapie. Ob sich ästhetische Kompetenz allein durch einen solchen Konsumansatz einstellt, bleibt zweifelhaft. Da moderne Kunst als schwer zugänglich gilt, genügt nicht der bloße Kauf eines Werks, um seine Bedeutung und sinnstiftende Qualität umfassend zu erfahren, sondern der Rezipient muss Zeit, Geduld, Einfühlung und Intellekt aufbieten, bis er das Kunstwerk endlich erfasst (Ullrich 2000: 89). Das kann allerdings (ewig) dauern, denn Kunst kann fortgesetzt Verheißung sein, sie fasziniert mit An- und Abwesenheit von Bedeutung. Bezüglich des schwarzen Bildes und der Unternehmensberatung lassen sich somit noch ganz andere, nicht direkt instrumentelle, sondern absichtlich irritierende Relationen aufbauen. Man könnte auch gezielt überspitzt fragen: Kann die Ansicht nicht eine düstere Metapher für Unternehmensberatung sein? Was sagt uns die Schwärze über die Branche, was der Prozess des optischen Halluzinierens und Hineininterpretierens, welcher das Bild an sich nicht verändert? Fantasiert sich so der einzelne Berater etwas Farbe in seine kleine, rechteckige Existenz? Wie fühlt er sich dabei und was folgt daraus? Möchte man nicht, dass Kunst Fragen aufwirft und sich der Mitarbeiter eigene Fragen stellt? An dieser Stelle setzen weitere kunstbasierte Methoden an, die noch stärker zu Interpretationen auffordern, anstatt sie zu vermitteln.

Es gibt die Tendenz, mit kunstbasierten Übungen Freiräume zu schaffen und keine bestimmte Lösung finden zu müssen. So werden beispielsweise in Kooperation mit Museen schon seit längerer Zeit in den USA für Medizinstudenten Kurse angeboten, damit sie durch den Umgang mit Kunst ihre Wahrnehmungs- und klinischen Diagnosefähigkeiten verbessern, sich menschlich weiterentwickeln und auch empathischer mit Patienten umgehen können. Davon lassen sich auch Business Schools inspirieren. In Weiterbildungskursen (siehe Beispiel) sollen angehende oder bereits erfahrene Manager ihre gewohnten Wahrnehmungsmuster verlassen und bei der Analyse von Malerei ihre Seh-, Beobachtungs- und Reflexionsfähigkeiten schulen, ohne den Druck, zu einer schnellen Lösung kommen zu müssen. Das Training spiegelt den Managementalltag mit ebenfalls unübersichtlichen Situationen, die induktives und deduktives Denken, ein Hin und Her erfordern. Warum nun Kunstkurse, wenn traditionell Case Studies und Managementkonzepte solche Denkschritte üben? Kunst soll effektiver sein, denn sie ist nonverbal und zwingt zu neuen Denkwegen, ohne dass die Teilnehmer sich in bekanntem Terrain befinden und unbewusst in bereits vorhandene betriebswirtschaftliche Denkmuster verfallen sowie auf bekannte Lösungen zurückgreifen (Mitra et al 2010: 83). Außerdem ist Kunst ohne Ende interpretierbar, die Interpretationen lassen sich also immer weiter vertiefen.

Bildanalyse zur Schulung der Fähigkeit zur Interpretation

Denkprozesse im Workshop *Learning How To Look* (Mitra et al. 2010) bestehen aus induktiven und deduktiven Schritten: Der erste Schritt (induktives Denken, mit der linken Gehirnhälfte) ist eine möglichst unvoreingenommene, umfassende Beschreibung des Kunstwerks mit seinen Details, ohne Interpretation. Der zweite Schritt (deduktives Denken) ist eine Interpretation in Gruppen, ein Urteil über das Bild unter Einbeziehung von Argumenten und weiteren Informationen, immer im Hinblick auf die komplexe und vielschichtige Beziehung zwischen Fakt und Interpretation. Beispielsweise wird ein abstraktes Kunstwerk (*Toward Crepuscule*, Hans Hofmann) mit bunten, kalten und warmen Farben, runden und eckigen Formationen, Winkeln und Strichen als eine Synthese geometrischer Formen gesehen, in der Form und Farbe im Widerstreit stehen, eine Spannung erzeugen und die Gefühle des Künstlers gegenüber den symbolischen, hin und her zerrenden Kräften der Natur zeigen, aber in einer heiteren, bunten Grundstimmung. Als Zwischenschritt werden zusätzliche Informationen über den sozialen, kulturellen oder biografischen Kontext gegeben, die helfen sollen, verschiedene „Lösungen" für das

„Problem" zu bieten, mit dem die Malerei ihre Betrachter konfrontiert. Man bemerke, dass in diesem Fall nicht auf eine schlüssige finale Interpretation hingesteuert wird. Die Parallele zum Managementalltag, beispielsweise wenn es um Produktentwicklung geht: Auch hier sind Zusatzinformationen für die Entscheidungsfindung nötig, über den sozialen und kulturellen Kontext, das Budget und Mitarbeiterkapazitäten. Wie in jeder Führungssituation wird der Manager bei den kunstbasierten Übungen mit vielen und widerstreitenden Fakten konfrontiert und muss sich selbst „ein Bild" machen.

Der Einsatz von Malerei als kunstbasierte Intervention hat zwei Seiten. Einerseits können die Teilnehmer den Freiraum zum Überlegen nutzen, eigene Gefühle sprechen lassen und Interpretationen entwerfen. Andererseits kann Kunst dazu instrumentalisiert werden, die im Umgang mit Malerei wenig versierten Teilnehmer subtil kleinzuhalten. Davor warnen auch Kunsthistoriker. Beispielsweise hebt Ullrich (2000: 46) hervor, dass Irritation und Verunsicherung Ziel und Qualität der Kunst sind und gerade moderne Kunstwerke durch die Wucht der Farben, ihre Abstraktheit, Unverständlichkeit und Komplexität den Betrachter in die Position des Schwächeren drängen und einschüchtern. Selbst wenn also die Kunst-Verantwortlichen in den Unternehmen guten Glaubens seien, mit ihrer Initiative zur Humanisierung der Arbeitswelt beizutragen, würden sie doch eher verunsichern. Die begleitenden Veranstaltungen mit Vorträgen und Workshops würden einmal mehr Hierarchien beachten und bestätigen, „denn nur die höhergestellten Mitarbeiter weiht man in die Geheimnisse moderner Kunst ein. Was sich bei ihnen eventuell an Schwellenangst und Unsicherheit abbaut, verstärkt sich bei den anderen umso mehr; sie empfinden sich ausgeschlossen und unwürdig" (Ullrich 2000: 65). Aussagen von Art-Consultants über das bewusstseinsverändernde und herausfordernde Potenzial von Kunst rückt Kunst in die Rolle eines Psychologen. „Man kann es als zynisch ansehen, daß moderne Kunst Angestellten zur besseren Motivation in die Arbeitsräume gehängt und damit zugleich ein grundsätzlicher Therapiebedarf unterstellt wird: Als leide die Effizienz eines Unternehmens darunter, daß das Bewußtsein der Mitarbeiter zu selten verunsichert werde" (Ullrich 2000: 66). Moderne Kunst nimmt hier subtil die Rolle von früheren Motivationsbildern ein und dient der Beeinflussung. Wenn der eigene Arbeitsplatz Schauplatz dauernder Provokation durch Kunst ist, kann sich der Mitarbeiter also durchaus ästhetisch belästigt fühlen. Das wird vermutlich eher vermieden bei einem Modell wie dem *Museum am Arbeitsplatz*, ins Leben gerufen vom Schrauben-Unternehmer und Milliardär Reinhold Würth: Mitarbeiter dürfen ihre Büros aus seinen Kunstbeständen dekorieren und gegebenenfalls ein Gemälde leihweise mit nach Hause nehmen. Generell kann eine Kunstsammlung nicht nur eine Quelle von Innovation, sondern auch von Konflikten darstellen. Die Künstlerin Andrea Fraser (2007: 15) hat Kunstsammlungen begutachtet und neben internen Abstimmungsschwierigkeiten bis in die Vorstandsetage auch den Widerwillen von Mitarbeitern erfahren, die voll zu ihrer Firma stehen, aber heftig gegen die Installation von Kunstobjekten aufbegehrten. Auch Kunden, die außerhalb des Museumskontexts mit Kunst konfrontiert werden, hatten eingeschüchtert oder verwirrt reagiert. Hier zeigt sich wieder, wie unkontrollierbar die ästhetische Erfahrung einer solchen kunstbasierten Intervention sein kann.

4.2.3 Bildnerische Methoden

Malerei als kunstbasierte Intervention wird auch in Formen eingesetzt, die ihren Ursprung in der Kunsttherapie, in klinischen, pädagogischen oder sozialen Bereichen haben. Im Therapiebereich hat die Visualisierung durch bildnerische Methoden eine lange Tradition und dient dazu, Rückschlüsse auf die Persönlichkeit, Emotionen, Haltungen und Einstellungen gegenüber anderen zu gewinnen. Grundannahme solcher Ansätze ist, vereinfacht ausgedrückt, dass ein selbst gemaltes Bild bekanntermaßen mehr und anderes sagt als viele Worte. Die Stärke der Malerei und anderer Methoden, die mit interpretierbaren und symbolischen Kunstwerken arbeiten (Kapitel 4.6), ist der Ausdruck von bewusstem und unbewusstem Wissen, von unartikulierter Erfahrung, Gefühlen und Empfindungen. Gemäß Taylor und Ladkin (2009) sind diese sogenannten „Projektionstechniken" ebenso wichtig wie das „Machen", das als selbstgesteuerte Tätigkeit die Selbsterfahrung unterstützen soll. Taylor und Hansen (2005: 1221) weisen in ihrer Skizze der Wirtschaftsästhetik darauf hin, dass diese Methoden trotz ihrer existenten, wenn auch nicht starken Verbreitung in Unternehmen noch keine besondere wissenschaftliche Beachtung gefunden haben.

Beim Coaching von Führungspersonen stößt die bildnerische Methodik zunehmend auf Interesse (Schmeer & Liebig 2008). Benutzt werden Wasserfarben, Acrylfarben und unterschiedliche Arbeitsmittel zum Zeichnen, um beispielsweise Probleme im Arbeitsprozess zu visualisieren. Im wahrsten Sinne des Wortes kann man durch ein anfangs gemaltes Initialbild schnell ein „Bild der Lage" gewinnen als Grundlage für den weiteren Gesprächsprozess. Einschlägige Berater und Kunsttherapeuten sind geübt in der Sinnzuschreibung bei solchen Werken, können auch mit versteckten Andeutungen und Verhüllungstendenzen umgehen und etwas von dem erkennen, was der Malende selbst noch nicht für sich realisiert hat. So lassen zentrale oder marginale Positionierungen, Größen und Farben, Symbole und Zeichen bestimmte Rückschlüsse zu, wie auch das Verhalten während des Malprozesses mit Zögern, Übermalen, Energie und Fluss (Burns 1987). Allerdings soll die Sinnzuschreibung nicht von den Experten, sondern von den künstlerisch agierenden Teilnehmern ausgehen. Die Arbeit mit Bildern kann folgende Fragen umfassen (Schmeer & Liebig 2008: 33): Beschreibung des Bildes und seiner Symbolik, der Farben und besonders wichtiger Elemente im Bild. Was fehlt? Wie könnte das Bild erweitert werden? Wirkt das Bild angenehm? Wie wurde der Malprozess empfunden? Der Maler interagiert mit dem Berater, oder bei der Gruppenarbeit diskutieren die Teilnehmer verschiedene Sinngebungen, um zu einem intersubjektiven Verständnis zu gelangen.

Hier wirkt Kunst nicht als ästhetisches Mittel der Einschüchterung, sondern kann ein Mittel zum konstruktiven Austausch darstellen. Die Beschäftigung mit selbstgemachten Malereien ist weniger anspruchsvoll als die mit anerkannten (modernen) Kunstwerken. Wenn es darum geht, das Bild eines Kollegen zu beschreiben, bietet sich Prahlerei mit kunstgeschichtlichem Wissen nicht an und die Hemmschwelle für Beiträge zur Bedeutungsfindung ist niedrig. Auch Ungeübten fällt es leicht, die Darstellungen mit einem offenen, empfänglichen Blick zu interpretieren. Dabei werden wie bei anderen Kunstinterventionen Status und Rolle teilweise aufgehoben, es kann dann idealerweise von Mensch zu Mensch gesprochen werden. Die Offenheit dieser ästhetischen Form, der gemeinsame Prozess und das individuelle Nachdenken machen es auch möglich, verschiedene Sichtweisen zu integrieren. So können kreative Darstellungsformen zur Stärkung des Teams in einem Veränderungsprozess benutzt werden: Bei einer Gruppenarbeit malen die Teilnehmer wesentliche Ereignisse wie Krisen, Erfolge und Projekte symbolisch auf große Wände und interpretieren gemeinsam. Sie können ihre Ideen und Gedanken malerisch ergänzen und eine für alle akzeptable Ausgestaltung konkret im Bild und abstrakt im Geiste finden (Schulze 2006).

Mit der Resonanzbildmethode (Schmeer 2006) beispielsweise lässt sich das Problemlösungsverhalten und das kreative Potenzial von Gruppen fördern: Jeder Teilnehmer reagiert mit einem schnell gemalten Schwarz-Weiß-Bild auf ein Bild eines anderen. Die visuellen Botschaften entstehen spontan und liefern Erkenntnisse über die Gruppendynamik und die einzelnen Persönlichkeiten. Sie bieten sich mit ihren zugleich einfachen und komplexen Aussagen zur Bearbeitung aktueller Themen an. Verwandt sind diesen Methoden sogenannte Method Cards oder Reizbilder, die auch als *Visual Explorer* vom Center for Creative Leadership angeboten werden. Diese Darstellungen sind bereits gemalt und so ausgesucht, dass sie sich besonders gut für metaphorische Übertragungen eignen (ein springender Tiger). Auch sie sollen als ästhetisches Mittel den kreativen Dialog zu einer bestimmten Fragestellung ankurbeln („Was für ein Produkt können wir anbieten …") oder bei der Führungskräftefortbildung Ideen besser hervorlocken als ein geschriebener Text.

Das mit Maltechniken in kunstbasierten Interventionen entstandene Objekt ist eine physische Analogie des Problems, also die Form der bewussten und unbewussten Ideen (Barry 1994). So lässt sich die Malerei anstelle des konkreten Problems diskutieren. Das bringt die Beteiligten auf Distanz zu ihren eigenen Gefühlen, die mit dem Thema verbunden sind. Die Projektionstechnik macht es in solchen Fällen möglich, komplexe Sinnzuschreibungen in Organisationen zu erfahren, einschließlich der nichtlogischen, widersprüchlichen und emotionalen Elemente. Wenn beispielsweise zwei Manager verschiedene Interpretationen eines selbst gemalten Bildes über die Ausrichtung der Firma diskutieren, muss das nicht konfrontativ werden, wie eine explizite Diskussion des Themas, sondern kann Verständnis und „Gefühl" für die andere Sicht bringen.

Solche Techniken wirken auch bei individuellen Angeboten im Bereich Malerei für die Führungskräfteentwicklung (siehe Beispiel). Malerei als Zäsur im Arbeitsalltag, zur Beschäftigung mit Werten und Vorstellungen, kann fast als philosophischer Ansatz gesehen werden, der bei bekannten Managern hoch im Kurs steht: Auch Peter Drucker hält Reflexion im Sinne von Führung von innen heraus für grundlegend für umfassendes Handeln. Darüber hinaus sind die Produkte dieser ästhetischen Beschäftigung dauerhaft und nicht vergänglich wie Musik- und Theateraufführungen. Die Darstellungen lassen sich als Prozessbegleiter benutzen und können auch danach als materielle Erinnerung die Erkenntnisse nachhaltiger machen. Schließlich werden durch das künstlerische Handeln noch kreative Fähigkeiten entwickelt und die sinnliche Wahrnehmung ausgebildet.

Aquarelle und Zitate zur Reflexion über Führung

Die Managementprofessorin und Aquarellmalerin Nancy Adler (2010b) hat ein sogenanntes *Leadership Insight Journal* gestaltet mit dem Untertitel *Going beyond the dehydrated
language of management*. Es versteht sich als Einladung zu Ruhe und Kontemplation, die
nötig ist für verständiges Handeln, Selbsterkenntnis und die Definition der „Essenz der
persönlichen Führung" (Adler 2010a: 2). Das Ringbuch setzt auf rund 200 Seiten Aquarelle und Texte nebeneinander, die sich auf den Sinn und die persönliche Einstellung zur
Arbeit beziehen: „What do you find difficult to face about your relationship to your
work? Your career? Your life?"; „How do you safeguard daily time for reflection?";
„Why do people want to be led by you?". Weitere Zitate kommen von besonders erfolgreichen Managern, Komponisten, Autoren und Wissenschaftlern: „The trouble with being in the rat race is that even if you win, you're still a rat." (Lily Tomlin); „To put it
simply, global companies have no future if the earth has no future." (Ryuzaburo Kabu,
Canon Honorary Chairman); „The twenty-first century will be anything but business as
usual." (David Whyte, siehe Abbildung 4.1). Das Buch hat weiße Seiten und Flächen, die
Leser mit Texten, Zeichnungen und vor allem mit eigenen Gedanken füllen können. Für
Adler sind die Managementpraxis und Forschung vom stetigen, rastlosen Handeln dominiert. So soll das Ringbuch eine Aufforderung zum Innehalten sein und Inspiration
zur Reflexion über eigene Ziele und Möglichkeiten. Die Malerei ergänzt die Zitate, indem
sie noch viele weitere, unbestimmte Assoziationen nahelegt und eine Perspektive „über
die trockene Managersprache hinaus" gibt, in die der Betrachter alleine eintauchen kann.

Abbildung 4.1   Nancy Adler: Tusche auf Reispapier 2010

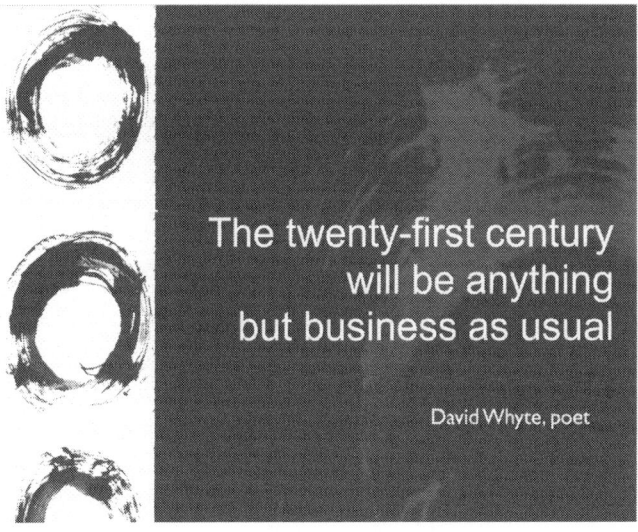

Nicht immer aber ist im Unternehmensalltag die in der Theorie als besonders produktiv beschriebene persönliche oder partizipative Auseinandersetzung mit Fragestellungen durch Kunst gewünscht (siehe Beispiel). Die Wirkung solcher kunstbasierten Angebote ist aufgrund der komplexen Denkvorgänge und vielschichtigen ästhetischen Ausdrucksformen nicht nur schwer zu bestimmen, sondern auch nicht gut zu kontrollieren.

Graffiti-Kunst über Führung

In einem mittelständischen deutschen Unternehmen sollten leitende Angestellte mithilfe von einschlägigen Künstlern Graffiti-Kunst benutzen, um Probleme mit der Art der Führung auszudrücken (Berthoin Antal, im Druck). Auf meterhohen Flächen sollten sie ihre Wahrnehmung der Situation im Unternehmen sowie ideale Vorstellungen darstellen. Die Intervention schien Spaß zu machen und die Teilnehmer machten sich eifrig an die darstellerische Umsetzung ihrer Verbesserungsvorschläge für den Arbeitsalltag. Eine Umfrage einige Monate später zeigte aber keine Effekte, sodass das Projekt noch einmal mit allen Mitarbeitern wiederholt wurde. Hier tauchten aber mehrere visuelle und mündliche Einschätzungen auf, die von der Unternehmensführung als „zu kritisch" empfunden wurden. Die Unternehmensleitung zog daraufhin die Künstler vom Projekt ab. Was aus der Kunst geworden ist, weiß man nicht.

4.3   Theater in Unternehmen

Theater in Unternehmen hat in der Praxis und in der Forschung besondere Aufmerksamkeit erfahren. Es gibt nicht nur die aufschlussreiche Metapher von Unternehmen *als* Theater (Kapitel 3.3), sondern es existieren verschiedene Formen von Theater *in* Unternehmen. Solche Theater-Interventionen werden in allen Stadien von Veränderungsprozessen und Projekten zur Organisationsentwicklung eingesetzt, von der Fusion bis zur Teambildung, sowie bei der Aus- und Weiterbildung von Mitarbeitern und Managern, die traditionelle Personalentwicklungs- und Schulungsthemen umfasst von Kommunikation und Kreativität bis zum Verkaufs- und Vertriebstraining. Theater gilt als anderer Ansatz zum organisationalen Lernen (Schreyögg 1999), denn es vermittelt sich ästhetisch, berührt die Gefühle und ermöglicht andere inhaltliche und spielerische Erfahrungen und Auseinandersetzungen. Die Methoden wirken auf der individuellen Ebene (Persönlichkeit entwickeln, Fähigkeiten ausbauen), auf der Gruppenebene (Teambildung) und auf der Sachebene (Thema einleiten, Ziele und Lösungen finden).

Der Begriff Unternehmenstheater wird oft als Sammelbegriff für verschiedenste Theatermethoden in Unternehmen verwendet, die einer gewünschten Entwicklungsmaßnahme dienen. Darunter fallen sowohl durchinszenierte Aufführungen mit mehr oder weniger interaktiven und improvisierten Elementen, Rollenspiele und Präsentationsworkshops und interaktive Formen. Nicht zum Unternehmenstheater im engeren Sinne gehören Aufführungen bei Weihnachtsfeiern oder reine Unterhaltungsveranstaltungen für Mitarbeiter. Hier sei ergänzt, dass es auch nicht autorisierte Formen von Theater in Unternehmen geben kann (Kapitel 5.2). Ein Grundlagenwerk in diesem Bereich ist *Unternehmenstheater: Formen,*

Erfahrungen, erfolgreicher Einsatz (Schreyögg & Dabitz 1999), welches Bezugspunkt für weitere deutschsprachige Forschung ist (Teichmann 2001, Hüttler 2005, Heindl 2007) und in internationaler Forschung zur Wirtschaftsästhetik mit Schwerpunkt Theater in Unternehmen besonders zitiert wird (Clark & Mangham 2004, Meisiek & Barry 2007). In Frankreich ist das „théâtre d'entreprise" schon länger verbreitet und in den letzten Jahren sind auch eine Reihe deutschsprachige Praktikerwerke entstanden (Flume et al. 2001, Berg et al. 2002, Funcke & Havermann-Feye 2004). Unternehmenstheater wird seit rund 15 Jahren in Deutschland betrieben. 1997 wurde das erste Form *Business goes Theater* veranstaltet, mittlerweile sind unterschiedlichste Anbieter auf dem Markt und bieten eine Vielzahl von Angeboten an, die von maßgeschneiderten Inszenierungen über Rollenspiele bis hin zum Verkaufstraining reichen. Die Konzepte für Theater in Unternehmen basieren auf Bertolt Brecht, Augusto Boal, Jonathan Fox, Paulo Freire, Keith Johnstone, Jacob Levy Moreno und anderen, und es gibt davon abgeleitete Methoden wie Forumtheater und Psychodrama und andere. Es existiert keine einheitliche wissenschaftliche Definition von Unternehmenstheater und keine identischen Bezeichnungen für die verschiedenen Typen (für einen Überblick siehe Hüttler 2005: 24-31, 85 ff.). Die Wahl der passenden Theatermethode ist abhängig vom Kontext und Ziel. Beispielsweise lassen sich Rollenspiele im Rahmen einer Fortbildungsmaßnahme für bessere Präsentationstechniken anwenden. Die Methode richtet sich innerhalb eines Veränderungsprozesses auch nach der jeweiligen Phase (Heindl 2007: 238 ff.): Zur Einführung der neuen Situation eignen sich präsentierende Formen wie das klassische Unternehmenstheater. Wenn ein Verständnis geschaffen wurde, können mit Improvisationstechniken allfällige Blockaden bearbeitet werden. Wenn grundsätzliche Fragen geklärt sind, können mit dem Psychodrama oder Forumtheater neue Verhaltensweisen ausprobiert werden. Dieses Kapitel bietet einen Überblick über die Methoden. Die gewählte Reihenfolge berücksichtigt die Partizipation der Mitarbeiter und deren Einflussmöglichkeiten auf die Inhalte – anhand solcher Faktoren werden Theatermethoden häufig unterschieden (Nissley et al. 2004) und so lassen sich auch Rückschlüsse auf das Potenzial von Theater als Werkzeug und Inspiration ziehen.

4.3.1   Unternehmenstheater und Impro-Aufführungen

Es gibt Theaterformen in Unternehmen, bei denen die Mitarbeiter Zuschauer der Handlung ohne direkte Einflussmöglichkeiten sind. Das ähnelt der Situation im klassischen Theater. Bei diesem Genre, das auch als **Unternehmenstheater** oder Business-Theater bezeichnet wird, werden externe Anbieter beauftragt, ein betriebsspezifisches Stück zu schreiben und es mit professionellen Schauspielern unter der Anleitung eines Regisseurs vor den Mitarbeitern des Unternehmens aufzuführen. Die Texte werden anhand der zur Verfügung gestellten Informationen vom Unternehmenstheateranbieter beziehungsweise dem Regisseur verfasst und mit den Schauspielern eingeübt. Es gibt auch Auftragsarbeiten quasi von der Stange, die nicht unbedingt unternehmensspezifische Themen verhandeln, sondern Sachverhalte allgemeiner Natur. Darunter beispielsweise Inszenierungen über Mobbing oder sexuelle Belästigung am Arbeitsplatz. Hier kann Theater ein anderes Verständnis für das Thema vermitteln und im pädagogischen Sinne auf verantwortungsvolles Verhalten hinweisen. Es kann ein inhaltliches Bewusstsein für die persönlichen, moralischen und rechtlichen Dimensionen schaffen und mit seiner ästhetischen Form, den Worten, Gestik und Mimik, ein Gefühl für die „Widerwärtigkeit" solchen Handelns vermitteln. Solche Aufführungen werden häufig vor Mitarbeiter-Workshops eingesetzt, in denen sie das Thema gemeinsam diskutieren. Die Weiterarbeit obliegt Führungskräften oder externen Trainern. Unternehmenstheater kann sozusagen als Kick-off für Veranstaltungen alle möglichen Themen auf der Bühne in ihrer Vielschichtigkeit lebendig werden lassen.

Mit solchen theatralen Interventionen lassen sich Veränderungsprozesse unterstützen und Konflikte im Unternehmen ansprechen wie Integrationsprozesse, Änderungen in der Unternehmenskultur, Reaktionen auf Veränderungen der Umwelt einschließlich neuer Dienstleistungen und Produkte. Unternehmenstheater soll einen anderen Blick auf die Realität ermöglichen sowie festgefahrene Haltungen und Routinen aufbrechen und den Mitarbeitern bestimmte Verhaltensweisen vorführen. Veränderungssituationen sind häufig für Mitarbeiter sehr emotional und theaterbasierte Interventionen bieten sich an, weil Inszenierungen Emotionen präsentieren und dem Zuschauer beim Durchleben helfen können, auch im Sinne einer Katharsis (Meisiek 2004). Man kann aber auch kritisieren, dass solche Aufführungen nur den Mitarbeitern einprägsam beibringen wollen, wie sie sich gemäß der Dienstleistungspolitik des Arbeitgebers konform zu verhalten haben (Hüttler 2005: 180). Unternehmenstheateranbieter betonen hingegen, dass es eher um einen Anstoß gehe: Man sei „auf einem schmalen Grad unterwegs: Wir dürfen und sollen bewusst Finger in Wunden legen, aber wir zeigen nicht mit dem Finger auf Andere und wir agieren nicht dogmatisch. Nur mit einem wohlwollenden und zugleich lösungsorientierten Blick auf die kleinen und großen Unzulänglichkeiten, die wir alle kennen, werden wir eine positive Bereitschaft zur Auseinandersetzung, zur Interaktion erreichen" (Borowy 2010: 54). Die Motive hinter Haltungen und Handlungen sollen transparent gemacht und zugleich hinterfragt werden. Die Grundlage dafür ist ein „sehr genaues Verständnis von den Problemstellungen, den Hintergründen und den kulturellen Grundstimmungen – und zwar aus Sicht der Management- und Mitarbeiter-Ebene". Die Schauspieler sind zwar Dienstleister, verstehen sich aber nicht als verlängerter Arm des Managements, sondern als Anbieter, die ihre Handwerkstechniken sozusagen zur Vermittlung einsetzen. Zur Themenrecherche gehören beispielsweise Mitarbeiterinterviews, die ein differenziertes Bild über Stimmungen, Haltungen und Bedürfnisse vermitteln sollen, die dann auf der Bühne „gespiegelt" werden.

Es gibt aber bestimmte Formen des Unternehmenstheaters, bei denen die Mitarbeiter im Publikum offensichtlich nur durch ästhetische Mittel beeindruckt werden sollen. Unter den in der internationalen Forschung als **Corporate Theatre** (Clark & Mangham 2004a: 44) bezeichneten Formaten versteht man teure Inszenierungen mit spektakulärer Multimediatechnik, Hydraulikbühnen und Laser- und Lichteffekten und vielen Gelegenheiten zum gemeinsamen mitreißenden Applaus. Solche Veranstaltungen dienen der Motivation und Überzeugung der Mitarbeiter hinsichtlich eines neuen Produkts, einer Dienstleistung oder eine Veränderung nach einer Übernahme. Ästhetik wirkt hier manipulierend und anästhesierend, es bleibt kein Raum für unsichere emotionale Reaktionen und Denkanstöße, die Veränderung und Lernen üblicherweise begleiten.

Mehrdeutiger sind **Impro-Aufführungen** vor Mitarbeitern, bei denen professionelle Schauspieler improvisieren. Sie ergänzen ihre Szenen um improvisierte Handlungen, die aus Vorschlägen entstehen und auf betriebsspezifische Inhalte eingehen. Diese Methode wird auch als Form des Forumtheaters bezeichnet (Kapitel 4.2.4), bei der allerdings nur professionelle Schauspieler auf der Bühne handeln, keine Mitarbeiter wie im ursprünglichen Forumtheater. Das Publikum kann die Handlung durch Zuruf beeinflussen und so Probleme des Unternehmensalltags auf die Bühne bringen. Eine ähnliche Form ist das auch als **Spiegeltheater** bezeichnete **Playback Theater** (Fox & Dauber 1999): Professionelle Schauspieler improvisieren aus Geschichten der Zuschauer verschiedene Szenen und „spiegeln" sie quasi zurück. So werden den Mitarbeitern auf einer Veranstaltung ihre eigenen Verhaltensweisen, Kommunikationsstrukturen, typischen Redewendungen und besondere Begebenheiten des Tages vorgespielt. Auch hier können Zurufe erfolgen. Die Künstler bieten einen humorvollen und erfrischenden Blick auf die Unternehmenskultur und ihre Absurditäten. Die Spiegelung soll das Publikum sozusagen auftauen und die Bereitschaft für eine Auseinandersetzung mit schwierigen Themen, Konfliktsituationen und Veränderungen erhöhen. Gerade bei solchen Formen spielt der Humor eine große Rolle. Damit sind nicht Schenkelklopfer, Kalauer und Schadenfreude gemeint, sondern konstruktive Formen des Humors wie positives Lachen und Selbstironie, die helfen können, verbesserungswürdige Rollen- und Verhaltensmuster im Berufsalltag zu erkennen. Humor kombiniert mit einem Aha-Effekt ist auch bei vielen anderen Theaterformen in Unternehmen wichtig, beispielsweise bei verdeckt agierenden Schauspielern (siehe Beispiel).

Getarnte Schauspieler führen Mitarbeitern ihre begrenzten Sichtweisen vor

Sogenannte Walk Acts (Quelle: Inszenio) gibt es bei Unternehmensevents und Tagungen. Schauspieler mischen sich inkognito unter die Mitarbeiter und beginnen Gespräche. Aus diesen können improvisierte und amüsante Spiegeltheater-Vorstellungen entstehen, die später aufgeführt werden. Diese Interventionen können aber auch ohne abschließende Aufführung wirken und beispielsweise die Aufmerksamkeit gegenüber bestimmten Aspekten von Veränderungsprozessen wecken, wie bei einem Mitarbeiteressen für einen nach Asien expandierenden Konsumgüterhersteller: Eine asiatisch aussehende Schauspielerin wurde als neue Mitarbeiterin aus China vorgestellt und mischte sich unter die Gäste. Ihr Verhalten veränderte sich dabei stetig bis ins Merkwürdige: Zum Essen holte sie Stäbchen hervor, verteilte unter den Anwesenden warme Tücher. Die Irritation bei solche Formaten entsteht unmerklich: Die Schauspieler schaffen über ihre fiktive Biografie konkrete Bezüge zu einem definierten Thema, setzen gezielte Botschaften, reißen mögliche Konfliktpunkte an. Dabei präsentieren sie merkwürdige Verhaltensweisen, die auch einmal gezielt provozieren. Erst wenn die Walk Acts am Ende ihre Maske lüften, verwandelt sich die Anspannung in einen Aha-Effekt. Bei besagtem Dinner wurde zunächst nicht geglaubt, dass wirklich eine Schauspielerin agierte. Sie sollte auf Klischeedenken und Vorurteile gegenüber anderen Kulturen aufmerksam machen und die Nachricht kommunizieren: Das Unternehmen wird jetzt vielfältiger.

4.3.2   Rollenspiele und Mitarbeitertheater

Es gibt eine Reihe von Formen von Theater in Unternehmen, bei denen Mitarbeiter selbst mitspielen und gegebenenfalls Einfluss auf die Inhalte nehmen können. Bei **Rollenspielen** spielen die Teilnehmer eine reale Rolle aus dem Organisationsalltag, nämlich sich selbst bei der Arbeit. Oft wird dies als interaktives Verhaltenstraining bezeichnet, je nach Anbieter auch als Seminartheater. Mitarbeiter spielen Situationen aus Führung, Vertrieb oder Beratung mit einem Trainer oder mit Profischauspielern durch, meist vor einem Publikum aus Kollegen, und bekommen Feedback zur Verbesserung. Bei solchen Formaten geht es um die Entwicklung individueller Kompetenzen und die Steigerung des Selbstbewusstseins in der Rolle, denn Verhaltensalternativen werden geprobt und eingeübt. Kritisch betrachtet sind solche Trainings auch eine Form der organisationalen Kontrolle, denn sie schwören Mitarbeiter auf ihre Rolle vor Kunden und Kollegen ein (Höpfl 2002). Mitarbeiter werden auf standardisierte Ausdrucks- und Verhaltensweisen geschult, in gewünschten Verhaltensweisen bestärkt und für unerwünschte sensibilisiert. Die Mitarbeiter erhalten durch solche Theatermethoden aber auch eine Sicherheit im Umgang mit ihrer Rolle und damit ein besseres und angenehmeres Gefühl bei der Tätigkeit. Solche Trainings steigern auch die Qualität der Dienstleistung für andere, beispielsweise wenn Dozenten im Hochschulbereich didaktische Trainings absolvieren, die bessere Lernerlebnisse für Studierende ermöglichen. Diese kunstbasierten Methoden erweitern auch die individuelle ästhetische Kompetenz: Beispielsweise spielen in den simulierten Umgebungen des ServLab des Fraunhofer-Instituts (Kapitel 2.1) Schauspieler vor und mit Mitarbeitern Serviceprozesse durch, wie neue Check-in-Verfahren in einem Hotel. Die ästhetische Darstellung der Interaktion ermöglicht den Mitarbeitern, Prozesse genau zu analysieren und ein Bewusstsein für die Komplexität der Dienstleistung zu erlangen, bei der vielfältige atmosphärische Faktoren das Erlebnis für den Kunden schaffen.

Theaterrollenspiele werden auch als **Mediation** zur Vermittlung in Konfliktsituationen eingesetzt. Die Beteiligten spielen sich selbst und können auch Stellvertreter einsetzen. Durch den spielerischen Austausch sollen die teilnehmenden Konfliktparteien einen neuen Blick auf das Ganze gewinnen, miteinander in Kontakt kommen und letztlich eigene Lösungen finden. Hier wirkt die ureigene Möglichkeit des Theaters, Abstraktes sichtbar zu machen. Nicht fassbare und nur oft kaum bewusst wahrnehmbare Emotionen bekommen bei der Aufführung Kontur und Stimme. Die Intervention wirkt auch über die individuelle ästhetische Erfahrung: Anfangs kann es den Beteiligten schwerfallen, Blickkontakt aufzunehmen, die Belastung presst den Atem, weckt den Drang, den Raum zu verlassen, der Stress wirkt mental und körperlich. Die Theaterarbeit kann diese Anspannung lösen und soll bestenfalls die Stimmung nachhaltig verbessern.

Mit den Rollenspielen verwandt sind Formen des **Präsentationstrainings.** In meist kürzeren Workshops sollen gerade Führungskräfte und Referenten von Erfahrung und Talent der Bühnenprofis profitieren. Berufsschauspieler sowie Trainer und Coachs proben mit den Teilnehmern den Einsatz von Stimme und Körpersprache und führen Übungen zur spontanen rhetorischen Improvisation durch. Diese Methoden unterstützen das Bewusstsein der eigenen Präsenz und der menschlichen Interaktion im weiteren Sinne. Verwandt damit sind Trainings zum Storytelling (Kapitel 3.4), die Grundlagen für das Erzählen von emotional ansprechenden und einprägsamen Geschichten vermitteln.

Bei anderen Theaterformen in Unternehmen spielen die Mitarbeiter auf der Bühne nicht sich selbst, sondern fiktive Rollen. Man kann diese Formen auch unter **Mitarbeitertheater** oder „konfektioniertem Laientheater" (Schreyögg 1999: 15 ff.) einordnen. Die Mitarbeiter können die Inszenierung selbst unter Anleitung eines professionellen Regisseurs erarbeiten. Dazu gehören moderne und klassische Theatertexte, wie beispielsweise Stücke von Shakespeare (Kapitel 4.4). Bei Formen des Erzähltheaters (Funcke & Havemann-Feye 2006) interpretieren Teilnehmer ein vorgegebenes Stück mit Gestik, Mimik und Stimme und entwickeln durch gegenseitiges Beobachten und wiederholtes Durchspielen ihre Rhetorik und Präsentationstechniken weiter. Einerseits verbessern solche Methoden die Wahrnehmung für ästhetisches Verhalten im Arbeitsalltag und die individuelle darstellerische Kompetenz mit dem Einsatz von Stimme und Körper im Raum. Kritische Organisationsforscher heben aber hervor, dass bei vielen einstudierten Theaterstücken die Teilnehmer kaum Improvisationsmöglichkeiten besitzen und den Text nur starr auswendig lernen und umsetzen: So werden Mitarbeiter auf Folgsamkeit und genehmes Verhalten gedrillt, um im übertragenen Sinne den expliziten und impliziten Verhaltensregeln des Unternehmens wie einem Theatertext oder Drehbuch zu folgen (Nissley et al. 2004: 825). Diese Rollenspiele steigern also die Akzeptanz des eigenen Spiels im Arbeitsalltag im Sinne der Theater-Metapher von der ganzen Welt als Bühne und legen keinen kritischen Umgang mit ihr nahe. Kunst kann dies jedoch, was sich mit einem theatergeschichtlichen Blick verdeutlichen lässt. Um Menschen sensibel gegenüber Formen sozialer Kontrolle im alltäglichen Schauspiel zu machen, hat beispielsweise Bertolt Brecht bestimmte Mittel eingesetzt: In den Lehrstücken wie *Der Jasager und Der Neinsager* kann der Schauspieler selbst mehrere Alternativen durchspielen, die Handlung bejahen oder sich ihr verweigern, und damit die Konsequenzen verstehen. Er lernt, dass nicht nur Zwang, sondern Möglichkeiten bestehen für den, der zum Schauspieler seiner selbst wird. Wer sich beim Theater aus den vorgegebenen Rollen befreit, der ist auch imstande, sich in Alltagssituationen emanzipiert zu verhalten. Die theater- und sozialpädagogische Praxis vermittelt das als erlebte, ästhetische Erfahrung – hierzu wäre ein rein kognitiv orientierter Ansatz kaum in der Lage. Eine solche Aktivierung des Zuschauers beabsichtigen auch Formen wie Augusto Boals Forumtheater, das ebenso als Modell für Unternehmenstheater dient, in dieser Funktion aber das subversive Potenzial seiner Ästhetik weitgehend einbüßt.

4.3.3   Mitspieltheater und Improvisation

Es gibt Formen von Theater in Unternehmen, bei denen die Teilnehmer die Inhalte weitestgehend selbst bestimmen können. Zunächst ist hier eine aufgrund ihres hohen Zeit- und Arbeitsaufwands selten anzutreffende Form des Theaters zu nennen, bei der Führungskräfte zu Autoren werden. Beispielsweise erarbeiten im **Future Drama** (von Krogh et al. 2000) Führungskräfte in einem gemeinsamen Workshop Vorstellungen über die Unternehmensstrategie, die dann als Theaterstück von professionellen Schauspielern vor anderen leitenden Mitarbeitern aufgeführt werden. Durch die Aufführung lassen sich die Inhalte und

Erkenntnisse mit verschiedenen Management-Ebenen ästhetisch und emotional ansprechend teilen.

Bei den anderen Theatermethoden schreiben die Teilnehmer keinen Stücktext, sondern entwerfen die Inhalte sozusagen performativ beim Spiel. Das nennt sich **Mitspieltheater** (Schreyögg 1999: 16ff). Die Mitarbeiter können die Inhalte bestimmen und selbst spielen, unter mehr oder minder starker Anleitung. Dazu gehört das **Image Theater** oder **Bildertheater,** bei dem die Mitarbeiter pantomimisch Szenen erschaffen (siehe Beispiel), und auch andere Formen, die je nach Anbieter ChangeTheater (VitaminT) heißen können oder ähnlich. Mit dem Statuen- und Bildertheater Boals und dem Psychodrama Morenos sind systemische Aufstellungsverfahren aus der Familientherapie verwandt, die zur Verwendung in Organisationen angepasst wurden. Gearbeitet wird nicht mit Worten oder Text, sondern nonverbal, durch das Schaffen von Körperbildern. Mit den Mitarbeitern wird ein Abbild ihres Alltags auf der Bühne umgesetzt, welches dann idealerweise gemeinsam verbessert werden soll. Die Teilnehmer stellen sich in verschiedenen Positionen zueinander auf, um pantomimisch Beziehungen, Machtverhältnissen und den damit verbundenen Gefühlen eine Gestalt zu geben. Diese räumlichen Tableaus präsentieren Strukturen, die verstanden und geändert werden sollen. Zunächst fordert die Fragestellung von den Teilnehmern Komplexitätsreduktion und Problemfokussierung: Nur die Beteiligten und deren Relationen können dargestellt werden mit Parametern wie Abstand, Winkel, Blickrichtung, Blickkontakt und Berührung, es gibt keine Schuldfrage und keine Zeitdimension. Über die Körperbilder werden schwer artikulierbare, sinnlich empfundene Faktoren dargestellt, die sich kaum in Worte fassen lassen. So ist auch kein Raum für verbale Missverständnisse und Rhetorik. Das Problem muss gar nicht in Worte übersetzt und ausgedrückt werden, sondern kann als körperlich empfundenes Wissen quasi aus dem Bauch heraus eine ästhetische und sinnlich zu verstehende Form finden. Man kann davon ausgehen, dass die konstruierten Idealbilder über die Körperempfindungen der Teilnehmer aufgenommen werden und ein besseres „Gefühl" für die Lage vermitteln. Die Ergebnisse werden auch fotografisch festgehalten und dienen als Grundlage für weitere gemeinsame Arbeit am Thema.

Probleme im Unternehmen mit Bildertheater illustrieren

Ferris (2002) beschreibt, wie er als Trainer das Bildertheater in einer Firma angewendet hat, in der sich das Betriebsklima verschlechtert hatte. Als Ursache wurde die hohe Arbeitsbelastung vermutet. In der ersten Aufstellung der Teilnehmer sitzt der Vorstand am Kopfende eines langen Tischs, seine Frau als Stellvertreterin einige Stühle weiter, zwei protegierte Mitarbeiter daneben. Zwei verheiratete Angestellte sitzen als Paar zusammen, von den anderen durch weitere Lücken getrennt. Ein viel reisender Vertriebsmitarbeiter verlässt den Raum ganz, weitere Mitarbeiter stehen mit dem Gesicht zur Wand, einer nahe der Tür. Schon diese Situation zeigt fehlende Verbindungen, denn nicht einmal alle sitzen am Tisch. Auf Aufforderung des Trainers, die Situation möglichst real zu stellen, verändert sich noch einiges: Die Frau des Chefs wird aufgestellt, sie verdeckt nun die Sicht auf eine dahinter postierte Mitarbeiterin. Ein weiterer schließt an der Türschwelle auf, zwei Mitarbeiter werden in Angriffshaltung einander gegenüber gestellt. Das Tableau wird fotografiert. Weitere Fotografie: das ideale Bild. Alle Mitarbeiter kommen an den Tisch, schauen sich an, berühren sich sogar an den Händen. Es wird zuvor noch ein Übergangsbild konstruiert, das ebenfalls fotografiert wird. Die Abbildungen hängen bei folgenden Workshops an der Wand, in denen die Mitarbeiter neue Verhaltensregeln für den zwischenmenschlichen Umgang entwerfen sollen. Die Theaterübung bot hier einen gemeinsamen Orientierungspunkt und eine weniger konfrontative gemeinsame Sprache zum Austausch über den aktuellen „Stand" im Bild. Die Körper-Skulpturen dienten in Gesprächen zur Reflexion über die Positionen, den individuellen Beitrag im Bild und Wege zu verbesserten Anordnungen.

Es gibt ähnliche Methoden, die verfremden, wie das sogenannte Themenzentrierte Theater (Heinrich Werthmüller), das Szenen aus dem Arbeitsalltag in einen anderen Kontext setzt, beispielsweise in eine Märchenwelt. Durch die Distanzierung vom Klein-Klein der Realität sollen auf gelassene und kreative Art neue Handlungsmöglichkeiten entworfen werden können. Oft zur Problemlösung angewandt werden Varianten des **Psychodramas,** welches auf Jacob Levy Moreno (1997) zurückgeht. Es ähnelt einer Gruppentherapie, bei der innere und äußere Erlebnisse gestaltet werden. Beim Psychodrama stellt ein Protagonist einen realen Konflikt vor anderen und dem therapeutischen Spielleiter szenisch dar, kehrt sein Problem mit freiem, improvisiertem Ausdruck nach außen. Die Teilnehmer können gegebenenfalls einbezogen werden und andere beteiligte Personen darstellen oder mit der Spiegelmethode den Protagonisten imitieren und ihm verdeutlichen, wie er auf andere wirkt. Durch das Mitteilen ihrer eigenen Gefühle und die Analyse der Verhaltensmuster helfen sie dem Protagonisten, seine Einsicht zu vertiefen und durch das Experimentieren mit Handlungen neue Sichtweisen zu gewinnen. Im abgegrenzten, sicheren Spielraum können die Teilnehmer Spannungen und Emotionen ausleben und abreagieren und sie danach verbal aufarbeiten. Man muss aber einschränkend erwähnen, dass anders als bei einer freiwilligen Therapie im als Schauspiel zu verstehenden Unternehmensalltag ein großes Maß an Selbstverstellung und Zurückhaltung praktiziert wird.

Improvisationsfähigkeit wird als wichtige Managertugend gehandelt und so sind nicht nur Metaphern von der Jazz-Improvisation beliebt, sondern auch die Anwendung von **Improvisationstheater** als kunstbasierte Intervention. Der Einsatz von Theater für die Mitarbeiter- und Führungskräfteentwicklung ist einfacher als von Jazz, denn es werden keine Instrumente und keine besonderen Fähigkeiten gebraucht, nur der Körper mit seinem alltäglichen Ausdrucksrepertoire. Formen des Improvisationstheaters haben eine lange Tradition, beispielsweise in der Commedia dell'Arte, die sich vom 16. bis 18. Jahrhundert durch umherziehende Schauspieltruppen über Europa ausbreitete. Beim Improvisationstheater zum Mitspielen im Unternehmenskontext setzen Teilnehmer rein assoziativ kleine Geschichten oder Begebenheiten in Szene, es können Stichwörter, Bewegungen oder Themen als Leitfaden vorgegeben werden. Diese für alle Teilnehmer meist erheiternde Form fordert eine offene und positive Haltung, fördert Spontaneität und Schlagfertigkeit, die hilft, im Berufsalltag überraschende abstrakte oder zwischenmenschliche Situationen flexibel zu meistern (Moshavi 2001). Es eignet sich zur Förderung von Kreativität, weil anders als bei typischen Rollenspielen Handlung und Ausgang durch das Zusammenfügen verschiedener Elemente frei zu gestalten sind. Improvisationstheater wird deshalb auch in Führungskräfteseminaren eingesetzt, um vereinfachende und eingefahrene Wahrnehmungsmuster auszuschalten und einen offenen Blick zu ermöglichen (Corsun et al. 2005). Eine geschärfte Wahrnehmung für Situationen ist sehr wichtig für Führungspersonen, deren Arbeitsalltag zu einem großen Anteil aus persönlicher Interaktion besteht. Zudem erschwert die generelle Ästhetisierung von Wirtschaft mit ihrem trügerischen und informationsgefüllten Schein oft eine sorgfältige Einschätzung durch Entscheidungsträger.

Weil Kommunikationsfähigkeiten, Kreativität und ästhetisches Verständnis häufig unzulänglich ausgebildet werden, wird Improvisationstheater auch an Hochschulen mit MBA-Studenten (Huffaker & West 2005, siehe Beispiel) praktiziert. Zuhören und spontane Interaktion und Weiterentwicklung von Themen bei einer Gruppendiskussion stehen hier im Mittelpunkt. Es ist anzunehmen, dass die Lerninhalte durch die einprägsame eigene Erarbeitung besser verstanden und behalten werden. Der offene „improv mindset" wird auch als Vorbild für die Haltung von Managern gesehen: Bessere Erfolge lassen sich ohne konfrontative und aggressive Diskussionen erzielen, sondern wenn wie beim Improvisationstheater Teilnehmer die Vorlagen anderer akzeptieren und unverkrampft und spielerisch auf Vorschlägen aufbauen – gemäß dem Improvisationskonzept des „yes, and-ing" (Moshavi 2001) sagen sie nicht „nein, aber", sondern „ja, genau!".

> Improvisationstheater in der Managerausbildung
>
> Improvisationstheater lässt sich mit vielen anderen didaktischen Theaterübungen in der Managerausbildung einsetzen. Beispielsweise soll das Genre „freeze tag" (Moshavi 2001) gewöhnliche Gruppendiskussionen ansprechend ersetzen: Zwei Akteure spielen eine Szene, die umstehenden Teilnehmer können die Aktion einfrieren („freeze!"), sich selbst einwechseln und weiterspielen. In einem Seminar über Ethik und Marketing beispielsweise (Biehl-Missal 2010b) wird Studenten eine Fragestellung vorgegeben wie: „Sie sind Chef eines Haushaltswarenherstellers. Neue interne Tests ergeben, dass der gerade auf den Markt gebrachte Herd nicht zuverlässig arbeitet und möglicherweise zu Verletzungen bei einer kleinen Anzahl von Kunden führen kann. Ein Rückruf würde aber das finanzielle Aus für das Unternehmen bedeuten und auch Sie selbst arbeitslos machen. Was tun?" Verschiedene Denkvorgänge lassen sich mit wechselnder Besetzung in an den Konstellationen Chef – Marketingmanager, Chef – Kunde, Chef – Journalist durchspielen. Die Übungen sind ein Experiment, es gibt kein Falsch oder Richtig. Im Schutz der Rolle können Studenten ganz radikale Positionen einnehmen („Wir stellen uns dumm") oder besonders umsichtige („Es könnten Kinder verletzt werden") und diese mit anderen weiterspielen. Im Spiel werden zwangsläufig Ethik-Konzepte angesprochen wie die *Goldene Regel* (Behandle andere so, wie du behandelt werden willst), die danach im Seminar in den Kontext der Wirtschaftsethik gesetzt werden können.

4.3.4   Forumtheater

Eine besondere wissenschaftliche Aufmerksamkeit haben Formen des **Forumtheaters** erfahren, das in Unternehmen teilweise im großen Stil betrieben wird (Barry & Meisiek 2007). Die Angebote sind angelehnt am Forumtheater und Theater der Unterdrückten, das in den 1970er Jahren von Augusto Boal (1979) in Südamerika zur Unterstützung der Arbeiter entwickelt wurde. Das Forumtheater besteht aus kurzen Szenen oder Einaktern, bei denen Situationen über Machtmissbrauch und Unterdrückung vorgespielt werden. Zuschauer können in das Geschehen einwechseln und die Situation mit ihren Ideen weiterspielen. Sie stellen Spielregeln der Diskriminierung infrage, probieren Verhaltensweisen und Reaktionen aus und erarbeiten gemeinsam mit einem Moderator Handlungsmöglichkeiten. In der spielerischen und ästhetischen Begegnung werden Kunst, Selbsterfahrung und politische Aktivierung zusammengebracht. Der Zuschauer wird zum Zu-Spieler, zum spect-actor, und übernimmt die Regie über die Inhalte. Die erarbeiteten Szenen werden in der Gruppe anschließend diskutiert. Weil eigentlich die Zuschauer selbst die aktiven, selbstbestimmten Spieler sein sollten, findet sich das Forumtheater hier an letzter Stelle im Kapitel.

Beim Forumtheater in Unternehmen wird eine spezifische Situation meist von professionellen Schauspielern dargestellt, die Mitarbeiter im Publikum können selten selbst auf der Bühne mitspielen, sondern machen meist verbal Vorschläge für das erneute Durchspielen. Das hat weniger restriktive denn praktische Gründe: Welcher normale Mitarbeiter wollte oder könnte bei einer Großveranstaltung ohne sich zu blamieren neben einem professionellen Schauspieler bestehen? Der Schauspieler als schützendes Medium kann Hemmschwellen für Beiträge senken und so die Situation als Verhaltenslabor ermöglichen. Die Aktion zwischen Bühne und Publikum wird moderiert von einem erfahrenen Coach, der „in einem grundsätzlich ergebnisoffenen Prozess sicherstellt, dass sich dennoch bestimmte Kernbotschaften bzw. Erkenntnisse vermitteln" (Borowy 2010: 53). Mitarbeiter sollen mit versteckten Konflikten und wenig bewussten Verhaltensmustern ihres Arbeitsalltags konfrontiert werden, um an diesen zu arbeiten. Das Forumtheater soll sich wie Rollenspiele eignen für Verhaltenstrainings in den Bereichen Konfliktmanagement, Rhetorik, Präsentation (siehe Beispiel) und kann seine Wirkung besonders dann entfalten, wenn es „keine einfachen Antworten auf die Problemsituationen gibt" (Funcke & Havermann-Feye 2006: 44). So kann es auch bei großen Umstrukturierungen eingesetzt werden, wenn die Motivation der Mitarbeiter unter besonderem Effizienzdruck leidet (Meisiek 2007). Bei dieser Theaterform sollen Teilnehmer mit unterschiedlichen Ideen experimentieren und auch individuelle Lösungen für komplizierte Umstände finden können.

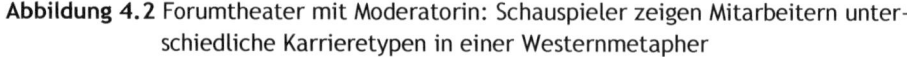

Abbildung 4.2 Forumtheater mit Moderatorin: Schauspieler zeigen Mitarbeitern unterschiedliche Karrieretypen in einer Westernmetapher

Quelle: Inszenio

Forumtheater zur Verbesserung der Kundenpräsentation

Eine Schmuckfirma benutzt Forumtheater, um Verkaufspräsentationen vor Kunden zu verbessern. Rund 200 Mitarbeiterinnen des Direktvertriebs wurden zur Veranstaltung *Die Präsentation als Erlebnis* geladen, die mit einer Theateraufführung begann. Szenen wie „Schmuckpräsentation als Desaster" wurden im Vorfeld von einigen Mitarbeiterinnen mit Schauspielerinnen erarbeitet. Sie zeigen zu zögerliches und umständliches Hantieren mit dem Schmuck, aufdringliches Verhalten gegenüber der Kundin und unpassende Rahmenbedingungen. Nach der Vorführung forderte der Moderator das Publikum zur Interaktion auf: „Wir sehen einzelne Szenen noch einmal. Sobald Sie merken, dass hier etwas falsch läuft, rufen Sie bitte Stopp!" Davon wurde reger Gebrauch gemacht. „Bitte formulieren Sie eine Handlungsanweisung. Was soll die Spielerin tun?" Die Vorschläge führten Schritt für Schritt zu einem besseren Verlauf der Präsentation. Das Publikum gab verschiedene Anregungen: eine freundlichere Einstellung der Schmuckberaterin, mehr Aufmerksamkeit für die zwischenmenschliche Atmosphäre, mehr Sorgfalt bei Raumgestaltung und Vorbereitung. Die gemeinsam gewonnenen Erkenntnisse waren die Grundlage für anschließende Workshops. „Die Kolleginnen erlebten, dass ihre Erfahrungen als Ressource für Veränderung genutzt wurden", sagt Christian Hoffmann, Geschäftsführer von SpielPlan und Theaterpädagoge. „Der Wiedererkennungswert der Szenen und die Identifikation mit dem Spiel waren sehr hoch."

Trotz dieses unbeschwerten und auch die Arbeit verbessernden Beispiels wird gerade der Einsatz von als Forumtheater bezeichneten Methoden in Unternehmen von der Forschung kritisch diskutiert, vor allem, wenn es um ernste Themen geht. Die Kritik setzt an der Instrumentalisierung an und betrifft zunächst das Missverhältnis zwischen der Verwendung von Forumtheater in Unternehmen und der Intention der Methode Augusto Boals zur

Demokratisierung und Förderung der Eigenverantwortlichkeit von Arbeitern. Der Einsatz von Forumtheater in Firmen wird als paradox und widersprüchlich gesehen (Gibb 2004). Hüttler (2005) erläutert in seiner Untersuchung *Vom Theater der Unterdrückten zum Theater der Unternehmer*, dass solche Formen nur dem Wohl des Unternehmens dienten und der Profitsteigerung. Mitarbeiter würden oftmals mit billigen ästhetischen Mitteln manipuliert, ihre Interessen würden nicht wahrgenommen. Es wird bezeichnet als Theater der Unterdrücker, „a powerful managerial tool for shaping 'organizational performance' – a 'theatre of the oppressor'" (Nissley et al. 2004: 834). Boals Theater (1979: 141) hingegen legt nicht den einen, richtigen Weg nahe, sondern fordert über die ästhetische Erfahrung, das Beobachten und Ausführen von Handlungen eine selbstständige Reflexion über verschiedene Möglichkeiten. Gerade das können als Forumtheater deklarierte Interventionen oft nur vordergründig bieten. In den Stücken geht es um vom Management vorgegebene und zweitrangige Themen wie Kommunikationsprobleme, nicht um eine Veränderung erster Ordnung im Sinne eines Umsturzes und einer Neugestaltung der bestehenden Hierarchie (Meisiek 2007). Die Mitarbeiter haben nicht die Möglichkeit, wirkliche Machtstrukturen im Unternehmen infrage zu stellen. Stattdessen werden ihnen erwünschte Veränderungen nahegebracht, und Inhalte und vorbereitete Diskussionen dienen zum Festigen der bestehenden Macht- und Statusbeziehungen. Weil Augusto Boal seine Aktivitäten nur im Sinne der Unterdrückten einsetzen will, hat er auch persönlich die Einladung einer europäischen Unternehmenstheatergruppe abgelehnt: „Please understand me. Theatre of the oppressed is theatre of the oppressed, for the oppressed and by the oppressed. I know that social and labour conditions in Brazil and in Europe are very very different, so it is difficult for me to imagine what words like managers, executives, business etc. really mean to you. I know what they mean to me" (zit. in Clark & Mangham 2004b: 849).

Es ist wenig verwunderlich, dass Theater im Unternehmen als Werkzeug nicht das Interesse verfolgt, Mitarbeiter zu verunsichern oder anzustacheln, wie es so manche (politische) Kunstform versucht. So kann man bei Theater in Unternehmen eine reduzierte Bandbreite an ästhetischen Ausdrucksmitteln feststellen. Es ist weder zu konfrontativ noch zu provokant aggressiv, da Moderatoren den Ablauf regeln und Führungspersonen anwesend sind. So wird auch von „Boal lite" gesprochen (Clark & Mangham 2004b: 844). Allerdings stehen Mitarbeiter offensichtlichen Steuerungsversuchen skeptisch gegenüber, was jeden Veränderungsprozess behindert. Deshalb, so schlägt Heindl (2007: 212) vor, wird sich nur „qualitativ hochwertiges Unternehmenstheater, das aufrichtig mit den betroffenen Menschen arbeitet", auf dem Markt durchsetzen können. Tatsächlich kann man beim Einsatz von Kunst in Unternehmen nicht generell von einem Gegensatz zwischen Managern und Mitarbeitern ausgehen, da sich deren Interessen überschneiden (Nissley et al. 2004: 828). Deshalb sollen partizipative Theaterformate besonders wirksam sein (Clark & Mangham 2004a), die Interessenskonflikte und Meinungsverschiedenheiten offenlegen, Dialog ermöglichen und Mitarbeitern zugestehen, Inhalte und Aussagen auch wirklich zu beeinflussen, ob sie nun auf selbst der Bühne stehen oder im Publikum sitzen.

4.4   Dichtung

Der Einsatz von Dichtung in Unternehmen zur Führungskräfte- und Mitarbeiterentwicklung ist neuer und weniger verbreitet als Theater, Malerei und Musik, ist aber in den letzten Jahren zunehmend populär geworden. Das Interesse an Poesie erklärt sich ebenfalls durch die veränderte Wirtschaftswelt, in der traditionelle, technisch geprägte Managementkonzepte um soziale, kulturelle, intellektuelle und emotionale Aspekte ergänzt werden (James & Weir 2006). Die Beschäftigung mit Dichtung schult Schreib- und Redetechnik und vor allem das komplexe Denken, welches heutzutage gerade wichtig für Führungspersonen ist. Mit Überraschungen, Gegensätzen und Unschlüssigkeiten in Worten, Bildern, Stilfiguren, Reimen und Versrhythmen ermutigt die Dichtung zu Fragen und neuen Sichtweisen. Ihre kreative Energie, emotionale Kraft und kommunikative Komplexität soll Problemlösungsfähigkeiten und innovatives Denken von Managern und Mitarbeitern verbessern können. Über einen längeren Zeitraum hinweg soll die Beschäftigung mit Gedichten zur Ausbildung von besonderen Denk- und Empfindungsfähigkeiten beitragen, die gerade für Strategieentwicklung und Führung wichtig sind.

Grundlagenwerke für Wirtschaft und Dichtung sind *The Poetry of Business Life*, eine Anthologie von Ralph Windle (1994), seines Zeichens Manager, Künstler und auch Wissenschaftler. Zu nennen ist auch *Heart Aroused: Poetry and the Preservation of the Soul in Corporate America* von dem Dichter David Whyte (1994). Was die wissenschaftlichen Publikationen angeht, existieren mittlerweile verschiedene Ausarbeitungen, auch zum Einsatz von Dichtung als ästhetischer Forschungsansatz und Methode (Kapitel 1.2). Vor einigen Jahren ist ein erstes Sonderheft der Fachzeitschrift *Management Decision* mit dem Titel *Poetry, Organisation, Emotions, Management and Enterprise: POEME* erschienen, unter den Gastherausgebern Jane James und David Weir (2006). POEME bietet auf der *Art of Management and Organisation Conference* eine eigene Vortragsreihe an, eine eigene POEME-Konferenz gab es beispielsweise 2009 im englischen Bristol. Im Jahr 2010 ist das Buch *What Poetry brings to Business* erschienen, geschrieben von Clare Morgan, Leiterin des Programms für kreatives Schreiben an der University of Oxford, und Kirsten Lange, Partnerin bei Boston Consulting, sowie Ted Buswick von derselben Firma, Head of Oral History and Archiving. Die Autoren betonen, dass Handeln in der Wirtschaftswelt und die Beschäftigung mit Dichtung einiges gemeinsam haben, was Kreativität angeht und die Fähigkeit, Struktur und Ordnung in das Chaos zu bringen. Das Strategieinstitut von Boston Consulting beschäftigt sich mit Poesie: Dichtung soll ein qualitatives, emotionales und kulturelles Gegengewicht bieten zur quantitativen und linearen Denkschule von Führungskräften. Auch andere Fachleute betonen, dass der Nachholbedarf von Wirtschaftsstudenten mit literarischer Beschäftigung sozusagen ausbalanciert werden müsse (Badaracco 2006). Der erlernbare Umgang mit Lyrik lasse sich laut Boston Consulting auf das Denken in komplexen, strategischen Situationen übertragen. Es ist ein Prozess der individuellen geistigen Entwicklung, der sich schließlich auf organisationaler Ebene bemerkbar macht.

Dichtung zur Verbesserung von Führungsfähigkeiten zu verwenden wird wohl häufig auf Skepsis treffen. Manche Entscheidungsträger sagen ganz deutlich, dass sie Poesie an und für sich zwar schätzen, aber keine Verbindung zum Geschäftsalltag sehen. Dichtung ist eine Sache, Business eine andere. Warum sollte dies aber wirklich so sein, wenn Lyrik doch das menschliche Handeln und seine Natur thematisiert, Situationen und Sinn infrage stellt, Unerwartetes zeigt, Präzision und Vorstellungskraft in Sprache, Denken und Ausdruck fordert? Wo ist da der unüberbrückbare Graben zum Handeln von Führungspersonen? Dichtung und Wirtschaft haben de facto für viele erfolgreiche Manager eine enge Verbindung, die beispielsweise Gedichte lesen, wenn der Geist nicht mehr weiter weiß. Viele bekannte Lyriker wie A. R. Ammons, Wallace Stevens, James Dickey, Walter de la Mare, Roy Fuller haben in beiden Welten gelebt – nicht immer freiwillig, wie beispielsweise Literaturnobelpreisträger T. S. Eliot, der schließlich seinem ungeliebten Dasein als Bankangestellter entfloh. Konkreten Bezug zum Wirtschaftsleben nehmen Werke von Gavin Ewart und Peter Porter sowie von Dana Gioia (1992) – der zeitgenössische amerikanische Dichter und spätere Marketingmanager bei einem Lebensmittelhersteller schreibt seinen beruflichen Erfolg seiner kreativen Vorstellungskraft zu, die er durch das Lesen und Schreiben von Gedichten geschult hat. Wie bereits erläutert wurde, ist Wirtschaft nicht streng rational, schon gar nicht im Hinblick auf ästhetische Phänomene.

Der Einsatz von Poesie in Unternehmen hat verschiedene Formen. Im Unternehmensalltag kann den Mitarbeitern die Welt der Dichtung zunächst einmal in Gestalt eines sogenannten **Hauspoeten** begegnen. Ein dänisches Unternehmen beispielsweise war eines der ersten, das eine bekannte Dichterin angestellt hat, und zwar in der Kommunikationsabteilung, wo sie den verbalen und schriftlichen Austausch verbessern und neue Sichtweisen einbringen sollte (Darmer 2006: 552). Die BG-Bank hatte schon vor einigen Jahren einen eigenen Schreiber sozusagen als Bank-Poeten angestellt. Er sollte regelmäßig seine Eindrücke der Geschäftstätigkeit niederschreiben. Seine Perspektive versprach andere Erkenntnisse als die von normalen Unternehmensberatern. Diese Andersartigkeit ist relevant für die stimulierende Funktion von Dichtung in Unternehmen. So sieht beispielsweise Saunders (2006: 509) die Stärke von Poesie in ihrer oberflächlichen Nutzlosigkeit und Zwecklosigkeit, die mit ihrer Offenheit keine Sichtweise vorgibt, sondern zum Nachdenken auffordert. Daraus leitet Saunders Richtlinien für ihre Tätigkeit als Poet in Residence ab: präsent sein, nicht argumentieren, Einsichten stimulieren, nicht vorgeben. Mit Worten und Bildern spielen und sie in neuem Licht erscheinen lassen. Genug sagen, aber nicht zu viel.

Dann gibt es einschlägige **Poetry-Workshops** in Unternehmen, die sich an eine kleinere oder größere Anzahl von Teilnehmern richten, abteilungs- und hierarchieübergreifend oder an eine bestimmte Gruppe von Mitarbeitern, beispielsweise Führungskräfte. Es gibt verwandte Ansätze mit Gedichten und Parabeln, die auch unter dem Begriff Storytelling gefasst werden. Bei der Unternehmensberatung Boston Consulting gibt es eine Reihe von Poetry-Workshops für Mitarbeiter an verschiedenen Standorten weltweit (Morgan et al. 2010: 215 ff.). Die Teilnehmer lesen mit dem Moderator ausgesuchte Gedichte und interpretieren sie gemeinsam. Für die Interpretation lassen sich Informationen über den Verfasser sowie einige Hinweise zu Hauptmotiven geben. Die Herangehensweise lässt sich natürlich variieren hinsichtlich der Zeit für individuelle Reflexion, der Struktur der Gruppendiskussion und der Formen der Beiträge. Die Firma setzt solche Workshops auch bei ihren Klienten ein, allerdings nicht als systematische Form der Weiterbildung, sondern wenn beispielsweise ein Meeting mit möglichst breiten Denkansätzen eröffnet werden soll, in Brainstorming-Session, oder um eine Veranstaltung einmal ganz anders zu beginnen.

Wie bei anderen kunstbasierten Methoden soll die Beschäftigung mit der besonderen ästhetischen Form kreative Fähigkeiten fördern. Das Gedicht teilt sich mit durch Rhythmus, Reim und Bilder und wird wie andere Kunstformen ästhetisch erfahren. Es besitzt einen besonderen Klang, ein empfundenes Tempo und musische Elemente in Reim und Rhythmus, die verschiedene sinnliche Vorstellungen im Leser auslösen und wieder Gefühle und Bauchgefühle ansprechen sowie ein bestimmtes implizites Wissen um Sachverhalte hervorrufen oder erst entstehen lassen. Andere Kunstformen teilen diese ästhetische Ansprache mit ihren jeweils typischen Ausdrucksweisen. Rhythmus wird man in der Musik akustisch und körperlich wahrnehmen, in der Malerei kann dieser durch repetitive visuelle Mittel vermittelt werden, im Theater durch performative Techniken, die über die Ko-Präsenz von Akteuren und Zuschauern vermittelt werden. Bei der Gedichtinterpretation werden ausgehend von Inhalt, Reim, Rhythmus, Stilfiguren und Bildern und deren ästhetischen Reaktionen mehrere Herangehensweisen und Sichtweisen durchgespielt. Das Besondere an der Dichtung ist, dass sie wie ein Mosaik verschiedene und in Beziehung zu setzende, austauschbare Teilchen beinhaltet, die unterschiedliche Ansichten ergeben, die jeweils mehr oder weniger valide, aber nie einfach nur richtig oder falsch sind. Der Text verfliegt nicht wie eine Melodie, die Bedeutungsteilchen lassen sich herumschieben und arrangieren, es wird entschlüsselt und geknobelt. Gedichte fordern die Vorstellungskraft des geneigten Rezipienten und stellen Denkroutinen infrage.

Die Beschäftigung mit Gedichten kann helfen, vermeintliche Gegebenheiten zu durchschauen und zu hinterfragen und soziale, politische und kulturelle Komplexität zu verstehen. Gedichte machen aufmerksam und säen einen durchaus gesunden Zweifel an dem, was wir als Realität empfinden. Das besondere Potenzial von Dichtung liegt in ihrem Anderssein zum Geschäftsalltag, denn sie fordert assoziatives Denken anstelle von Kausalitäten, ist imaginativ statt deduktiv und propagiert Skepsis gegenüber angeblichen Fakten. Die Absichten der Poesie unterscheiden sich generell von anderen Diskursen im wirtschaftlichen und sozialen Leben. Dichtung will nicht eine bestimmte Sichtweise verkaufen, sondern viele eröffnen. Eben das trifft auch auf andere Formen von Kunst zu, die aufmerksam gegenüber der Wirklichkeit machen können, sie nicht stützen, sondern destabilisieren. Das sprachliche Gebilde des Gedichts verändert seinen Sinn abhängig vom Blickwinkel, Bedeutungen changieren und andere Facetten offenbaren sich mit der aufgeschlossenen Betrachtung. Dichtung hinterfragt Worte, erzwingt ein Innehalten, erfordert Geduld, Flexibilität, Anpassungsfähigkeit, den Geschmack am Paradoxen und den Hunger nach Präzision, das Wohlfühlen im Chaos und bringt den Leser auf Distanz. Wer sich ein Gedicht erschließen möchte, muss Metaphern auf sich wirken lassen und eigene Bilder schaffen, Verknüpfungen konstruieren. Modelle der Logik und des Beweises sind hier außer Kraft gesetzt zugunsten des Widersprüchlichen und der umfassenden Interpretation. Alle diese Denkweisen sind in einem komplexen Wirtschaftsalltag besonders gefragt. Es gibt eine Anzahl von Besonderheiten der Dichtung, die verschiedene für die erfolgreiche Führungstätigkeit notwendige Eigenschaften positiv beeinflussen soll (siehe Tabelle 4.1).

Tabelle 4.1   Was Poesie für die Wirtschaftswelt bringt

ein Gedicht ist ...	Was können Manager daraus lernen:
ohne eine bestimmte Bedeutung und besitzt ein offenes Ende nicht logisch deduktiv oder leicht verständlich	mit Mehrdeutigkeit und Unbestimmtheit umgehen, unterschiedliche Interpretationen finden, assoziative Verknüpfungen, verborgene Verbindungen entdecken
fast unendlich interpretierbar	Sichtweisen überdenken und andere in Betracht ziehen, Veränderung von Bedeutung erkennen
voller Ergänzungen und Gegensätze	sorgfältiges Urteilen, Skepsis gegenüber Entweder-Oder-Denken
auf menschliche Bedürfnisse und Motivation ausgerichtet, stimulierend für vielschichtige Emotionen	ethische Fragestellungen einbeziehen, umfassende Antworten suchen

Quelle: Morgan et al. 2010: 24

Das Potenzial von Poesie für die **Strategieentwicklung** wird oft hervorgehoben. Diese ist ebenfalls ein interpretativer Prozess, bei dem in Mehrdeutigkeit erprobte Denkfähigkeiten zum Tragen kommen. Aus einer Masse an Informationen müssen wichtig erscheinende ausgewählt und mit Zielen und gegebenenfalls widersprüchlichen Verantwortlichkeiten abgeglichen werden. Um eine innovative Strategie zu entwickeln, die ein Unternehmen von anderen differenziert, braucht es eine offene Haltung und Vorstellungskraft für das, was (noch) nicht ist – was bereits als ästhetische Kompetenz beschrieben wurde. Beispielsweise wenn es um die bisher unbefriedigten und vor allem unartikulierten Bedürfnisse und steigerbaren Begehrlichkeiten des Konsumenten durch Veränderungen geht: vom Kaffeehaus zum Coffee Shop, vom Walkman zum MP3-Player oder Smartphone, von der Fluggesellschaft zum low cost carrier. Situationen sind komplex und Strategien bestehen aus Bausteinen, die mit mehreren sich verändernden Hypothesen kombiniert werden müssen, die sich wiederum aus der wahrgenommenen Beziehung zwischen Situation und Kontext ergeben. Auch bei einer gekonnten Gedichtinterpretation geht es nicht darum, möglichst schnell eine passable Interpretation zu finden und den „Sack zuzumachen". Vielmehr werden verschiedene Sinngebungen in Bezug auf Reim, Rhythmus, Struktur, Syntax, Änderungen der Stimmung, Gewichtung, Wortwahl, Tempo und Atmosphäre durchgespielt, um die Bedeutung in kreisenden Denkbewegungen möglichst offenzuhalten. Anstelle eines oberflächlich gehetzten Entweder-Oder soll ein entspannter offener Blick treten. Dieses Prinzip wird auch bei anderen Kunstformen deutlich, beispielsweise in der als besonders konstruktiv angesehenen „yes, and"-Haltung des Improvisationstheaters (Moshavi 2001) oder beim

Lesen von Literatur und dem Umgang mit Malereien und Skulpturen, die ebenfalls nicht einfach etwas Konkretes bedeuten, sondern in ihrer Mehrdeutigkeit erfahrbar sind.

Teilnehmer an kunstbasierten Interventionen finden, dass Lyrik im Vergleich zu anderen Methoden wie Skulpturenherstellung besonders emotional ansprechend ist und somit die **Aufmerksamkeit gegenüber eigenen Empfindungen** und die **Empathie** für die Umwelt steigern kann (Morgan et al. 2010: 131). Das ist gerade heutzutage wichtig bei dem anerkannt hohen Einfluss von Emotionen auf individuelles Verhalten und Unternehmenserfolg. Das geschulte „Lesen zwischen den Zeilen" ermöglicht eine bessere Wahrnehmung von in Unternehmen allgegenwärtigen Emotionen wie Ärger, Anspannung, Spaß, Überraschung und Freude. Gedichte haben ihre Wurzeln im Denken und im Fühlen, verbinden die undefinierte Empfindung mit der verbalen Sprache und bringen so rationale und nichtrationale Elemente eindrücklich zusammen. So bezeichnete der Dichter Robert Frost die Poesie einmal als den kürzesten emotionalen Abstand zwischen zwei Punkten. Die Beschäftigung mit Gedichten fordert das Hineinversetzen in die Verse und das Nachvollziehen in der eigenen Vorstellung, auf Grundlage der persönlichen Gefühle und Werte. Die Aufmerksamkeit für die persönlichen Empfindungen fördert das Bauchgefühl, ein unterbewusstes (ästhetisches) Verständnis, das bei der Orientierung in unserer komplexen Welt hilft (Morgan et al. 2010: 125). Dieser emotionale Aspekt macht Dichtung zum sinnvollen Instrument für die Mitarbeiterentwicklung, denn im Geschäftsalltag arbeiten Verstand und Gefühl Hand in Hand.

Eine besondere Stärke von Poesie ist die **Förderung komplexen Denkens** durch ihre Vieldeutigkeit, ihren Doppelsinn und ihre Unbestimmtheit. Sie zwingt den Leser, neue Blickwinkel einzunehmen. In einem Gedicht zu lesen ist wie in einem sorgfältig ausgestalteten Raum zu stehen: Pede Position eröffnet eine neue Perspektive und lässt Elemente anders wirken. Die Erfahrung, dass sich Bedeutung und Entwicklung nicht genau vorhersagen lassen, macht skeptisch gegenüber vorschnellen Einschätzungen im Wirtschaftsalltag und ist die Voraussetzung für den Umgang mit komplexen Situationen. Linguisten sehen den Effekt von Dichtung im Verhindern von automatischen Urteilen und Schubladendenken (Morgan et al. 2010: 93). Ausgebildet werden Denkweisen, die sich auf Mehrdeutigkeit zunächst einlassen, anstatt eine vorhandene Schublade zu öffnen. Wer Feinheiten ausmerzt, denkt in Automatismen und kann kaum Unterschiede und neue Möglichkeiten entdecken. Wissenschaftliche Untersuchungen (Tsur 1992) haben zur Bestätigung dieser These zwei verschiedene Arten von Personen verglichen: den Typus des Sharpener (Schärfenden) und den Leveler (Nivellierer). Der erste Typ „schärft" Informationsgehalte und greift differenziert auf Erlebnisse zurück um, neue Situationen sorgfältig einzuschätzen. Der zweite Typ neigt zur Nivellierung von Einzelinformationen und ordnet Neues damit auch zu undifferenziert ein. Die im Umgang mit Literatur und Dichtung Geübten konnten als Sharpener sprachliche Feinheiten, Nuancen und Unterschiede besser wahrnehmen als die weniger Belesenen. Allgemeiner ausgedrückt: Wer seine Fähigkeiten an der Poesie geschult hat, besitzt eine geschärfte Wahrnehmung. Das ist für Führungspersonen relevant und für jeden wirtschaftlichen und sozialen Akteur. Ästhetik, so wurde erläutert, besticht durch ihren schönen und auch trügerischen Schein, kann als Artefakt, Performance oder künstlerische Intervention Einfluss und Macht ausüben und erfordert Analyse und Interpretation sowie eine Kompetenz, mit der man ihr gegenübertritt. Ästhetische Kompetenz macht sich im

Umgang mit nicht einfach zu durchdringenden Gebilden bemerkbar. Der Umgang mit Gedichten hilft gegen ästhetische Artikulationsprobleme (Kapitel 1.2) und ermöglicht, Empfundenes besser in Worte zu kleiden und Worte wiederum hinsichtlich ihrer zugrunde liegenden Empfindungen und Vorstellungen zu entschlüsseln.

Ein Gedicht schult den kritischen **Umgang mit Sprache** im Wirtschaftsalltag, indem es fordert, den Sinn einzelner Begriffe zu hinterfragen. Deshalb präsentiert Clare Morgen (et al. 2010: 144) das Unsinnsgedicht *Jabberwocky* aus *Alice im Wunderland* von Lewis Carroll in ihrem Buch *What Poetry brings to Business*. Trotz Zweifel der Mitautoren wurde dieses Gedicht ausgesucht, gerade weil es keinen Sinn ergibt. Morgan will mit der undurchsichtigen Wortkonstruktion an die Lust am Spielerischen appellieren, die für die Beschäftigung mit Kunst ebenso wichtig ist wie für kreatives Führungsdenken. Das Jabberwocky-Gedicht – nachfolgend die ersten beiden Strophen der deutschen Übertragung *Der Zipferlake* von Christian Enzensberger – kann die Aufmerksamkeit gegenüber seltsamen Kombinationen im Sinnzusammenhang erhöhen und zu einer aufgeschlossenen Geisteshaltung beitragen.

Der Zipferlake

Verdaustig war's, und glaße Wieben
rotterten gorkicht im Gemank.
Gar elump war der Pluckerwank,
und die gabben Schweisel frieben.

„Hab acht vorm Zipferlak, mein Kind!
Sein Maul ist beiß, sein Griff ist bohr.
Vorm Fliegelflagel sieh dich vor,
dem mampfen Schnatterrind."

Anders als die Alltagssprache zeigt die Dichtung, welche Möglichkeiten des Satzbaus es bezüglich der aufeinanderfolgenden Worte gibt (auf der sogenannten syntagmatischen Achse), und fordert den Leser auf, sich über Ersetzungen und Alternativen von Worten (die sogenannte paradigmatische Achse) Gedanken zu machen. Mehr als bei jeder anderen Sprachkonstruktion fragt sich der Leser hier, was anders sein könnte, sollte und wie das wäre. Was heißt „verdaustig", was könnte es noch sein und warum? Außerdem zeigt sich in diesem Beispiel auch wieder, wie Kunst und alle ästhetischen Formen jenseits von Bedeutung auf jeden Fall eine gewisse Atmosphäre schaffen, die das Befinden und die Bedeutungsfindung des Betrachters beeinflusst. Das empfindet man schon beim Lesen: Die scharfen S-Laute der ersten Zeile können das Zischen eines Monsters entstehen lassen, das mit zwei großen, gefährlichen Augen (die beiden langen Vokale der letzten Worte) durchs Unterholz stapft (die schnelleren K-Laute der zweiten Zeile, der Rhythmus aus Daktylus „rótter-ten" und den Längen, der Spondeus „Ge-mank"). Die gedehnte Langsamkeit des ersten Verses mit den Trochäen kann bedrohlich wirken, eine unheilvolle Weisung beinhalten für das Bevorstehende. Die Schnelligkeit der dritten Zeile mag wiederum der gefährlichen Behändigkeit des Wesens eine Vorstellung verleihen, die vierte lässt gar sein Gesabber und neblige Ausdünstungen assoziieren. Gerade weil die meisten Worte keinen Sinn ergeben, versucht der Leser, die Bedeutung atmosphärisch zu assoziieren, und sucht neue Begriffe.

Die Dichtung kann jedem Einzelnen bewusst machen, wie das Denken und Handeln von Worten bestimmt ist. Eine kritische Haltung gegenüber Worten ist gerade im Wirtschaftsalltag wertvoll, in dem viele fremdsprachliche Begriffe und eingefahrene Sprachmuster vorkommen. Über den Wirtschaftsdiskurs sagt der Gründer der Saïd Business School der University of Oxford: „Language preempts and deforms ‚managing'. It can be used to deny the possibility of an alternative" (zit. in Morgan et al. 2010: 119). Der sprachliche Diskurs legt also fest, was Unternehmensführung ist und was sie sein kann. Das wird beispielsweise an Metaphern (Teil 3) deutlich, die Unternehmen und Führung mit verschiedenen Konzepten beschreiben, von der Maschine bis hin zum Orchester. Bei Ersterem agiert der Mensch als fremdbestimmtes Rädchen im Getriebe, bei Zweitem trägt er als angeleiteter Tonangeber zum stimmigen Zusammenspiel bei. Die Sprache beeinflusst die Sicht auf Mitarbeiter und auch deren Einschätzung von der eigenen passiven oder aktiven Rolle und damit auch ihre Bereitschaft, einen subjektiven Beitrag zu liefern oder ihn vorzuenthalten. Denken in Maschinenmodellen legt Verbesserungsideen in Form von Reparaturen nahe, Denken in Orchester-Modellen andere Einsätze, Denken in dramaturgischen Modellen andere Rollenverteilungen. Auch nonverbale Elemente wie die Architektur von Unternehmen oder Bilder an den Wänden schaffen einen ästhetischen Diskurs, innerhalb dessen sich der Einzelne bewegt. Nun liegen aber Alternativen und Innovationen oft jenseits dieser Begrenzungen. Beispielsweise konnten erst mit der Kombination von Ästhetik und Wirtschaft zur Wirtschaftsästhetik die ästhetischen, sinnlich erfahrbaren Dimensionen von Wirtschaft im Kontext untersucht werden. Wenn die Beschäftigung mit der Dichtkunst einen Ausbruch aus dem Diskurs nahelegt, kann sie gerade bei der Strategieentwicklung helfen, alternative und neue, bisher nicht gedachte Szenarien zu entwerfen.

Eine zentrale Stellung bei der Business Poesie nimmt die **Ethik** ein. Kunst im Allgemeinen bietet keine einfache Lösung und ermöglicht so erkenntnisreiche Arten der Wahrnehmung. Die Verbindung von Dichtung und Moral erklärt sich damit, dass der Leser verschiedene, oft inkompatible Alternativen durchdenken und sein eigenes Urteil jenseits der alltäglichen Generalisierungen fällen muss, also seinen ethischen Sinn ausbildet. Dichtung führt zum geschärften ethischen Bewusstsein, das auf organisationaler Ebene zur sozialen Verantwortung, der Corporate Social Responsibility beitragen soll (Morgan et al. 2010: 96). Forscher im Bereich POEME betonen, dass gerade Führungskräfte ein moralisches Empfinden, wie es Dichter vorleben, besitzen sollten (James & Weir 2006: 455). Außerhalb von Unternehmen stehen Menschen in der Gesellschaft verschiedenen Praktiken kritisch gegenüber wie dem bloßen Profitstreben, Umweltzerstörung, täuschender Werbung und Marketing – einige Kritikpunkte haben offensichtlich mit der Ästhetisierung von Wirtschaft zu tun. Die andere Seite der wirtschaftlichen Ästhetisierung könnte wiederum positive gesellschaftliche Auswirkungen haben. In der heutigen Arbeitswelt wünschen sich viele talentierte Führungspersonen und Mitarbeiter eine erfüllende, nicht nur profitable Tätigkeit und möchten sich selbst mit ihrer Persönlichkeit und ihrem Urteil einbringen. In diesem Zusammenhang werden kunstbasierte Interventionen eingesetzt und in diesem Falle soll die Auseinandersetzung mit Dichtung die Fähigkeit vermitteln, verschiedene Sichtweisen abzuwägen und verständnisvoll und vertrauenswürdig handeln zu können (Morgan et al. 2010: 161 ff.).

4.4.1 Poetry-Workshops

Wenn Poesie als kunstbasierte Intervention in Unternehmen eingesetzt wird, werden meistens gemeinsam Gedichte interpretiert, um komplexes und strategisches Denken sowie moralisches Empfinden zu schulen. Man kann Gedichte als sinnvolle Ergänzung zu theoretischen Ausarbeitungen im Bereich Management verstehen, die oft für die abstrakte und technische Überladung und ihren Mangel an alltäglichen Erfahrungen kritisiert werden (Mintzberg 2004). Die Dichtung spricht vom Erlebten, von persönlichen Nöten und Zwiespälten und kann Erfahrung mit Theorie verbinden. Es werden beispielsweise die Gedichte des amerikanischen Dichters und mehrfachen Pulitzer-Preisträgers Robert Frost in diesem Kontext häufiger erwähnt. Frosts Gedichte können sich für Antworten auf Führungsfragen und Existenzfragen im Unternehmensalltag als wahre Fundgrube erweisen, denn sie sind voll von Reflexionen über Arbeit, Selbstverwirklichung, das Leben, Glück und die Welt (Islam & Zyphur 2006). Dies soll am Beispiel des Gedichts *The Road Not Taken* gezeigt werden. An dieser Stelle soll die Originalversion des Gedichts interpretiert werden, mit Bezug auf die Ausarbeitung von Morgan et al. (2010: 64-70), die eben jenes Gedicht für einen Poetry-Workshop mit Angestellten einer Beratungsfirma ausgesucht hat. Die Interpretation der Autoren ist durchaus auf die Wirtschaft bezogen. Die dazugestellte Übersetzung von Paul Celan dient als Hilfe und zeigt dem aufmerksamen Leser, wie schon durch eine Interpretation im Sinne einer Übersetzung bestimmte Schwerpunkte gesetzt werden, wie sich durch die Wahl der jeweiligen Worte und der Syntax die Atmosphäre ändern kann und damit auch der Sinn.

The Road Not Taken (Robert Frost)

Two roads diverged in a yellow wood,
And sorry I could not travel both
And be one traveller, long I stood
And looked down one as far as I could
To where it bent in the undergrowth;

Then took the other, as just as fair,
And having perhaps the better claim,
Because it was grassy and wanted wear;
Though as for that the passing there
Had worn them really about the same,

And both that morning equally lay
In leaves no step had trodden black.
Oh, I kept the first for another day!
Yet knowing how way leads on to way,
I doubted if I should ever come back.

I shall be telling this with a sigh
Somewhere ages and ages hence:
Two roads diverged in a wood, and I –

I took the one less traveled by,
And that has made all the difference.

Der unbegangene Weg (Übersetzung Paul Celan)

In einem gelben Wald, da lief die Straße auseinander,
und ich, betrübt, daß ich, ein Wandrer bleibend, nicht
die beiden Wege gehen konnte, stand
und sah dem einen nach so weit es ging:
bis dorthin, wo er sich im Unterholz verlor.

Und schlug den andern ein, nicht minder schön als jener,
und schritt damit auf dem vielleicht, der höher galt,
denn er war grasig und er wollt begangen sein,
obgleich, was dies betraf, die dort zu gehen pflegten,
sie beide, den und jenen, gleich begangen hatten.

Und beide lagen sie an jenem Morgen gleicherweise
voll Laubes, das kein Schritt noch schwarzgetreten hatte.
Oh, für ein andermal hob ich mir jenen ersten auf!
Doch wissend, wie's mit Wegen ist, wie Weg zu Weg führt,
erschien mir zweifelhaft, daß ich je wiederkommen würde.

Dies alles sage ich, mit einem Ach darin, dereinst
und irgendwo nach Jahr und Jahr und Jahr:
Im Wald, da war ein Weg, der Weg lief auseinander,
und ich – ich schlug den einen ein, den weniger begangnen,
und dieses war der ganze Unterschied.

Auf den ersten Blick scheint die Situation recht einfach: Ein Reisender trifft auf eine Weggabelung und muss eine Entscheidung treffen. Er wählt schließlich den weniger begangenen Pfad. Je länger man die Verse auf sich wirken lässt, desto mehrdeutiger wird das Bild. Angefangen bei dem, was als binäre Entscheidung scheint. Der Reisende versucht, die „Fakten" abzuwägen und die Konsequenzen „vorauszusehen", allerdings ist seine Sicht begrenzt, denn der Weg windet sich hinab und verschwimmt. Das Entscheiden ist keineswegs einfach, denn die Unterschiede verwischen, Eindrücke changieren und die eigenen Gedanken mischen auch mit. Das ist uns allen bekannt. Das Gedicht behandelt ein universelles Motiv: das Dilemma der Entscheidung bei einer Alternative auf Basis nur unvollständiger Informationen. Welche Rolle spielen hier die Eindrücke, das Sichtbare, die Erfahrung, Wissen, Urteil, persönliche Neigungen? Was sind die Folgen?

Wird das Gedicht im Wirtschaftskontext interpretiert, lässt sich die Metapher auf die Führungsperson übertragen, die ohne ausreichende Sicht auf die Situation und die Folgen möglicherweise weitreichende Entscheidungen fällen muss. Hat der Reisende vielleicht instinktiv gewählt und die Überlegungen dienen nur als vermeintlich harte Grundlage für die anschließende Rechtfertigung vor sich selbst? Auch die Endgültigkeit der Entscheidungen wird deutlich. Wer einmal abgebogen ist, kommt nie wieder als derselbe an denselben Punkt zurück. So manche Führungsperson mag sich auch fragen, an welchem Punkt in ihrer Karriere sie wohin abgebogen ist, welche beruflichen Zwänge und Erwartungen dabei die Wahl beeinflusst haben. Hier tut sich eine ethische, zwischenmenschliche Dimension auf, denn der Entscheider muss mit den Konsequenzen leben, die in der Wirtschaft als Kostensenkungsprogramme, Veränderungsprozesse und Mitarbeiterentlassungen auch andere betreffen. In der Wahl des zweiten, unbegangenen Wegs erkennen wir das Motiv des Entdeckers, der Risikofreude und, unter Umständen, des Unternehmergeists. Damit verbunden sind impulsive, riskante Entscheidungen. Welchen Wert schreiben wir diesen zu? Entscheidungen sind notwendig, denn der durch das Leben Wandernde hat nicht die Möglichkeit, sich zu teilen, er bleibt „one traveller", „ein Wandrer". Erkennt man in der Melodie sogar ein wenig Selbstmitleid? Der Rhythmus ist im zweiten Teil schwerfällig, fast resigniert. Das melodramatische „and I – /I took" steht verquer zum Rhythmus, unterbricht diesen. Hier blickt der ältere Wanderer zurück, auf das Dilemma des jüngeren, dessen Optimismus, Wagemut und Kühnheit sich in den anfangs noch aktiven Versenden ausdrückt („stood", „growth", „claim"). In der zweiten Hälfte werden sie zu nichtaktiven Wörtern („lay", „day", „way", „be", „I") und gipfeln im zwar aktiven, aber völlig unenergetischen Ausdruck des Seufzers „sigh". Auch verändert sich der Reim von a-b-a-a-b in den ersten beiden Strophen auf a-b-b-a-b in den letzten beiden und evoziert den unbewussten Eindruck eines Trittwechsels und des fehlenden Fortschritts: ein Schritt vor, zwei zurück. Die Metapher entsteht hier nicht durch ein Bild, sondern durch die Laute und den Rhythmus der Verse. Mit ein wenig Vorstellungskraft kann man den Schatten fühlen, der sich über die Szene legt, die Worte „black" und „back" hallen unterbrechend zwischen den weicheren Tönen („way"), die anfangs gelbe, goldene, warme Impression wird im Bereich des älteren Wanderers schwarz und schwer. Als wäre schon der Herbst eingebrochen als Vorstufe zum Winter (des Lebens). In diesem Gedicht *geht* es nicht nur um Unsicherheit, sondern es wird auch eine Unsicherheit im Leser ästhetisch *erzeugt*. Frost benutzt die Unsicherheit der Entscheidungsfindung als Motiv des Gedichts, es drückt sich aus in der Melodie, im Rhythmus, Reim, im Gewicht, im Tempo, in den Bildern. Es ist kein logisches Statement, sondern bleibt offen für die subjektive Lesart, für die individuelle Wahrnehmung, die wiederum inneren Gedanken und Werten eine Projektionsfläche gibt und uns dann auch über das nachdenken lässt, was uns nicht sofort auffällt. Die vielen Verästelungen eines anspruchsvollen Gedichts sind genauso verworren wie die komplexen Denkprozesse beim Treffen einer Entscheidung. In diesem Beispiel ist deutlich geworden, dass sich durch den Interpretationsprozess ein besonders Gefühl für diese Tatsache herstellen lässt.

4.4.2   Individuelle Gedichtinterpretation

Die Beschäftigung mit Dichtung kann auch als kreativer Prozess für möglichst viele Mitarbeiter in Unternehmen eingesetzt werden und bei Veränderungsprozessen unterstützen, indem sie Beiträge der Mitarbeiter anregt und über die individuelle, emotionale Auseinandersetzung mit dem Unternehmen und seinem Angebot auch das Verständnis gerade der emotionalen und ästhetischen Dimensionen der eigenen Arbeit erweitert. Eine solche „feinfühlige" Haltung ist heutzutage besonders wichtig aufgrund der Ästhetisierung von Wirtschaft, weil Produkte und Dienstleistungen mit ausgeprägten ästhetischen und emotionalen Komponenten die Wünsche und das Empfinden der Konsumenten ansprechen sollen. Poesie kann also nicht nur das individuelle Urteilsvermögen schärfen, sondern auch gezielt als Personalfortbildungsinstrument die Performance in der Arbeitsrolle stärken und dabei dem Einzelnen auch einen besseren Einblick in den Sinn und die Relevanz seiner Tätigkeit vermitteln.

Am Beispiel einer Hotelkette soll an dieser Stelle gezeigt werden, wie Dichtung die Neupositionierung eines Unternehmens unterstützen könnte (Morgan et al. 2010: 134). Accor Hotels hat mit seinen 8.000 Angestellten auf mehreren Kontinenten einen umfassenden Veränderungsprozess vollzogen und unter anderem das Service-Konzept überarbeitet. Der Kunde sollte nicht mehr als bloßer Übernachtungsgast, sondern als Reisender verstanden werden. Das drückt folgende Veränderungen aus: vom Funktionalen auf das Menschliche, von der Hotelperspektive (statisch) zur Reise (Fluss), von der praktischen zur emotionalen Verbindung. Damit ändert sich auch der Führungsstil und es wird noch stärker erwartet, dass sich Angestellte emotional einbringen und einfühlsam mitdenken. Aufgrund der verstreuten Managementstruktur von Accor wurde als Weg eine „kollektive Dynamik der Befragung" gewählt, bei der alle Mitarbeiter ihre Vorstellungen zu den Freuden des Reisens abgeben sollten, die dann gebündelt zur Grundlage des Veränderungsprozesses werden sollten. Was kann Dichtung hier beitragen?

- Dichtung als kreatives Instrument: Eine Auswahl von Gedichten über verschiedene Aspekte des Reisens kann über alle Standorte und einen Zeitraum hinweg als gemeinsame Diskussionsgrundlage und Forum der Ideenfindung dienen.

- Dichtung als Mechanismus für eine Neudefinition der Rolle des Hotels: Mit der Veränderung der Kundensicht ändert sich auch das Verständnis des Hotels, welches mit einer zusätzlichen Auswahl von Gedichten über Gastfreundschaft, Urlaub, Arbeit, fremde Orte und temporäre Räume, in seiner veränderbaren Natur verdeutlicht und jenseits der bestehenden Definition begriffen werden kann.

- Dichtung als Instrument für ein emotionales Verständnis: Anders als eine distanzierte Betrachtung kann die lyrische Beschäftigung mit dem Thema des Reisens und der Rolle des Hotels bei den Mitarbeitern ein besseres Gefühl für ihre Dienstleistung schaffen, ein gesteigertes Verständnis für die selbst durchdachten und beim Lesen empfundenen Wünsche, Freunden, Nöte und Unsicherheiten eines Reisenden.

- Der Einsatz von Dichtung kann zeigen, wie vielschichtig und durch wiederkehrende Reflexion veränderbar die Konzepte des Reisens und der Gastfreundschaft sind. Wer diese Erfahrung verinnerlicht, wird seiner Aufgabe mit einer offenen und neugierigen Haltung gegenübertreten.

4.4.3 Schreiben von Gedichten

Poesie wird nicht nur gelesen, sondern auch als aktive kunstbasierte Intervention einge-setzt. Manager und Mitarbeiter sollen für einen Moment zu Dichtern werden und sich lyrisch ausdrücken. Wie bei anderen Kunstformen kann das künstlerische Handeln sowohl die abstrakte Einsicht fördern als auch nebenbei auch praktische Fähigkeiten verbessern.

Dichterisches Schreiben wird auch schon in der Managerausbildung an Hochschulen an-gewandt. In einem Beispiel (Celly 2009) sollten Studenten **Limericks** über ihre Konsum-erlebnisse entwerfen. Diese Fünfzeiler mit dem Reimschema a-a-b-b-a sind generell amü-sant und schließen mit einer kleinen Pointe, beispielsweise in Bezug auf eine Seifenmarke wie Dove: „There is a white bar soap/That cleans and gives me hope/I feel so pure/-Confident and sure/It gives me energy to cope." Es lässt sich beweisen, dass die Teilnehmer über die kreative, unterhaltsame, wenn auch nicht besonders anspruchsvolle Form ihre Erfahrungen stärker durchdachten und nachhaltigere Bezüge zur Marketingtheorie, insbe-sondere zu den emotionalen Einflussfaktoren, aufbauen konnten. Während das Schreiben im Wirtschaftsstudium meist trocken und analytisch ist, können solche und andere kunst-basierte Lernmethoden erstens Kommunikationsfähigkeiten verbessern und zweitens eine besondere ästhetische Lernerfahrung bieten, die das theoretische Verständnis vertieft.

In Unternehmen sollen Mitarbeiter im Rahmen von Coaching Arbeitserfahrungen in Ge-dichtform bringen, um unbewusste Probleme in der ästhetischen Form zu manifestieren und besser begreifen zu können. Poesie hilft wie das eigenständige Malen (Kapitel 4.1.3) beim analytischen Erkenntnisgewinn und liefert eine Grundlage für weitere Entwicklungs-arbeit. Diese Methode benutzen auch Wissenschaftler, wenn es um die Reflexion nicht fassbarer und emotionaler Einflussfaktoren bei der Forschung geht (Kapitel 1.2) Eine ande-re poetische Form ist das **Haiku,** das in Unternehmen als Methode benutzt wird, um Blo-ckaden in Change-Prozessen zu lösen. Führungspersonen werden von Trainern oder Bera-tern aufgefordert, ein Haiku zu schreiben, um unausgesprochene, empfundene Spannun-gen sichtbar zu machen und möglichst einen Aha-Moment für deren Lösung zu erleben (Pio 2004). Kennzeichen des Haikus als traditioneller japanischer Gedichtform sind die knappe Form, die Anordnung der Worte in Spalten, die häufige Verwendung von Natur-bildern und eine eher unerwartete Wende am Schluss. Beispiel: „A colored flower. Organi-zational whiteness … Come diversity." Dieses Haiku vermittelt das Gefühl der blassen Einförmigkeit eines Unternehmens, das durch kulturelle Vielfalt belebt und quasi zum Blühen gebracht werden kann. Die Metapher drückt die Vorstellungen bildhaft aus.

Eine humorvolle und besonders interaktive Variante von Dichtung ist **Haikugami** (Kerle 2008). Es ist eine andere Form des Feedbacksammelns nach Veranstaltungen. Sie umgeht Wertungen und nutzlose Übertreibungen („This Workshop changed my life."), bietet dafür als offener, kunstbasierter Prozess mit ungewöhnlichen und mehrdeutigen Einschätzungen weitere Anreize zur Reflexion. Haikugami als eine leicht ironische Kreuzung aus der japa-nischen Gedichtform Haiku und der Papierfaltkunst Origami läuft folgendermaßen ab: Die Teilnehmer falten ein Blatt zu einem einfachen Papierflieger. Dann versehen sie das Blatt mit einer ersten Haikuzeile. Der Flieger wird in die Luft geworfen, die weiteren Zeilen werden von anderen ergänzt. Am Schluss werden Beispiele vorgelesen. Das Ganze ist eine lustige, chaotische Performance, zu der auch die übertriebenen Ansagen eines Moderators gehören. Das Prinzip: Eine emotionale Reaktion der Beteiligten soll durch die eher impliziten und möglichst wertfreien Zeilen hervorgerufen werden. Beispiel: „Delegates present papers/Content is dense/I sip water slowly"; „My business can change/The freedom of the blank page/I need emptiness to create." Haikugami wurde auch schon zur Reflexion über die Firmenstrategie von Wirtschaftsprüfergesellschaften ausprobiert und die gesammelten Ideen wurden als ästhetischer Beweis in der Firma an die Wand gehängt.

Darüber hinaus gibt es in Unternehmen Workshops und Seminare zur **Schreibentwicklung,** die sich mit Geschichtenschreiben und auch einmal mit Lyrik befassen. In solchen etablierten Formen werden direkt erkennbare praktische Fähigkeiten geschult. Das ist gerade für Mitarbeiter im Textbereich wichtig, wie Journalismus, PR und Werbung. Elemente der Dichtung sind offensichtlich in Werbebotschaften („Have a break, have a Kit Kat", „Weil ich es mir wert bin"), die Konsumenten durch ästhetische Ansprache, Gefühle und Stimmungen beeinflussen. Auch gut geschriebene Texte bestechen durch ihren Fluss, die Wortwahl, Bilder, Stilfiguren. Schulungen im Umgang mit Worten können über den konkreten Schreibstil hinaus grundsätzliche Kommunikationsfähigkeiten von Mitarbeitern verbessern. Gerade Führungspersonen sollen mit dem bewussten Einsatz von Geschichten und Worten andere überzeugen und gegebenenfalls inspirieren können. Damit beschäftigen sich Ausarbeitungen, die sich zu dem Feld Wirtschaftsrhetorik zählen lassen. Beispielsweise sprechen Manager, die aktiv wahrgenommen werden wollen, sportlich von der „Überholspur", der „rationale" Entscheider gibt sich als Architekt („solide Kostenbasis", „strategische Säule") (Biehl 2008). Es lassen sich auch Gedichtformen wie das Haiku zur Sinnvermittlung einsetzen. Ein Berater berichtet, wie er erfolglos einem Verantwortlichen klarzumachen versuchte, dass die abgegrenzte Silo-Struktur verschiedener Unternehmensabteilungen ineffizient sei. Dann griff er zu einem Haiku: „Departments are colored bubbles/Moving very close to each other -- /But never coalesce." Diese Nachricht soll angekommen sein (Kerle 2010). Die Seifenblasen-Metapher hat die komplizierten Zusammenhänge verdeutlicht, Platz für eigene Interpretation gelassen und kann als Ausgangspunkt für weitere Überlegungen dienen. In der ästhetischen Ära scheint Rhetorik notwendig.

4.5   Literatur

Verwandt mit dem Einsatz von Dichtung ist die Beschäftigung mit Literatur, hauptsächlich zur Verbesserung von Führungsfähigkeiten. Der Einsatz als kunstbasierte Intervention sieht folgendermaßen aus: Zunächst kann Literatur wie andere Künste aktiv eingesetzt werden und Führungspersonen schreiben eigene Geschichten, mit denen sich hinsichtlich des Ausdrucks von Persönlichkeit und Wertvorstellungen arbeiten lässt (Winter et al. 1999). Eine weitere Möglichkeit ist die interpretative Beschäftigung mit literarischen Werken, um Neues über Unternehmensführung zu lernen. In Seminaren oder Workshops werden beispielsweise Szenen aus den Dramen Shakespeares erarbeitet. Das wird in Kombination mit Unternehmenstheater angeboten: Aus klassischen Theatertexten werden passende Fallstudien bereitgestellt, um Selbstreflexion und Wahrnehmung zu schulen und die eigene Führungskompetenz auszubilden, beispielsweise vom deutschen Anbieter Management by Shakespeare. Auch bieten Hochschulen Seminare wie *Shakespeare on Management* an, in denen der Nachwuchs neue Perspektiven auf die Mitarbeiterführung gewinnen soll (Stevenson 1996).

Für die Forschung können Werke der Weltliteratur und zeitgenössische Literatur über die Wirtschaftswelt (Kapitel 5.1) auf einer allgemeinen Ebene Inspiration zum Umgang mit wirtschaftlichen Entwicklungen geben. Solche Ansätze sind in wirtschaftswissenschaftlicher Forschung (noch) selten. Beispielsweise untersucht Michael Hutter (2010: 279 ff., 301 ff.) die Magie des Geldes in Goethes *Faust* und analysiert Beobachtungsfiguren in Marcel Prousts epochalem Werk *A la Recherche du Temps Perdu,* die mit ihren Erfahrungsmustern dem Leser Neues über menschliche und ökonomische Interaktion sagen. Geld dient als Katalysator kreativen Schaffens, verändert und löst auch gesellschaftliche Schichten, aber ist doch nur Mittel zur Sicherung immaterieller Zwecke wie Zuwendung und Aufmerksamkeit. Prousts Werk zeigt durch seine spezielle Ästhetik mit einer theoriefreien, aber sinnlichen und emotionalen Ansprache, wie wertvoll eben dieses Ästhetische ist und nicht das konkret (monetär) Ausdrückbare. Solche Einsichten können aktuelle Überlegungen zur Ästhetisierung von Wirtschaft mit veränderten Menschen- und Arbeitskonzepten für den Einzelnen im Sinne ästhetischer Kompetenz ergänzen.

Als kunstbasierte Intervention in Unternehmen und als Objekt der Forschung und Ausbildung kann die Literatur Einsichten ermöglichen, die über herkömmliches Managementwissen hinausgehen, und damit ein anderes „Gefühl" für Unternehmensführung vermitteln. Die analytisch orientierte Managementausbildung vernachlässigt oft vielschichtige und subjektive Einflussfaktoren zugunsten von Modellen und Formeln. Dann gibt es zwar eine Vielzahl Autobiografien berühmter Manager, die auch mit persönlichen und emotionalen Anekdoten nicht geizen – allerdings kaum durch die inspirierende Behandlung komplexer menschlicher Verhaltensmuster auffallen. Selbst wenn sie wie bei Donald Trump *The Art of The Deal* heißen, lassen sie sich eher als konkrete Wirtschaftsfallstudien sehen. Literatur kann – was die Stärke vieler Künste ist – auf Distanz bringen und einen neuen Blick ermöglichen. In literarischen Werken, denen Bedeutung als Kunst zugesprochen werden kann, werden Persönlichkeiten als Ganzes mit ihren Stärken und Schwächen dargestellt, und wie sie mit komplexen sozialen und wirtschaftlichen Kräften interagieren (Carroll & Flood 2010: 13). Wie sich in diesem Kapitel zeigen wird, gehören dazu auch das Scheitern und die dunklen Charakterseiten. Derlei Einsichten sind mit der Ästhetisierung von Wirtschaft besonders relevant, da der möglichst ansprechende Einsatz der eigenen Führungsperson und menschliches Einfühlungsvermögen verlangt werden. Die Notwendigkeit ästhetisch umfassender Darstellungen für Managementwissen manifestiert sich ebenfalls in der bereits erläuterten Entwicklung ästhetisch sensibler Methoden und ansprechender Darstellungsformen der Forschung zur Wirtschaftsästhetik (Kapitel 1.2).

Die Beschäftigung mit Literatur soll die Weiterentwicklung der eigenen Führungspersönlichkeit unterstützen. Harvard Business School-Professor Badaracco (2006) empfiehlt Literatur zur Schulung der Urteilsfähigkeit, sozusagen für den inneren Kompass. Er argumentiert ebenfalls, dass wissenschaftliche Forschung die „Essenz" von Führung nicht vermitteln kann, da sie auf Informationen, Umfragen und Befragungen basiert und Gedanken, Sorgen, Hoffnungen, Zögern, Bestimmtheit, Zweifel und alltägliche Reflexionen vermissen lässt. Führung heißt fühlen und handeln, an persönliche Grenzen zu gehen, Verantwortung zu übernehmen. Gute Literatur soll einen Blick in den Kopf und das Herz der Führungsperson bieten und dem Leser einen Zugang zu seinem eigenen Inneren ermöglichen. In seinem Buch *Illuminating the Heart of Leadership through Literature* benutzt Badaracco (2006) deshalb bekannte literarische Werke als Fallstudien, kombiniert mit Fragestellungen für den Leser. Beispiele sind: „Do I Have a Good Dream?" *(Death of a Salesman*, Arthur Miller) und „Do I Really Care?" (*The Love of the Last Tycoon*, F. Scott Fitzgerald). Die Fragen in Kombination mit den Geschichten sprechen Themen an wie Imagination, Reflexion, Verantwortung und sollen Aufschluss bieten über Stärken und Schwächen des eigenen Charakters. Führungspersonen stehen in einem zunehmend komplexen Handlungskontext, bei dem sie nicht auf Standardlösungen zurückgreifen können, sondern sich auf ihre Umsicht und Einsicht und allgemeine ästhetische Kompetenz verlassen müssen.

Die besondere Stärke von Literatur kann man darin sehen, dass sie Einblicke in die Komplexität von Führung bietet und nicht als bloße Fallstudie dient. Romanhelden sind nicht direkt mit Führungspersonen in der Wirtschaft zu vergleichen. Der Alltag mit Powerpoint-Meetings und Vertriebsproblemen ist weit entfernt von den dramatischen Konflikten und tragischen Konsequenzen fiktionaler Literatur. Die Erkenntnisse lassen sich nur oberflächlich auf moderne Managementtechniken übertragen und darüber hinaus ist die Herrschaft von beispielsweise Königen und Herzogen eine völlig andere Managementform. Die vielen Rezipienten und „Anwender" von Shakespeare sind sich einig, dass man einiges, positiv wie negativ, aus der Darstellung der Figuren lernen kann und aus ihrer Überzeugungskraft und Art, wie sie Anhängern Visionen von Machtvergrößerung vermitteln. Beispielsweise taugt gemäß Carroll und Flood (2010: 49-62) die Literatur besonders zum Vorbild für überzeugende Rhetorik, darunter die Rede von Marcus Antonius in Shakespeares *Julius Cäsar*, die er zur Mobilisierung der Römer wirkungsvoll über dem blutbeschmierten Leichnam hält, und die St. Crispians-Ansprache *(band of brothers* speech) in *Heinrich der Fünfte,* mit der er seine zahlenmäßig unterlegene Armee auf Bruderschaft einschwört und zum Sieg gegen die Franzosen in Azincourt führt. Gerade heute im ästhetischen Zeitalter mit seiner Subjektivierung von Arbeit soll die Rede als Führungsinstrument, wie sie die Wirtschaftsrhetorik begreift (Bazil & Wöller 2008), Mitarbeiter gewinnen, wenn autoritäre Anordnungen nicht ausreichen. Zur Führung gehört ästhetisch Ansprache, die einerseits inspirieren und Sinn vermitteln kann, andererseits als Werkzeug subtilen zwischenmenschlichen Druck erzeugt.

Shakespeare und Management

Die Dramen Shakespeares haben in der Führungskräfteentwicklung besonderes Interesse erfahren. Bekannte Ausarbeitungen sind beispielsweise *Shakespeare on Management: Wise Business Counsel from the Bard* (Shafritz 1999) und *Shakespeare in Charge* (Augustine & Adelman 1999). Aus *Macbeth* beispielsweise lernen Whitney et al. (2000), dass gesteigerter Hunger nach Macht eine schlechte Führungstechnik ist. Shakespeares Werk *Henry V (Heinrich V)* zeigt gemäß Corrigan (1999: 24), wie Führungskräfte Symbole und Geschichten verwenden um Menschen zu lenken, und wie man es gut macht oder eben nicht. Augustine und Adelman (1999) interpretieren Heinrich als Ideal des mächtigen Helden und finden, dass das Stück probate Lektionen für den Manager von heute auf dem Weg zum Erfolg bereithält. Obwohl man mit diesen Feststellungen nicht allzu falsch liegen sollte, betrachten populäre Ratgeber den Kontext oft nicht genau: Heinrich V. wird als großer Herrscher dargestellt, trotz des Kriegsgemetzels in Frankreich und nationalistischer Aussagen. Die besondere Stärke von Literatur liegt aber gerade nicht darin, dass sie Vorbilder präsentiert und eine bestimmte Lösung propagiert, sondern – wie auch die Poesie – den Leser zwingt, sich mit einer Bandbreite ethischen und unmoralischen Verhaltens auseinanderzusetzen. Fundierte interdisziplinierte Managementforschung bezeichnet solche Ansätze als oberflächlich, denn Shakespeares Helden seien weniger als Vorbilder zu verstehen, als dass sie durch überzeichnete negative Charakterzüge irritieren und provozieren. Der theateraffine Managementforscher Iain Mangham (2001: 301) betont, dass Heinrich beileibe kein moralisches Ideal ist, sondern ein düsterer Charakter und Meister der Täuschung mit verschiedenen Gesichtern. Die gesamte Henriade zeige Machtergreifung und Machterhaltung als „Frage des vollendeten Schauspiels". Die Literatur stelle dabei die Frage nach dem Eingenommensein von der eigenen Rolle: Ist der Akteur dem Bilde des unbesiegbaren Selbst schon erlegen? Diese Perspektive entfernt sich vom in der Managementliteratur weit verbreiteten Modell von „heroic leadership" und sieht die Führungsperson nicht als Held, sondern betont neben den glänzenden Momenten auch die dunklen Seiten – wie so viele Protagonisten in der Kunst, in Literatur und Theater, die als inkohärente, unschlüssige Charaktere gezeigt werden. Solche „Helden" halten dem Heroischen Masken der Verunsicherung entgegen und zeigen eine provokative Verachtung von Verantwortlichkeit und Affirmation, um Skepsis und Zweifel gegenüber Konzepten von Führung und Folgen zu entzünden (Biehl-Missal 2010a). So wird deutlich, dass eine lösungsorientierte, hastige Herangehensweise, die vermeintliche Fertigbausteine und eine probate Lösung sucht, nicht die wirkliche Reichhaltigkeit von Literatur oder anderen Kunstformen erschließen kann. Auch hier geht es wieder darum, Widersprüche produktiv offen zu halten – was als charakteristisch für „Führung als Kunst" (Ladkin & Taylor 2010) definiert wurde. Wer sich auf die Erzählung einlässt, kann Führung und Folgen auch mit dem Empfinden gewahr werden und erweitert seine ästhetische Kompetenz. Das ist nicht nur sinnvoll für die Führungskraft, sondern auch gerade für jene, die ihr (nicht ergeben) folgen.

4.6   Musik

Musik und Wirtschaft haben einiges gemeinsam. Metaphern aus dem Bereich der Musik haben sich als heuristisches Instrument bewährt und Einsichten geliefert in Zusammenspiel, Improvisation und Kreativität im Unternehmensalltag (Kapitel 3.2). So ist es verständlich, dass die Musik praktische Anwendung in Form verschiedener kunstbasierter Interventionen findet. Musik wirkt besonders ansprechend, ist international, jedem vertraut und oft einfach zugänglich. Musik soll die Motivation von Mitarbeitern verbessern, die Zusammenarbeit, Führungsfähigkeiten, Improvisationsfähigkeiten, und soll Veränderungsprozesse unterstützen. Die musikalische Form, ihre Muster und Konventionen, stimulieren die Imagination und sollen damit die kreative Haltung von Führungspersonen fördern und Auswirkungen auf das Strategiedenken haben (Kao 1996). Es gibt verschiedene Ansätze zur Erklärung der Wirkung von Musik und manche der Anbieter von kunstbasierten Interventionen beziehen sich auf die Lehre Rudolf Steiners, welche die Harmonie von Musik als etwas begreift, das direkt durch die Gefühle in das Zentrum der menschlichen Erfahrung vordringt. Von der hier vertretenen ästhetischen Perspektive aus ist ebenfalls zu betonen, dass Musik nicht nur akustisch erfahren, sondern körperlich wahrgenommen wird, der Rhythmus und die Frequenzen schwingen im Körper, die Musik ist besonders eindrücklich und geht sozusagen unter die Haut. So lassen sich über Musik nicht nur Wahrnehmungsprozesse in Gang bringen, sondern auch steuern. Abstrakte Vorstellungen können emotional eindrücklich mitgeteilt werden, bestenfalls mit ansteckender Leidenschaft, denn Musik kann über das ästhetische Empfinden Energien freisetzen. Das kennen wir sowohl von künstlerischen Musikdarbietungen als auch vom ihrer zweckorientierten Verwendung im sozialen Kontext, in dem sie als Hymne Gemeinschaft fördern soll oder als Melodie Menschen antreiben oder beruhigen kann.

Musik in Unternehmen wird in typischen Zuhörerkonstellationen eingesetzt, bei denen die Darbietung wirkt und Interpretationen der auf die Wirtschaft übertragbaren Konzepte gegeben werden. Darüber hinaus gibt es viele aktive Formen, bei denen Manager und Mitarbeiter selbst Musik machen und gemeinsam als Team mit Spaß und Schwung die Zusammenhänge zwischen Musik und Arbeit im Unternehmen mit allen Sinnen erfahren. Andere Interventionen wie Firmenhymnen wollen die Bindung an das Unternehmen verstärken. Musik eignet sich auch als strategisches Instrument der ästhetischen Darstellung nach außen und zur intensiven Auseinandersetzung der Mitarbeiter mit der Firma.

4.6.1   Musikdarbietungen

Bei Musikdarbietungen mit angeleiteter Interpretation als einer bestimmten Form von musikalischen Interventionen geht es um die Erfahrung von künstlerisch wertvollen Werken der Musikgeschichte. Das Prinzip ähnelt der Interpretation von Gedichten und der Beschäftigung mit bekannter Lyrik. Die musikalische Variante soll an dieser Stelle mit einem Beispiel verdeutlicht werden. Es geht um den Violinisten Miha Pogačnik, der sich seit mehr als 25 Jahren mit Kunst und Wirtschaft auseinandersetzt und Auftritte in internationalen Großkonzernen anbietet sowie für die Weltbank und das Weltwirtschaftsforum und für große deutsche Unternehmen wie Bayer, Daimler, Telekom und andere. Er präsentiert klassische Musik und malt zum Spiel der Streicher großformatige, bunte Zeichnungen an die Wand oder auf einen Flip-Chart, die auf ihre besondere Art Höhen, Tiefen und Rhythmus der klassischen Musik illustrieren, ihren Puls und ihre emotionale Fülle. Zwischendurch greift er auch selbst zur Geige. Die Teilnehmer sollen nicht genießen, sondern der Musik zuhören und sich auf sie einlassen, unterstützt von den Erklärungen und Illustrationen. Auf der praktischen Ebene sollen diese Interventionen den Teilnehmern über ein erweitertes ästhetisches Bewusstsein helfen, komplizierte soziale Konstellationen empfindsam zu verstehen und besser zu beherrschen (Darsø 2004: 96, Blanke 2002). Ebenso geht es um die Entwicklung der eigenen Führungspersönlichkeit. Ähnlich wie beim Einsatz von

Dichtung in Unternehmen wird die Musik auf ihren Bezug zur Wirtschaft hin gedeutet. Beispielsweise das Violinkonzert von Johannes Brahms: Pogačnik interpretiert die Eröffnung als die Reise einer (Führungs-)Person, bei der die Musik schmerzhafte Abwärtsbewegungen vollführen muss und im zweiten Satz langsam erstirbt, bevor sie aufbrausend neue Kraft gewinnt, in einer Kadenz ihren Höhepunkt findet und den letzten Satz mit seinen himmlischen Harmonien erreicht (Darsø 2004: 95). Die in den Kompositionen musikalisch und emotional ausgedrückten Ideen werden auf die heutige Arbeitswelt bezogen, in der Führungspersonen und alle Mitarbeiter ihren „Sinn" finden sollten, auf einer „Reise", durch Transformation, Krise, Auflösung und Wiedererwachen. Durch das Hören der Musik mit ihrem ergreifenden, emotionalen Ausdruck sollen die Anwesenden auch in sich hineinhorchen, in die inneren Werte und ihre Bedeutung. Dieses Motiv der Selbstreflexion finden wir in verschiedenen kunstbasierten Interventionen wie der Gedichtinterpretation oder der Selbstreflexion durch Malerei.

Das ästhetische Erlebnis gerade von Musik ist besonders eindrücklich. So werden Pogačniks Darbietungen auch nicht von artigem Applaus abgeschlossen, sondern von verunsicherter und beeindruckter Stille, sichtbar an den in sich gekehrten Minen derjenigen, die eine intensive Erfahrung mit Kunst gemacht haben (Darsø 2004: 95). Musik wirkt hier nicht über Melodie und Akkord im strengen Formenkanon, sondern wird ästhetisch rezipiert, mit ihrer atmosphärischen und sinnlich wahrnehmbaren Materialität. Die Musik manifestiert sich als im Raum schwebendes Klanggebilde mit Tonalität, Atonalität und Geräusch und wird nicht nur akustisch, sondern sinnlich und körperlich wahrgenommen. Auch bei dieser kunstbasierten Intervention ist das ästhetisch Kommunizierte das Besondere, nicht das rational Verstandene.

Abbildung 4.3   Der Künstler Miha Pogačnik mit Violine und Flip-Chart

Quelle: Miha Pogačnik

Musik wird ästhetisch und emotional wahrgenommen und eignet sich somit gut zur Vermittlung von abstrakten Konzepten wie Zusammenarbeit und Führung. Es gibt verschiedene Angebote, die die weit verbreitete Metapher vom Unternehmen als Musikgruppe
(Kapitel 3.2) aktiv aufleben lassen und eindrücklich vermitteln. Auch hierfür wird klassische Musik verwendet. Beispielsweise bietet die Deutsche Kammerphilharmonie Bremen
Auftritte für Unternehmen an. Die Mitarbeiter können dem **Orchester** als Hochleistungs-
team bei der Arbeit zuschauen und das fein abgestimmte Zusammenspiel live erleben.
Gespräche mit Musikern sollen die Voraussetzungen und die Leidenschaft bei der Tätigkeit
erklären. Die Zusammenhänge werden von Christian Scholz, Professor an der Universität
in Saarbrücken, erläutert. Das ästhetische Erlebnis und der Erkenntnisgewinn sollen Unternehmensmitarbeiter hinsichtlich ihres Alltags inspirieren. Bekannt für seine Kooperationen
mit Unternehmen und Business Schools weltweit ist auch das Orpheus Chamber Orchestra.
Diese gemeinnützige Organisation ist ein Orchester ohne Dirigent, bei dem sich die Musiker selbst steuern. Bei der Arbeit mit Managern und Studenten demonstrieren die Musiker,
wie flache Managementhierarchien und hochklassiges Teamwork funktionieren. Dieses
Orchester dient auch als Beispiel für eine Fortführung der Orchester-Metapher mit einem
Modell der Führung ohne Chef. Die abgeleiteten Managementprinzipien lauten: Einfluss
auf Angestellte übertragen, Führung teilen und wechseln, horizontales Teamwork fördern,
zuhören und sich wirkungsvoll ausdrücken (Seifter & Economy 2001).

Zeitgemäße Managementkonzepte mit Elementen wie Improvisation werden häufig durch
die **Jazz**-Metapher ausgedrückt, und so erklären sich die verschiedenen Angebote von Jazz-
Aufführungen für Unternehmen. Eine Methode ist der Auftritt von Jazz-Musikern für Mitarbeiter im kleinen Kreis oder in Kombination mit einem Vortrag vor vielen Teilnehmern
(beispielsweise der Anbieter Jazz Impact für Siemens und BASF). Der Jazz-Metapher wird
regelrecht Leben eingehaucht. Es gibt verschiedene Varianten mit den Elementen Aufführung, Vortrag, Improvisation. Zuerst spielen die Musiker und erklären zwischendurch
entweder selbst oder mit einem Moderator, wie das Zusammenspiel funktioniert, die Improvisation, der Einsatz persönlicher Fähigkeiten, die Autonomie und das Zuhören, wie
Risiken minimiert werden durch Vereinfachen der Strukturen und so weiter. Das wird
dann auf die Wirtschaft übertragen. Für die Teilnehmer werden Teamkreativität, geteilte
Führung, soziale Intelligenz, Synergien in der Gruppe, schnelles Weiterdenken und Innovation anders als bei traditionellen Seminaren vermittelt, nämlich durch das Hören und Sehen
und die körperliche Empfindung des Spiels mit Melodie und Rhythmus. Es ist etwas anderes, sich die Jazz-Metapher nur theoretisch zu vergegenwärtigen oder beispielsweise back-
ground riffs, also die repetitiven, rhythmischen Hintergrundmotive, zu hören, zu fühlen
und zu erleben, vielleicht einmal selbst produziert zu haben und so ein ästhetisches, kör-
perliches Verständnis von der Bedeutung und Funktion dieses Elements zu bekommen
(Hatch 1998). Das Publikum kann manchmal auch aktiv werden und der Band Anweisungen geben: Auf das Hochhalten von Karten mit Abbildungen der Instrumente werden die
jeweiligen angespielt und verstummen wieder. So lässt sich die ständige Veränderung des
Spiels erleben. Bei kleinen Workshops können die Teilnehmer bei der Improvisation noch
mehr interagieren, Textzeilen im Kanon mitsingen oder den Takt mit den Fingern schnip-
sen und so Konzepte von Autonomie und Rhythmus ästhetisch umsetzen.

Abbildung 4.4   Eine Jazzband improvisiert mit Unternehmensmitarbeitern

Quelle: Michael Gold, Jazz Impact, und Dachis Group

Es gibt noch andere Ansätze zur Interpretation von Musik, denen es nicht so sehr um die
ästhetische Erfahrung geht als vielmehr um eine theoretische Verbindung zwischen Musik
und Wirtschaft. Beispielsweise hört der Managementnachwuchs an Hochschulen im Fach
Marketing bekannte Songs und verwendet sie als Metaphern für Konzepte der Betriebs-
wirtschaft und der Marketingstrategie (Weinrauch 2005): Aus *The Winner Takes it All* lässt
sich die Botschaft destillieren, dass der Sieger der Beste ist, was in der marketingstrategi-
schen Konkurrenzanalyse reflektiert wird. Das Lied *My Next Thirty Years* von Tim McGraw
handelt von Überlegungen über das Leben und kann als Modell für die SWOT-Analyse
dienen. Der Song *Daddy's Girl* von Red Sovine spricht vom Leben als Lern- und Reifepro-
zess und kann Diskussionsgrundlage für den Produktlebenszyklus sein. Ein solches Vorgehen ähnelt Ansätzen der Interpretation von Malerei, die Rückschlüsse auf unternehmerisches Handeln ziehen will (Kapitel 4.1.2). Diese Methode fällt natürlich vom ästhetischen
Gesichtspunkt gegenüber Live-Darbietungen ab, aber auch sie arbeitet mit dem, was wir
beim Hören bekannter Lieder fühlen, und konstruiert eine emotionale Verbindung sowie
möglicherweise ein tiefgreifendes Verständnis für Wirtschaft. Musik wird hier Metapher
und damit heuristisches Instrument.

4.6.2   Auftritte als Dirigent, Band und Trommelgruppe

Musik eignet sich besonders für kunstbasierte Interventionen, bei denen die Teilnehmer aktiv mitmachen. Bei manchen Angeboten kann die Metapher von Unternehmen als Orchester und dem Manager als Dirigenten real nachgespielt werden. Führungspersonen können selbst als **Dirigent** am Pult den Taktstock schwingen. Je nach Anbieter wird ein Vokal-Chor mit bis zu 16 Sängern (Peter Hanke, Centre for Art and Leadership, Copenhagen Business School) oder ein professionelles Sinfonie-Orchester mit über fünfzig Musikern dirigiert (Dialogstudio Wagner), auch ohne Vorkenntnisse. Vor dem Einsatz erklärt ein erfahrener Dirigent die Funktionen des Dirigierens und die entsprechenden Gesten zum Anzeigen des Takts, der Einsätze und der gestalterischen Entwicklung des musikalischen Verlaufs. Die erlebte, ästhetische Erfahrung des Dirigierens soll sich in den Führungsalltag transferieren lassen: Beispielsweise wird erfahren, welche Wirkung schon die Körpersprache in der Interaktion entfaltet. Nicht immer sind überzogene Gesten nötig, auch kleine Fingerzeige können große Effekte bewirken. Der extrovertierte Manager kann erfahren, dass es sich lohnt, sich etwas zurückzunehmen, einzelne zur Geltung kommen zu lassen und zu vertrauen. Der Introvertierte erfährt, dass Zurückhaltung fehl am Platz sein kann, da das Orchester Anweisungen erwartet, sonst stumm bleibt oder chaotisch klingt. Über die Musik spürt der Dirigierende direkt, ob und wie er die Situation beherrscht. Die ästhetischen Erkenntnisse, die beim „Baden im Klang" erlangt werden, wirken nachhaltig und werden eindrücklich erinnert.

An dieser Stelle sei noch ein Angebot aus dem Bereich **Tanz** erwähnt, bei dem Führungspersonen eine Gruppe Menschen physisch von vorne, von der Seite und aus der Mitte heraus dirigieren, um eine andere ästhetische Erfahrung von „Führung" zu machen. Anbieterin Katrin Kolo begreift Choreografie als das kreative Organisieren von Menschen in Bewegung in einem Zeit- und Raumkontext, die sich besonders gut als Metapher und Intervention für Führung eignet. Dieser Bereich ist noch wenig dokumentiert, aber ein Buch beschreibt diese Verbindung als *The Dance of Leadership* (Denhardt & Denhardt 2005).

Das Zusammenspiel der Mitarbeiter in einem Unternehmen hat einiges gemeinsam mit dem Zusammenwirken einer Musikband und lässt sich beim aktiven Musizieren in der Gruppe wahrhaft erleben. Unter diesen Formen des aktiven Musizierens gibt es zunächst wenige Angebote, bei denen Mitarbeiter gemeinsam musizieren und ihre Stücke auch noch selber schreiben. Ein Beispiel für dieses auch inhaltlich ausdrucksvolle und selbstbestimmte Format ist der Auftritt als **Blues-Band** wie im internationalen Angebot *Face the Music Blues*: Die Teilnehmer erarbeiten in Gruppen Musikstücke über ihre Sicht auf unternehmensspezifische Themen, die sie dann stilecht mit dunkler Sonnenbrille und schwarzem Hut im Blues-Format dem Publikum präsentieren. Wie bei partizipativen Formen von Unternehmenstheater können die Teilnehmer auf diese Art Kritik und Verbesserungsvorschläge zu ihrem Arbeitsalltag präsentieren. Dabei überarbeiten sie gemeinsam ihr Verständnis der Organisation. Auch in Ausbildungssituationen wird deshalb das Songschreiben als kreativer Ausdruck von Wissen und Erfahrung benutzt, der emotionale und körperliche Erfahrung mit explizitem Wissen zusammenbringt und das Bewusstsein und den Umgang mit der eigenen Lage verbessert (Cantor 2006).

Bei den meisten anderen aktiven Musik-Interventionen in der Gruppe geht es weniger um die Inhalte als um das gemeinsame Erlebnis. Beispielsweise gibt es Jamming Sessions zur Förderung der Teamentwicklung über das gemeinsame Spielen, wie sie auch John Kao (1996) für globale Unternehmen wie Royal Dutch Shell und The Coca-Cola Company anbietet. Diese **Trommelworkshops** werden für kleine und große Mitarbeitergruppen offeriert. Gespielt wird auf afrikanischen Trommeln, brasilianischen Sambainstrumenten, verschiedenen Percussion-Instrumenten und auch mit Rasseln. Es geht um Teamgeist, Energie, gute Stimmung und Unterhaltung. Die Musiker geben mit Schlagzeug und Trommeln den Rhythmus vor und moderieren die gemeinsame Aktion. Die Mitarbeiter trommeln individuell oder auch unterteilt nach Instrumentengruppen, die verschiedene Abteilungen in Unternehmen repräsentieren. Kleinere Gruppen spielen als Band mit einfachen Schlagtechniken Rhythmen durch. Bei allen Varianten erfahren die Teilnehmer Phasen der Spannung und Entspannung, praktizieren das Zuhören, fühlen sich mit den anderen verbunden über die gemeinsame energiereiche und emotional ansprechende Aktion in dieser Phase, die in der Ritualtheorie als zusammenschweißende liminale Phase bezeichnet wird. Das Trommeln verlangt Aufmerksamkeit und bringt Energie, die sich bestenfalls in den Alltag transferieren lässt, zusammen mit dem Erlebnis der gelungenen Zusammenarbeit.

Auch andere Musikrichtungen wie Pop, Rock oder Soul werden für musikalische Interventionen verwendet. Es gibt Anbieter, die Unternehmensmitarbeiter zur **Band** machen und Musikstücke mit verschiedenen Instrumenten einstudieren. Die Moderatoren sind selbst Musiker und arbeiten gegebenenfalls mit einem Coach oder Psychologen zusammen, haben auch mitunter Erfahrung im sozialpädagogischen Kinder- und Jugendbereich. Viele der Musiker decken wie die Theateranbieter auch den Eventbereich ab und bieten Aufführungen für Unternehmensveranstaltungen wie Sommerfeste. Wenn nun die Mitarbeiter selbst Musik machen, geht es nicht wie häufig bei Theater in Unternehmen primär um betriebsspezifische Themen oder Probleme, sondern vorrangig um den Spaß und die gemeinsame Sache. Der Materialeinsatz bei Musik-Interventionen ist groß, es müssen gegebenenfalls Schlagzeuge, Gitarren und Keyboards transportiert und fachgerecht aufgebaut werden. Die Barrieren für die Teilnehmer sind aber nicht hoch, sie müssen nicht einmal Grundkenntnisse im Notenlesen besitzen. Jeder Mensch ist ein wenig musikalisch begabt, kann mitsingen und einen Rhythmus halten, und das reicht für die einfachen individuellen Beiträge (siehe Beispiel). Wer in einer Musikgruppe mitspielt, kann am eigenen Leibe erfahren, dass die Grundzüge erfolgreichen Musizierens vielen Prozessen im Arbeitsalltag ähneln. Deshalb wird die fortgeschrittene Methode, regelrechtes Orchestertraining, für eine möglicherweise sinnvolle Form der Mitarbeiterentwicklung erachtet: So ließen sich spezielle Eigenschaften trainieren, die den Erfolg von Orchestern wie auch den Erfolg von Unternehmen ausmachen: Disziplin, Fokus und kreatives Teamwork, die Fähigkeit zum Zuhören und Beobachten (Glen Fukushima, CEO Airbus Japan, zit. in Nissley 2010: 10).

Abbildung 4.5 Unternehmensmitarbeiter als Rockband

Quelle: Musicworks

Teambildung mit Rockmusik

Angebote zur Teambildung machen Arbeitsteams mit bis zu 45 Personen für einen Tag zu einer Rockband. Musikalische Vorkenntnisse sind nicht erforderlich. Die Profi-Musiker studieren mit den Unternehmensmitarbeitern bis zu drei Musikstücke ein. Es sind bekannte Lieder wie *Fly Away* von Lenny Kravitz, die von der Struktur her einfach sind, bestenfalls nur aus wenigen unterschiedlichen Akkorden bestehen. Die Teilnehmer können wählen zwischen Gitarre, Schlagzeug, Bass, Keyboard oder Mikrofon zum Singen. Die individuellen Beiträge sind überschaubar, die Gitarrenstimme und das Keyboard werden auf mehrere Instrumente verteilt. Einige übernehmen ein paar Akkorde und Taktfolgen für die Melodie, andere den Refrain. Beim gemeinsamen Musizieren erleben die Teilnehmer, wie aus ihren Einzelbeiträgen ein mehr oder minder hörenswertes Ganzes wird. Dieses Gefühl soll im Arbeitsalltag nachwirken. Gegebenenfalls kann noch ein Arbeitspsychologe oder Coach mit Dialog und Reflexion die Teamentwicklung unterstützen. In anderen Workshops mit bis zu 100 Teilnehmern werden statt Instrumenten Fässer, Plastikröhren, Besenstile, Locher, Klammeraffen und Trommeln benutzt. Der anfängliche Lärm wird nach und nach zu einem gemeinsamen Rhythmus, zu dem jeder seinen Beitrag leistet. Das kann eine erlebte Metapher für den Arbeitsalltag sein oder einfach nur eine kreative, lustige ästhetische Erfahrung für alle.

Von der ästhetischen Perspektive ist die besondere Wirkung des gemeinsamen Musizierens hervorzuheben. Musik wird sinnlich wahrgenommen und das (eventuelle) Singen hebt sich als offener und energischer Ausdruck besonders vom Sprechen im Arbeitsalltag ab. Teilnehmer berichten von einem glücklichen, erfüllenden Gefühl nach den Veranstaltungen und auch die Anbieter heben das erfüllte Gefühl als das Besondere hervor – das man kaum nach einer Gedichtinterpretation empfindet. Während der Dauer eines Musikworkshops kommen außerdem weitere bereits identifizierte Faktoren der liminalen Phase zum Tragen. Die im Alltag geltenden Rollenunterschiede werden aufgehoben: Wenn sonst der Chef den Ton angibt, hält er vielleicht diesmal im Hintergrund am Schlagzeug den Takt, während der Assistent am Mikro die Stimme erhebt. Gemäß den Ritualtheorien kann dieses temporäre Aufheben von Hierarchien die Teilnehmer entlasten und deshalb folgsam in den nächsten Bürotag entlassen oder es kann aber auch nachhaltigen Zweifel an der gegebenen Verteilung säen. Das hängt natürlich von den Einzelnen und der Dynamik der Gruppe ab. Vor diesem Hintergrund erklären sich auch Workshops, deren Inhalte von Unternehmen strategisch ausgesucht wurden, um möglichst nur die Gemeinschaftsbildung zu fördern und nicht zu irritieren. Ein Anbieter berichtet, mit einer Gruppe von Angestellten *Lean on Me* von Bill Withers einstudiert zu haben. Die Zeilen sollten die Nachricht transportieren, dass man sich auf das Unternehmen und die Kollegen verlassen können sollte. Der Liedtext lautet beispielsweise: „Lean on me, when you're not strong and I'll be your friend./ I'll help you carry on, for it won't be long 'til I'm gonna need somebody to lean on." Der Zweck ist in solchen Fällen durchaus vordergründig. Verwandt sind solche Interventionen mit Firmenhymnen.

4.6.3   Firmenhymnen

Die Musik-Metapher vom Unternehmen als Orchester oder Band lässt anklingen, dass jede Firma ihren eigenen Ton, Rhythmus und Melodie hat. Das kann man durchaus auch wörtlich verstehen. Unternehmen können sich beispielsweise mit einer Firmenhymne akustisch nach innen für die Mitarbeiter und nach außen für die Kunden und Stakeholder präsentieren. In Form einer kunstbasierten Intervention können Mitarbeiter involviert werden, indem sie sich am Komponieren und Einstudieren der zum Unternehmen passenden Musik beteiligen und die sogenannte Hymne dann gemeinsam singen. Als kunstbasierte Intervention kommt die Hymne nicht beim morgendlichen Sing-Appell zum Einsatz, wie man es aus Japan kennt oder wie es beispielsweise das amerikanische Unternehmen Wal-Mart wenig erfolgreich mit seinen Deutschland-Mitarbeitern praktizieren wollte. Es wird bei besonderen Anlässen wie Firmenfeiern gesungen, auch bei Hauptversammlungen: Bei der Lufthansa lässt die von Mitarbeitern komponierte Star Alliance-Hymne vom Band alle Anwesenden an der Gemeinschaft der „Lufthanseaten" teilhaben. Die Hymne wird von Anbietern von Musikworkshops und spezialisierten Anbietern (Ladage Media) produziert und auch mit Angestellten einstudiert und aufgenommen. Die Fluggesellschaft Air Berlin hatte mit 2000 Angestellten ihre Hymne einstudiert: Manager singen auf der Bühne, unten die Belegschaft. In der Situation der Aufführung kann man die wenig kaschierte Beeinflussung der Mitarbeiter erkennen, die nichts mit dem Durchbrechen von Hierarchien und der Betonung des Teams im Firmenmotto gemeinsam hat (Maier, zit. in Ott 2009). Geträllert wird: „Flugzeuge im Bauch/Im Blut Kerosin/Kein Sturm hält sie auf/unsere Air Berlin./Die Nase im Wind, den Kunden im Sinn/und ein Lächeln stets mit drin."

Firmenlieder sollen ein gemeinsames, sinnstiftendes und motivierendes ästhetisches Erlebnis bieten (Nissley et al. 2002). Die Firmenhymnen knüpfen an die Zunftgesänge im Mittelalter und zur Industrialisierung entstandenen Arbeiterlieder an (Maier 2009: 212): Auch dort ging es um die Stärkung der Gemeinschaft, gegebenenfalls unter anderem Vorzeichen. Beispielsweise in *Bet und Arbeit* (1863): „Mann der Arbeit, aufgewacht!/Und erkenne deine Macht!/Alle Räder stehen still,/Wenn dein starker Arm es will." Dieser Gegensatz von Kapital und Arbeit hat sich mit veränderten Menschenbildern und Arbeitskonzepten verwischt und ist in der heutigen ästhetischen Ära oft verdeckt von postulierter Fröhlichkeit, Emotion und Gemeinschaft. Eher selten entsteht eine Hymne heute als Musik-Intervention von unten – wie beispielsweise bei Opel *Gebt nicht auf* von den Mitarbeitern als Unterstützung in der Krise. Die Hymnen als seichter Pop, Rock oder Gospel werden heutzutage in Auftrag gegeben, die Inhalte betonen Zusammengehörigkeit und positive Haltung. So wird dem Deutschen Postler nahegelegt, noch engagierter zu arbeiten: „We want to be better than the best." Diese ästhetischen Medien lassen sich auch in Veränderungsprozessen einsetzen. Beispielsweise wurde zur Förderung der gemeinsamen Identität bei der Fusion von Hypobank und Vereinsbank das Lied mit dem Text „are you ready for the future, are you ready for the change" als Maßnahme zur Personalintegration komponiert. In diesem Fall nimmt man wieder an, dass das ästhetische Erleben, in diesem Falle von Musik mit Melodie, Harmonie und Rhythmus, eine tiefgehende Wirkung beim Vermitteln von Inhalten entfaltet, die sich durch das Betrachten eines neuen Logos oder Design anders und noch schwerer durch das Lesen eines Briefes vom Vorstand erschließen lassen. Im Lied der Kaufland-Kette, die auch in den Warenhäusern dudelt, heißt es: „Ein Lächeln ist mehr wert, als du denkst./Ein Lächeln ist Gold, das du verschenkst./Ein Lächeln ist billig, kostet gar kein Geld, und erobert dir trotzdem die Kundenwelt." Hier wird der Mitarbeiter im Sinne der doppelten Subjektivierung von Arbeit eher durchschaubar an seine Pflicht erinnert, seine emotionale Arbeit noch besser zu erfüllen.

Die Hymne als Instrument ästhetischer Beeinflussung ist nicht unumstritten. Kulturwissenschaftliche Forschung kritisiert, dass die Lieder Gemeinschaft und Zusammenhalt versprechen, wobei der Arbeitsalltag mit seinen Enttäuschungen, dem Druck und Ängsten oft ganz anders aussieht (Maier 2009). Die Medien amüsieren sich über ungewollt lächerliche Strophen: Statt die Gemeinschaft zu stärken, würden Hymnen durch ihre verordnete Fröhlichkeit lediglich eine Läster-Gemeinschaft beim Spott über die seltsamen Lieder stiften (Ott 2009). Diese Aussagen decken sich mit Annahmen der Forschung, die wenig partizipative und durchschaubare Kunstinterventionen für in geringem Maße wirkungsvoll hält.

4.6.4   Konzeption und Komposition

Musikalische Methoden in Unternehmen geben meist die Inhalte vor, sie können aber auch ausdrücklich die Mitarbeiter in die Produktion von Musik einbinden. Mitarbeiter nehmen an der Konzeption und Komposition beziehungsweise Umsetzung der musikalischen Form teil. Solche Ansätze können einen strategischen Beitrag leisten für den ästhetischen Ausdruck der Marke nach außen und nach innen und ebenso für die Aus- und Weiterbildung der Beschäftigten.

Wie lässt sich eine Hotelkette akustisch repräsentieren

In künstlerischen Workshops haben Führungskräfte und Mitarbeiter des Unternehmens InterContinental mit Künstlern einer Beratungsfirma an einer musikalischen Version des Unternehmensprofils gearbeitet (Spencer 2010). Es ging darum, die Kennzeichen der Marke einmal nicht in Worten auszudrücken, sondern nonverbal und musikalisch. Zunächst wurden in Gruppen die Werte eingehend diskutiert, um beim Experimentieren in einem Musikstudio passende Formen des akustischen Ausdrucks zu erarbeiten. Wie beispielsweise soll sich das theoretische Konzept von einer „klugen" Marke anhören? Passt dieses Konzept denn auch wirklich zur Marke? So schufen die Mitarbeiter gemeinsam den charakteristischen Klang.

Effekte solcher Intervention sind auf mehreren Ebenen zu finden: Zunächst haben diese Workshops auf organisationaler Ebene mit der Überarbeitung der Musik einen Beitrag zum akustischen Branding geleistet. Auf Gruppenebene haben die Teilnehmer beim Teamwork bestenfalls erlebt, dass es sich lohnt, aufmerksam auf die Ideen von anderen zu „hören". Auf individueller Ebene bieten das Sich-Hineinversetzen und die Arbeit mit der ästhetischen Form eine besonders intensive, nachdrückliche Erfahrung und helfen, theoretische und praktische Zusammenhänge im Arbeitsalltag besser zu beherrschen – wie bereits an anderen Stellen dieses Buches betont wurde. In diesem Beispiel hat die kreative Auseinandersetzung mit den Werten des Unternehmens das Verständnis der Mitarbeiter für die Ausrichtung des Unternehmens und ihre Dienstleistung im Speziellen vertieft (Spencer 2010). Zudem hat sie auch das Verständnis von ästhetischen Einflussfaktoren in der Wirtschaft verbessert, denn es wurde nachvollzogen, dass nicht nur die säuberlich gefaltete Bettwäsche und das Essensangebot, die Architektur der Hotels und die Werbematerialien, sondern das gesamte sinnliche Erleben und auch die Musik vor Ort persönliche Verbindungen zur Marke entstehen lassen.

4.7 Herstellen von Skulpturen und Figuren

Für die Arbeit mit Unternehmensmitarbeitern und Führungspersonen werden verschiedene kunstbasierte Interventionen angeboten, die mit unterschiedlichen Werkstoffen auf symbolische Art und Weise arbeiten. Diese Art der Anwendung künstlerischer Methoden ist beispielsweise aus der Kunsttherapie bekannt und aus der klinischen Psychologie. Hier lassen sich zwei Herangehensweisen unterscheiden: Einerseits kann das Kunstschaffen als Heilprozess und ästhetische Erfahrungsreise gesehen werden, wobei das entstandene Artefakt nicht wichtig ist. Beispielsweise beschreibt Stollsteiner (2008), wie durch den Dreischritt von künstlerischer Aktion, Reflexion und Transformation die Kunst übertragbare Fähigkeiten wie bessere Wahrnehmung und Ausdrucksfreude im Rahmen der Personalentwicklung fördern kann – was bereits an anderen kunstbasierten Intervention deutlich wurde. Andererseits kann es, obwohl das Machen nach wie vor wichtig ist, primär mehr um das produzierte Artefakt gehen, das dann als Symbol und Repräsentation der inneren Erfahrung des Schaffenden zählt. Diese Sichtweise liegt den sogenannten symbolischen Kunstinterventionen in Unternehmen zugrunde.

Ein erstes Beispiel soll eine symbolische Skulptur zeigen, die hauptsächlich durch einen Künstler entstand. Der Künstler und Wissenschaftler Henrik Schrat, der schon viele Projekte mit Unternehmen durchgeführt hat, nennt dies auch „kontextbezogene Kunst". Es geht darum, organisatorische Konditionen zu verstehen und den Punkt zu finden, an dem sie mit einer gewissen Logik ästhetisch in ein Kunstwerk kondensieren.

Das Unternehmen als Schwarm von Individuen

Ein Beispiel für die Darstellung organisatorischer Logik ist das Kunstwerk *Der Schwarm* von Henrik Schrat, das mit dem Energieunternehmen Gasag 2006 entstand. Die Installation besteht aus 369 kleinen schwarzen Einzelteilen, die wie ein Mobile über zwei Stockwerke in einem ehemaligen Bürogebäude aufgehängt sind. Es wirkt wie ein luftiger und beweglicher Schwarm von Vögeln oder Insekten. Den Gasag-Mitarbeitern wurde ein Motivkatalog mit 100 Motiven vorgelegt, und 369 von 550 Mitarbeitern wählten ihre Favoriten aus traditionellen, repräsentativen, romantischen Motiven, darunter Teufel und Engel, Liebespaare, Rosen, Hexen, Delfine, eine Voodoo-Puppe, ein Ferrari und ein Panzer. So entstand ein Selbstbild der Organisation als Gesamtheit der Mitarbeiter. In dieser Form ist die Gasag ein Schwarm als korrelierende Gruppe von Einzelindividuen, die zusammen funktionieren müssen. Sie haben in Unternehmen begrenzte Freiheitsgrade und demnach waren auch ihre Auswahlmöglichkeiten begrenzt. Der Schwarm ist folglich nicht nur ein Bild des Geschmacks und der Vorlieben der Mitarbeiter, sondern auch ihres Handlungsrahmens. Es geht nicht um das möglichst freie Gestalten einer Form, sondern die Geste der begrenzten korrelierenden Auswahl, in deren Summe sich dann der Charakter des Schwarms erkennen lässt. Dieses Prinzip wird für die Anwesenden durch das Kunstwerk ästhetisch begreifbar.

Abbildung 4.6   Henrik Schrat *Der Schwarm*, im Treppenhaus der Gasag 2006

Quelle: Henrik Schrat

Die von Mitarbeitern bei kunstbasierten Interventionen mit verschiedenen Materialien hergestellten Skulpturen, Bilder, Zeichnungen, Collagen und fotografischen Arbeiten sind symbolische Formen aus bewusstem und unbewusstem emotionalen Material. Sie werden von Einzelpersonen oder Teams geschaffen und können stehen für die individuellen Vorstellungen oder die gemeinsame Sicht auf die Zusammenarbeit, das Unternehmen oder die Firmenstrategie – sind Stellvertreter für implizites Wissen. Dazu zählt auch das Bauen mit Legosteinen im Rahmen des sogenannten Lego Serious Play, bei dem Teilnehmer verschiedene Konzepte, wie beispielsweise die Firmenstrategie, für sich und andere kreativ in metaphorische, anschauliche Form bringen. In Veränderungsprozessen können diese künstlerischen Methoden beispielsweise die Kommunikation verbessern und das gemeinsame Verständnis über die begreifbaren Modelle sowie das Einbeziehen der Erfahrungen aller Teilnehmer. Sie dienen auch als Kreativitätsschulung durch das eigenhändige Modellieren. Der Schlüssel ist wieder der kreative Prozess und die spielerische, liminale Phase, die sich von der Arbeitsrealität abhebt und für ihre Dauer Widerstandsmechanismen außer Kraft setzt, sodass unterdrückte Wahrnehmungen materiell manifestiert werden können. Beim Visualisieren der behandelten Themen ist die körperliche Aktion beim Bauen von metaphorischen Modellen der Schlüssel zum tatsächlichen „Be-greifen".

Solche kunstbasierten Interventionen kommen ohne formale Kunstwerke und Künstler aus und werden deshalb als künstlerische Experimente, „artistic experimentation" (Barry & Meisiek 2010a) bezeichnet. Dieser Bereich ist keine richtige Kunst, kann aber als künstlerisch bezeichnet werden und stellt die aktuell neueste Stufe des sich immer weiter verändernden Einsatzes von Kunst in Unternehmen dar: Zuerst wurden Kunstwerke in Unternehmen gebracht (Malereien und Skulpturen), dann Artists in Residence und andere Künstler, die Mitarbeiter künstlerisch anleiten, und schließlich werden die Mitarbeiter selbst kreativ mit Materialien tätig. Im Gegensatz zu anderen projektiven Techniken, bei denen Interpretationen der Teilnehmer in ein Bild oder ein Gedicht projiziert werden, werden bei solchen Methoden die Artefakte selbst geschaffen und sind sozusagen Abbild von Vorstellungen. Die Teilnehmer reagieren nicht auf bestimmte Aspekte, sondern erschaffen diese selbst in einem fortlaufenden offenen und spielerischen Prozess – was als besonders wichtig für die Erfahrung gesehen wird. Zudem beteiligt sich der Teilnehmer mit dem entsprechenden Coach oder Therapeuten am Interpretationsprozess. Hier zählt noch weniger als bei anderen kunstbasierten Formen ein mögliches Richtig oder Falsch der Interpretation. Vielmehr versuchen die Teilnehmer, im Prozess zum Kern des Problems vorzudringen, quasi wie beim Schälen einer Zwiebel. Dabei muss die Skulptur auch als Stellvertreter mit dem Arbeitsleben verbunden und nicht nur als Kunstwerk gesehen werden. Wer beispielsweise leugnet, instabile Materialien aus einem (un-)bewussten Grund gewählt zu haben, entbindet sich von der Verantwortung, über die „Stabilität" der Sache nachzudenken und weitere Ideen beizutragen (Barry 1994). Nur wenn die Skulptur als Repräsentant ästhetischer Empfindung gesehen wird, kann auch wirklich mit den unangenehmen Aspekten gearbeitet werden.

Die Wahl des Mediums hängt von den Zielen der Intervention ab, weniger von den Präferenzen der Teilnehmer. Beispielsweise können sich Bastelmaterialien und die damit verbundene taktile Modalität besonders gut eignen, von einer zu starken Verbalisierung und

Vergeistigung der Probleme wegzukommen. Die jeweiligen Materialien können es auch leicht oder schwer machen, Teilnehmer zum Mitmachen zu bewegen, die beispielsweise Basteln mögen oder es kindisch finden und das zu Unrecht verpönte Spielen auch. Wer sich nicht involvieren will, baut unter Umständen minimalistische Strukturen, die nicht viel hergeben. Auch hier sind noch viele Fragen für die Forschung offen, beispielsweise hinsichtlich der Wahl der Materialien für bestimmte Zielgruppen oder wie der Einsatz unterschiedlicher Materialien von Knete bis Papier den Prozess prägt.

Die Organisation als Rakete: Wie stabil ist sie gebaut?

Eine künstlerische Intervention mit Bastelmaterialien in einer Organisation ist von Barry (1994) untersucht worden. Sie sollte den akut kalten zwischenmenschlichen Umgang verbessern und Verbesserungsvorschläge für die Zukunft generieren. So hatten Führungskräfte in Gruppen mit Papier und Pappe einige Skulpturen gebaut, die die Organisation in ihrem verbesserungswürdigen Status quo darstellen sollten. Tatsächlich half das gemeinsame spielerische Bauen sofort bei der Verbesserung der Stimmung. Unter den entstandenen Skulpturen waren Häuser mit wackligem Fundament und eine Rakete aus instabilem Schreibpapier, dessen Zusammensacken für die Teilnehmer die mangelnde Standkraft der Organisation symbolisierte. Zuvor wurden Fragen diskutiert: Wohin fliegt die Rakete? Was können bestimmte Bauteile symbolisieren? So ließen sich in Diskussionen Probleme in Begriffe fassen wie Instabilität, fehlende Harmonie und so weiter. Der gesamte Prozess hatte etwas von einer Reinigung oder Katharsis. Es entstanden auch individuelle Überreaktionen wie Wutausbrüche und Gewalt gegenüber dem Objekt, weil viel implizites Wissen an verborgenen Gedanken und Emotionen in die Skulpturen geflossen war. Nach diesem Schritt wurden Skulpturen der „idealen" Organisation gebastelt, die dann in einen strategischen Handlungsplan „übersetzt" werden konnten. Ein Vergleich nach einem Jahr bewies die Wirksamkeit der Methode.

Das eigenhändige künstlerische Experimentieren in solchen Interventionen bietet einen besonderen Raum zu Reflexion und Erkenntnis. Das ist im Sinne der ästhetischen und menschlichen Kompetenz für jeden Mitarbeiter wichtig und gerade auch für Führungspersonen. Der Hintergrund ist, dass gute Führung Reflexion voraussetzt: Was ist mein Führungsstil? Was sind meine Stärken? Kunstbasierte Interventionen, wie beispielsweise das Aquarell-Ringbuch *Leadership Insight Journal* (Kapitel 4.1.3) und auch die Herstellung der eigenen Führungspuppe (siehe Beispiel), erlauben eine Selbsterfahrung durch Möglichkeiten zum persönlichen Ausdruck und durch die Reflexion über individuelle Werte und Führungsprinzipien, die andere Ansätze im Bereich Führungskräfteentwicklung so nicht bieten. Es ist wichtig, diese Komplexität zu beherrschen, um nachhaltige Entscheidungen in einer komplexen Wirtschaftswelt treffen zu können.

Wie eine Puppe zum Symbol für die Führungsperson werden kann

Die Herstellung von Skulpturen, beispielsweise von Puppen, lässt sich auch in der Führungskräfteausbildung einsetzen (Gayá Wicks & Rippin 2010). Die Teilnehmer bearbeiteten mit verschiedenen Materialien Puppenrohlinge, um die besonderen vorhandenen oder auch fehlenden Kennzeichen der persönlichen Führungsperson darzustellen. Pup-

pen sind ambivalent als Objekt des Spiels, der Kindheit und auch als Gegenstand ritueller Praktiken und können so besondere Projektionsflächen darstellen. Der Lernprozess
kommt in Gang durch den ästhetischen Prozess, die körperliche Beschäftigung des Her-
stellens, des Veränderns und Verschönerns der Produkte. In der Puppe als Doppelgän-
ger und Repräsentant kommen bewusste Eindrücke und implizites Wissen zusammen
und es werden positive und negative Aspekte konkretisiert. So floss in manche Puppen
eine „hässliche" Erfahrung von erlebter Führung in einer Organisation ein, die sich in
verzerrten Gesichtern und geknebelten Händen manifestierte. Bei einer Puppe mit zwei
Gesichtern zeigte sich das Erlebnis von Zerrissenheit, wie man es in der doppelten Subjektivierung von Arbeit sehen kann oder in generellen Ideologiefragen. Es offenbarte sich
auch einmal der eigene Anspruch an Menschlichkeit und Einsicht in einem Herzen an
der Seite der Puppe und mehreren geöffneten Augen.

Die künstlerische, körperliche Arbeit soll Führung als ganzheitlichen und persönlichen,
nicht nur technischen Ansatz begreifbar machen. Sie führt zu einer intensiven Auseinandersetzung, auch mit Spannungen und Widersprüchen. Das Nachdenken besonders über
das Dysfunktionale ist wichtig für gute Führung, denn sie verlangt ästhetische Kompetenz
im Sinne von einem Verständnis für andere und dem Beherrschen der eigenen emotionalen
Befindlichkeiten. Widersprüche und Spannungen sowie irritierende Erfahrungen müssen
akzeptiert und produktiv durchdacht, anstatt nivelliert und verdrängt werden. Dieses
künstlerische Motiv wurde auch gerade bei der Beschäftigung mit Gedichten und Malerei-
en deutlich. Bei solchen kunstbasierten Interventionen zeigt sich, dass moderne „Führung
als Kunst" von der Kunst den schöpferischen Umgang mit Widersprüchen gelernt hat.

Teil V Künstlerische Kritik

5   Kritik der Kunst an der Wirtschaft

Die Verbindung von Wirtschaft und Kunst hat verschiedene Gesichter und noch andere als die bisher angesprochenen: Von der wirtschaftlichen Perspektive aus denkt man an Kunstsponsoring, Mäzenatentum, Auftragsarbeiten sowie die Kunstsammlung und neuerdings an das Interesse an Kunst als Werkzeug und Inspiration im Bereich der Wirtschaftsästhetik. Der Weg der Wirtschaft zur Kunst ist freilich keine Einbahnstraße und Künstler setzen sich aus eigenem Antrieb inhaltlich mit wirtschaftlichen Entwicklungen auseinander. Die Kunst dient als Spiegel der Gesellschaft, und die Beschäftigung mit der Wirtschaftswelt und ihren Protagonisten hat eine lange Tradition, die sich mit der Ästhetisierung von Wirtschaft noch einmal gewandelt hat. Im Spiegel der Malerei, des Theaters und der Literatur, in Performances und Kunstaktionen finden die aktuellen wirtschaftlichen Entwicklungen oft ihr vielsagendes Zerrbild. Wo Manager und Mitarbeiter „Künstler ihrer selbst" werden wollen und sollen sowie möglichst kreative Wege der Wertschöpfung auftun, sind die menschlichen Krisen ebenfalls wie die Verwertung und Vereinnahmung von Kunst Thema verschiedener Kunstformen. So haben Romanautoren den Investmentbanker als neuen Antihelden entdeckt und es wird ein kritischer Trend im Theaterbereich festgestellt: Bühnenkünstler machen die nicht lange zurückliegende Wirtschaftskrise zum Thema für ein neues, politisches Theater (Höbel 2009): Beispielsweise kritisiert Literaturnobelpreisträgerin Elfriede Jelinek mit dem Stück *Die Kontrakte des Kaufmanns* die entfesselten Finanzströme, der Theaterautor Rolf Hochhuth rechnete in *McKinsey kommt* mit dem als neoliberal bezeichneten Zeitgeist ab, auch Falk Richter lässt mit *Unter Eis* die innere Kälte und das Machtstreben von Unternehmensberatern erfahrbar werden. Es würde sich auch ein Blick nach Hollywood lohnen, denn auch viele Filme nehmen kritisch das Wirtschaftsgeschehen auf, beispielsweise *Wall Street* (Finanzmarkt), *Super Size Me* (Fast Food) oder *The Social Network* (Facebook). Es formiert sich künstlerischer und intellektueller Widerstand, wenn etwa das Performancekollektiv Rimini Protokoll eine Daimler-Hauptversammlung zum Theaterstück erklärt und Hunderte Theaterbesucher einschleust oder bildende Künstler mit Editionen wie *Kunst gegen Konzerne* kunstgerechten Widerstand proben und sich gegen die Zweckentfremdung ihrer Werke durch Großkonzerne zur Wehr setzen. Während sich manche Künstler die Frage nach der Korrumpierung ihrer Kunst stellen, wenn sie innerhalb oder für Unternehmen stattfindet, konzentrieren sich andere Künstler darauf, wie sie direkt Einfluss nehmen könnten auf die Wirtschaft, „um sie dahingehend zu bewegen, von einer profitorientierten zu einer sozialeren Form des Wirtschaftens zu gelangen" (Landau 2010: 14).

Diese Beschäftigung mit aktueller künstlerischer Kritik ist im Forschungsfeld der Wirtschaftsästhetik noch in der Entwicklung begriffen. Es existieren nur einige individuelle Ausarbeitungen, aber es werden durchaus auf Konferenzen und in Sonderheften wissenschaftlicher Zeitschriften Aufforderungen ausgesprochen, Inspiration aus der Welt der Kunst zu gewinnen (Ladkin & Taylor 2010). Bei einem Austausch über den E-Mail-Verteiler der Gesellschaft *AACORN The Arts, Aesthetics, Creativity and Organisations Research Network* betonen im Jahr 2011 die Mitglieder, dass der künstlerische Widerstand quasi als die andere Seite der Medaille zum Feld der Wirtschaftsästhetik dazugehören sollte. Gerade solche Ansätze, die sich explizit mit der Kunst beschäftigen, erfordern aber nicht nur ästhetische Antennen des Forschers, sondern auch kultur- und kunstwissenschaftliches Hintergrundwissen beziehungsweise aus den Feldern Literatur- und Theaterwissenschaft, Kunsthistorik und angrenzenden Gebieten. Da dieser Bereich der Wirtschaftsästhetik sehr jung ist, stellt Teil 5 einige zeitgenössische Beispiele aus Literatur, Theater und Malerei dar, kann aber keinen umfassenden Überblick erarbeiten. In Folgenden werden wie in den anderen Praxisbeispielen hauptsächlich Fälle aus der hiesigen und bekannten Kunstszene angeführt. Die folgenden Fälle sind bereits in anderen wissenschaftlichen Feldern rezipiert worden, wie im Bereich Theaterwissenschaft oder Kunsthistorik. Sie sind aber bisher äußerst selten von der interdisziplinären Wirtschaftsästhetik als Teil der ästhetischen wirtschaftlichen Entwicklung betrachtet. Die ausgesuchten Beispiele greifen Themen der Ästhetisierung von Wirtschaft auf, darunter bereits ausführlich behandelte Aspekte wie Metaphern vom Mitarbeiter als Künstler und der Arbeit als Theater. Weitere von Künstlern aufgegriffene Motive sind die Inszenierung von Managern mithilfe von Kunstwerken oder mit Theatermitteln. Auch die Ästhetisierung des Raumes in Verkaufskontexten wird von Künstlern thematisiert, genauso wie Methoden des Storytellings. So erlauben die Beispiele, einige zentrale Motive der Wirtschaftsästhetik durch die künstlerische Kritik sinnvoll abzurunden.

Die Beschäftigung mit kritischer (zeitgenössischer) Kunst kann für das Feld der Wirtschaftsästhetik und die Wirtschaftswelt einige wichtige Einsichten bieten:

- Der kreative künstlerische Diskurs kann eine kritische Sicht auf die Wirtschaftswelt ermöglichen und auf Handlungsalternativen aufmerksam machen.

- Erfahrungen von Kunst können ein besseres Verständnis für kunstbasierte Interventionen in Unternehmen ermöglichen. Im Vergleich kann beispielsweise der oft künstlerisch reduzierte und ästhetisch eingeschränkte Charakter von Kunst in Unternehmen offensichtlich werden – die angenehme Bildersammlung, das amüsante Unternehmenstheater, die gefällige Shakespeare-Interpretation. Die Begegnung mit Kunst ist nicht kanalisiert und zielgerichtet, sondern zeichnet sich auch durch inhaltliche Rücksichtslosigkeit und experimentelle ästhetische Formen aus. Sie kann irritierend, verstörend oder auch abstoßend sein. Beispielsweise schert sich (Theater als) Kunst traditionell wenig um die Sensibilitäten der Zuschauer, verletzt auch absichtlich Tabus, ist mal unmoralisch, asozial und zynisch und kann so über seine Ästhetik, nicht so sehr über den Inhalt, die Anwesenden treffen (Lehmann 1999: 473). Kunst erweitert somit die ästhetische Kompetenz durch die Herausforderung und Entwicklung von Erfahrungen.

- Die künstlerischen Auseinandersetzungen können Inspiration für die Methodik der Wirtschaftsästhetik bieten, da die Untersuchung von Ästhetik in Unternehmen andere Ansätze und Ausdrucksformen verlangt (Kapitel 1.2). Die inhaltlich strukturierte Herangehensweise von Künstlern kann man auch als eine Form künstlerischer „Forschung" sehen, die innovativen wissenschaftlichen Herangehensweisen ähneln kann.

Es ist anzunehmen, dass diese Fragen noch verstärktes Interesse erfahren werden. Man könnte sich auch konkrete Fragestellungen vorstellen: Wie werden Führungspersonen in der Literatur dargestellt, wie im zeitgenössischen Theater? Gibt es besondere Themen-schwerpunkte? Welche Qualität hat diese Kritik? Und viele mehr. In diesem Kontext müss-ten künstlerische Projekte über verschiedene Themen auch einmal erfasst und weiter analy-siert werden. Eine kritische Untersuchung vieler Phänomene kann auch der Kunst dienlich sein, die natürlich nicht unantastbar ist: Vielen Künstlern fehle beispielsweise aktuelles wirtschaftliches Wissen für eine fundierte Auseinandersetzung (Brellochs & Schrat 2005: 12). So können noch weitere Inspirationen für gegenseitiges Lernen gefunden werden.

Um das Thema künstlerische Kritik an dieser Stelle einmal grundlegend im Rahmen der Wirtschaftsästhetik anzugehen, soll bei den verschiedenen Beispielen die Ästhetik im Vor-dergrund stehen. Es wird die These illustriert, dass das besondere Potenzial kritischer Kunst nicht nur in der inhaltlichen Debatte liegt, sondern eben in der Ästhetik. Diese These am Beispiel von Kunstprojekten unterstreicht noch einmal die Relevanz einer ästhetisch orientierten Betrachtung. Besonders eindrucksvoll ist das ästhetische Erlebnis, das die Men-schen sinnlich und emotional anspricht und in den hier präsentierten Fällen sogar eine Unterbrechung des Alltags mit seinen ästhetischen Mustern darstellt, eine Unterbrechung der Atmosphären an Orten des Konsums und beispielsweise des in den Köpfen der Men-schen präsenten Storytellings von Unternehmen und ihrer Selbstinszenierung durch Kunst.

5.1 Literatur

Historisch gesehen beschäftigt sich die Literatur seit dem Mittelalter verstärkt mit dem Thema Wirtschaft. Als der erste Text, der Geld in den Mittelpunkt der Handlung rückt, gilt der von Unbekannt verfasste *Fortunatus* von 1509, in dem der finanzielle Reichtum den Helden in der Gesellschaft hinauf und hinab zieht. Geld als Thema hat viele berühmte Autoren gereizt, beispielsweise Johann Wolfgang von Goethe (1795) mit *Wilhelm Meisters Lehrjahren*. Die Hauptfigur des Romans will Künstler werden, der Vater strebt für ihn aller-dings anstelle eines solchen Lotterlebens eine Karriere als ehrbarer Kaufmann an. Einer der bekanntesten Kaufmanns- und Unternehmerromane des 19. Jahrhunderts ist Gustav Frey-tags *Soll und Haben*. Der Protagonist Anton Wohlfahrt verkörpert Kühnheit und Initiative, freie Arbeit gilt hier als Weg zum Fortschritt und Wohlstand. Auch Familiengeschichten fungierten oft als Kontext für den Unternehmerroman, beispielsweise Thomas Manns *Bud-denbrooks*. Mit der Veränderung der Wirtschaftswelt spielen dann die Unternehmen eine größere Rolle und der Gegensatz von Kapital und Arbeit, Chef und Angestelltem ver-wischt, hinzu kommt der Manager als neue Figur.

In den Protagonisten wie Managern, mächtigen Bankern oder Führungspersonen bündeln sich die wirtschaftlichen Sorgen der breiten Masse von Menschen in unserer Gesellschaft. Während sich Literatur über Wirtschaft früher mit dem ehrbaren Kaufmann beschäftigte, dem Modell des guten und moralisch gefestigten Geschäftsmanns, hat sich mit den wirt-schaftlichen Entwicklungen und der Finanzkrise ein neuer Typus in den Vordergrund gespielt: der geldgierige Manager, der Banker, der Finanzjongleur (Schumacher 2010). Schon in den 1990er Jahren werden beispielsweise Martin Suters (2009) zynische Geschichten über die Schwächen der Managerkaste mit Satirepreisen ausgezeichnet, da sie den kreativen Diskurs um die auf Freiheit, Wettbewerb und Eigenverantwortung basierende marktwirtschaftliche Ordnung forttreiben. Nach dem weltweiten Absturz der Börsen kritisieren viele Romanautoren ganz konkret das Finanzsystem und seine Akteure. Sie beschäftigen sich mit skrupellosen Managern und Bankern, die das Vermögen unzähliger Bürger verzockt haben, und versuchen abstrakte Themen wie das Finanzmarktgeschehen für den desorientierten Leser verständlich zu machen. Die Protagonisten dieser Werke sind meist männlich, durchweg ehrgeizig, geldgierig, unersättlich, überschätzen sich selbst und scheitern schließlich, meist spektakulär. „Am Anfang vom Ende steht immer der Größenwahn", schreibt Bodo Kirchhoff in *Erinnerungen an meinen Porsche* über einen narzisstischen, sex- und geldgeilen Investmentbanker. Solche Protagonisten werden in den Romanen trotz aller menschlichen Schwächen noch weitgehend sympathisch dargestellt, um dem kleinen Zocker im Leser eine Identifikation zu ermöglichen, weil dieser sich trotz allem Risiko genauso nach Profit und Reichtum sehnt (Schumacher 2010).

In diesem Zusammenhang werden die Sorgen und Nöte des normalen Lesers auf einer persönlichen Ebene vom Genre des sogenannten Angestelltenromans angesprochen. Viele literarische Produkte rund um den Arbeitsalltag des Einzelnen wurden nach der Weltwirtschaftskrise der 1920er Jahre in den Vereinigten Staaten verfasst und auch diese Gattung erfährt mit zugenommenem wirtschaftlichem Druck ein neues Hoch. Sie hilft zahlreichen Menschen, die Angst um ihren Arbeitsplatz beziehungsweise dessen Verlust besser zu verarbeiten und thematisiert Überforderung, Stress und Burnout. Ratgeber mit den Titeln *Rache am Chef* oder *Jeder gegen Jeden* sind Ausdruck von Rachegefühlen und Frust durch Demütigung in verlogenen Unternehmenskulturen. Wie dargestellt wurde, kann der Einsatz von ästhetischen Mitteln von Unternehmen ein solches ablehnendes Gefühl der Firmenkultur fördern, aber auch durch partizipative und kreative Ansätze, wie man sie in manchen kunstbasierten Interventionen findet, vermindern.

Bei der Literatur findet die Verhandlung von Themen offensichtlich auf einer diskursiven Ebene über den geschriebenen Text statt. Die Wirkung entfaltet sich aber auch hier über den Eindruck beim Lesen, den oft beißenden Humor, den satirischen Einschlag und den gesamten Duktus, der damit wieder eine besondere ästhetische Erfahrung ermöglicht.

5.2   Theater, Performance und Storytelling

Eine Personalisierung von Wirtschaft betreibt natürlich auch das Theater, das den Kapitalisten mal auf seine Gier, mal auf seinen Geiz reduziert. Die Spannungen von Arbeit und Kapital während der Weltwirtschaftskrise im 20. Jahrhundert werden bei Bertolt Brechts *Die Heilige Johanna der Schlachthöfe* thematisiert und auch die aktuellen Entwicklungen finden ihr Echo auf den Brettern, die die Welt bedeuten. So wie sich die Ästhetik des Theaters über die Jahrhunderte hin zu neuen, postdramatischen und performativen Formen entwickelt hat (Lehmann 1999), können wirtschaftliche Themen nicht nur inhaltlich abgehandelt, sondern über eine besondere ästhetische Form verhandelt werden.

Angesetzt werden soll zunächst einmal an einem zentralen Motiv für die Wirtschaftsästhetik, das im veränderten Menschenbild besteht, welches auch mit emotionaler und ästhetischer Arbeit (Kapitel 2.1) einhergeht. Dieser Ruf nach emotionalem Ausdruck, Selbstverwirklichung und Commitment hallt über die Bühne der Wirtschaft und Gesellschaft und findet auf der Theaterbühne sein Echo. Beispielsweise berichten die Figuren in einer früheren Phase des Autors und Regisseurs **René Pollesch**, wie sie bei ihrer Arbeit Gefühle darstellen müssen, die sie nicht wirklich fühlen. Die Suche nach der Echtheit der eigenen Empfindungen läuft ins Leere, so wächst die Verzweiflung über die fragliche Realität der eigenen Rolle und so wächst der Unmut. Wie bei den Figuren im Stück *Stadt als Beute 2*. Sie formulieren Widerstand gegen den Zwang zu haltloser Selbstverwirklichung: „Und wenn ich versuche nicht wie ein Künstler zu leben, wenn ich so nicht arbeiten will als BEUTE UND SELBSTAUSBEUTERISCH! Und nicht daran denke mich selbstständig zu verwirklichen WAS DANN?!" (Pollesch et al. 2002) Die Helden spielen ihre Zweifel verunsichert aus und schreien Sätze, wie: „Dieses organische Kapital HIER [Performer zeigt auf sich] IST BEUTE!", und wenig später: „Das hier ist Müll! Die SCHEISSE! [Performerin zeigt auf sich.]" Diese Darstellung bildet einen rücksichtslosen Kontrast zum positiven Vergleich des Managers und Mitarbeiters mit einem Künstler (Kapitel 3.1). Inhaltlich wird die negative Seite des Künstlerseins dargestellt, die Selbstausbeutung, die nicht zwangsläufig zum gewünschten materiellen und persönlichen Erfolg führen muss. Auch die mit emotionaler Arbeit häufig verbundene sexuelle Diskriminierung durch die Reproduktion des Klischees der Frau, die sich für andere aufopfert, wird kritisch angesprochen. Besonders wichtig ist die ästhetische Form: Die Darsteller verbreiten mit ihrer hektischen, lauten Art eine verunsicherte und verunsichernde Atmosphäre für die Anwesenden und machen die mit dem Künstlerdasein verbundenen Zweifel noch einmal körperlich erfahrbar.

Insourcing des Zuhause. Menschen in Scheiß-Hotels (René Pollesch 2002)

TINE: In dieser Fabrik, die Zuhause produziert, müssen bezahlte Tätigkeiten wie eine persönliche Anteilnahme wirken.
CLAUDIA: Und wer will das kontrollieren?
TINE: Der Bladerunner.
NINA: Irgendein Androidenjäger kontrolliert, ob deine persönliche Anteilnahme hier in diesem Hotel und an deinen Gästen ECHT IST!
CLAUDIA: Ja, gut, dann lass jetzt eben den Bladerunner oder Personalchef kommen, und dann werden wir ja sehen, ob die Emotionalität, die ich hier performe, echt ist oder nicht.
NINA: Performe Emotionalität, die echt ist.
TINE: Formen von Arbeit, die Fähigkeiten einsetzen, die der Persönlichkeit und Subjektivität zugeordnet werden.
NINA: Und das ist doppelt produktiv: Zum einen erwirtschaften sie Profit, zum andern zementieren sie gesellschaftliche Normen über Sexualität und Geschlecht.
TINE: Performe Zement!
NINA: Du performst hier Emotionalität und die zementiert gesellschaftliche Geschlechterdifferenzen.
TINE: Performe Emotionalität!

Besonders relevant für die ästhetische Wahrnehmung ist hier wieder die Spielweise. An jene hat der Regisseur René Pollesch bestimmte Anforderungen und ermahnt seine Darsteller bei den Proben: „Zeige, was der Text mit Dir zu tun hat! Du sollst nicht spielen!" Unpersönliches Herunterleiern will er weder hören noch sehen, Deklamationsstil und Geziertheit noch weniger. Der schnelle Sprachfluss grenzt sich sowohl vom hohen Theaterton als auch von der Alltagssprache ab. Das Tempo offenbart ohne Luftholen die Schnelllebigkeit, Unbeständigkeit und Künstlichkeit der Gefühle. Die Figuren wechseln permanent ihre nicht authentische Identität und drücken mit wiederum authentischen Schrei-Orgien ihre unsicheren Empfindungen aus. Ein Ausweg ist nicht in Sicht, selbst das Innerste ist „Beute", der Mensch ist Müll, inflationsgeschädigtes Humankapital. In einer solchen Situation verändert sich auch das Verhältnis zum Zuschauer, der seine auf Authentizität gepolten Persönlichkeitsvorstellungen überdenken und seine falsche Sicherheit darüber verlieren kann, ob er der Arbeitskünstler seiner selbst ist oder wer er überhaupt ist (Biehl-Missal 2010a).

Als anderes Beispiel für die besonders performative und ästhetische Auseinandersetzung mit der Wirtschaftswelt soll hier ein Projekt des Regie-Kollektivs **Rimini Protokoll** genannt werden. Das Projekt aus dem Jahre 2009 mit dem Titel *Hauptversammlung. Ein Schauspiel in fünf Akten* lässt sich als klare Kritik an der Ästhetisierung von Wirtschaft sehen. Wie dargestellt wurde, benutzen Unternehmen und Manager Theatermittel zur wirkungsvollen Selbstinszenierung und zur Personal- und Organisationsentwicklung, aber die Welt des Theaters ist nicht nur eine Ressource. Das Performancekollektiv Rimini Protokoll (Daniel Wetzel, Helgard Haug und Stefan Kaegi) hat den Spieß rumgedreht und in Kooperation mit dem Berliner Hebbel am Ufer (HAU) Theater die Daimler-Hauptversammlung zum *Schauspiel in fünf Akten* erklärt. Fast 200 Theaterzuschauern und 25 Kulturjournalisten ermöglichte die Künstlergruppe über Stimmrechtsvertretungen gegen den Willen des Daimler-Konzerns Einlass in die Hauptversammlung. Dieser erste Fall einer künstlerischen „Invasion" einer Hauptversammlung wird in der Presse als „politischer Akt" und erstes Auftreten von „parasitärem Theater" (Höbel 2009, Peters 2009) beschrieben. Die Intention der Gruppe war nicht, die Hauptversammlung als Inszenierung zu „denunzieren", sondern den Teilnehmern das wirtschaftliche Ritual als ästhetisches Erlebnis zu präsentieren, um die Realität der Inszenierung und die Inszenierung der Realität deutlicher und kritischer wahrzunehmen. Das Regiekollektiv sieht die Welt als Bühne und hatte für frühere Performanceprojekte bereits andere, alltägliche Inszenierungsrituale als Theaterveranstaltung deklariert, beispielsweise eine Bundestagsdebatte.

Der künstlerischen Arbeit liegen eine ausführliche Recherchearbeit und fast wissenschaftliche Auseinandersetzung zugrunde, wie oft bei diesen Regisseuren (Dreyesse & Malzacher 2007). Rimini Protokoll produzierten ein „alternatives Theaterprogramm", ein 112-seitiges Heft mit Aufsätzen von Experten wie Aktionärsschützern, Anwälten, Anlegern, Wirtschafts- und Theaterwissenschaftlern und anderen Stakeholdern. Mit diesen Experten hatten die Regisseure in einem hohen Rechercheaufwand über Monate hinweg gesprochen, zusätzlich hatten sie Gesetzestexte und wissenschaftliche Ausarbeitungen zum Thema durchgearbeitet. Viele dieser Experten standen am Tag der Hauptversammlung für Gesprächsrunden mit den Zuschauern im Foyer zur Verfügung. Hier handelt es sich um eine besondere Form der inhaltlichen künstlerischen Auseinandersetzung, die Recherche und ästhetische Präsentation verbindet und damit Inspiration für die Methodendiskussion in der Wirtschaftsästhetik bieten kann (Kapitel 1.2).

An dieser Stelle sei die Debatte um „künstlerische Forschung" (Tröndle & Warmers 2011) erwähnt, die sich mit dem Unterschied zwischen Kunst und künstlerischer Forschung auseinandersetzt und einer spezifischen Kunstpraxis, bei der die Künstler selbst als Forschende agieren und ihre Erkenntnisse in Form von Kunstprodukten darstellen. Hier rückt der Prozess der Entstehung einer Arbeit in das Zentrum der Aufmerksamkeit, es geschieht eine Verschiebung vom Werkästhetischen zum Produktionsästhetischen. Diese Projektkunst, die die Entwicklung einer inhaltlichen Position mit künstlerischen Medien wie Malerei, Performance, Skulptur oder Video hervorhebt, mischt sich in den Alltag ein. Es handelt sich um Interventionskunst, die nicht notwendigerweise eine oppositionelle, sondern auch eine kooperative Position einnimmt. „Dieses Konzept geht bewusst über die klassische Aufteilung der Hochschulen in wissenschaftliche und künstlerische hinaus. Aber erstens hat diese Trennung in ganzer Strenge ohnehin nie bestanden und zweitens kann es als ein zentrales Anliegen zeitgenössischer Arbeit formuliert werden, diese Überkreuzung der kulturellen Praktiken zu fördern" (Haarmann 2007). Eine weitere Erforschung dieser Tätigkeiten scheint deshalb auch gerade im Rahmen der Wirtschaftsästhetik vielversprechend.

Beim Projekt *Hauptversammlung* von Rimini Protokoll wird die inhaltliche Auseinandersetzung getragen von der besonderen ästhetischen Erfahrung, die das Projekt für die Zuschauer offerierte. Die Teilnehmer gaben bei einer Befragung (Biehl-Missal, forthcoming) an, Gefühle der Hilflosigkeit und Einschüchterung beim Besuch der Hauptversammlung erlebt zu haben und auch des Protests angesichts der Sicherheitskontrollen, der überwältigenden Bühne, der aalglatten Vorstandsrede und der folgenden amüsant bis ärgerlichen Aktionärsattacken. Die Metapher eines Befragten vom „Kontrastbad der Gefühle" unterstreicht, wie ästhetisches Erleben ein Wissen um die Mechanik solcher Unternehmensevents entstehen lässt. Geboten wurde den Anwesenden eine körperliche und sinnliche Erfahrung der Präsenz eines Unternehmens, welche die meisten durch ihre kritische Distanz durchschauten und ablehnten. Sie wollten nicht mit anderen Aktionären ein „Teil des Ganzen" werden, wie es oft bei rituellen Massenveranstaltungen und auch bestimmten kunstbasierten Interventionen durch den Einsatz ästhetischer Mittel gefördert wird.

Von diesem Kunstprojekt können auch Unternehmen einiges für den Umgang mit ungebetenen künstlerischen Interventionen lernen (Biehl-Missal 2010c). Dank Rimini Protokoll erstreckte sich die Presseberichterstattung über die Hauptversammlung auf alle nennenswerten, landesweit erscheinenden Feuilletons und gar auf Theater-Zeitschriften, Fernsehsender und Radiostationen. Daimler kam dabei nicht gut weg. Im Vorfeld wurde vom Zögern der Verantwortlichen berichtet, die mangelnde Kooperation mit den Künstlern wurde kritisiert. Dann war von „Schauspiel" die Rede, vom „großen Drama", vom „Theater". Die Rhetorik der Vorstandsrede wurde als „Schuldabwälzung" gewertet, schlechte Konzernergebnisse erwähnt, Stimmen von Kritikern betont, die in der Generaldebatte Umweltverschmutzung, Ausbeutung von Arbeitnehmern und Rüstungsgeschäfte anprangerten. Das Kunstprojekt hat es vermocht, sowohl offensichtliche als auch eher unterschwellig ablaufende Prozesse der Selbstdarstellung und Verstellung im Wirtschaftsleben in den Vordergrund zu rücken. Mit Spott zitierten die Medien die Eingangsrede von Aufsichtsratschef Manfred Bischoff, der betonte, dass man sich auf der Hauptversammlung eines der „respektabelsten" deutschen Unternehmen befinden würde: „Dies ist weder ein Schauspiel noch ein Theaterstück!" Die Investor-Relations-Abteilung des Konzerns hatte sich mit Rimini Protokoll unter Anwesenheit von Anwälten getroffen, aber das Projekt nicht unterstützen wollen. Hier stellt sich die Frage, ob das Unternehmen nicht von den kreativen Köpfen hätte profitieren können, beispielsweise durch weitere, wie auch immer geartete, Formen der künstlerischen Kooperation. Die negative Presseberichterstattung mit potenziellen Reputationsrisiken zeigt, dass es für Unternehmen wichtig ist, ein gewisses Verständnis gegenüber künstlerischen Entwicklungen zu besitzen und sich auch auf das Spiel und Experimentieren mit Wahrnehmung produktiv einlassen zu können. Ein grundsätzliches Verständnis von wirtschaftsästhetischen Ansätzen ist, dass man den unerwarteten und komplexen Herausforderungen des 21. Jahrhunderts nicht mit Standardlösungen gegenübertreten kann, sondern kreativ handeln muss. Das parasitäre Theater von Rimini Protokoll ist dabei nur einer von vielen möglichen unerwarteten Fällen, die auf ein Unternehmen zukommen können und denen man kreativer hätte begegnen können.

Ein weiteres Beispiel soll einen anderen künstlerischen Widerstand in Form von Theater und Performance in Orten von Unternehmen illustrieren. Es geht hier um den amerikanischen Performer William Talen, der als Prediger **Reverend Billy** mit seinem Gospelchor **The Church of Stop Shopping Gospel Choir** (neuerdings: **The Church of Life after Shopping)** gegen die Ästhetisierung des Konsums antritt. Mit Unterstützung des Gospelchores dringt er in die ästhetisch arrangierten Verkaufsräume von Disney-Geschäften, Starbucks-Filialen, Wal-Mart-Supermärkten, Shopping Malls und ähnlichen Orten ein und artikuliert dort seine Kritik. Talen (2003) bezeichnet solche Verkaufsräume als durchgestylte theatrale Umgebungen. Diese künstlerischen Interventionen sollen den ästhetischen Handlungskontext dieser Räume durchbrechen und die Aufmerksamkeit der Menschen auf die verhüllten Formen von Unterdrückung und Ausbeutung lenken. Zu den früheren eindrucksvollen Auftritten zählt die Erscheinung Reverend Billys vor dem Disney Store am Times Square in New York City mit einem riesigen ans Kreuz genagelten Mickey Maus-Kuscheltier. Mit dieser plakativen Symbolik sollte der Warenfetischismus angeprangert werden und auch die Erzählungen und das Storytelling von Disney (Kapitel 3.4). Talen will den privatisierten Raum durchbrechen und auf unethische Arbeitspraktiken aufmerksam machen, wie Kinderarbeit in Sweatshops für Disney-Produkte und auch die Ausbeutung von Kaffeebauern bei Starbucks. Gerade die bereits angesprochenen Starbucks-Filialen (Kapitel 2.3) bezeichnet er als „fake café" mit einer täuschenden und manipulierenden Atmosphäre, in denen man hochpreisigen Caffè Latte erwirbt, während ausgebeutete Kaffeebauern nur einen Bruchteil erhalten (Talen 2003: 14). Berüchtigt sind die Auftritte des Reverend bei Starbucks, bei dem er ungebeten eine Art Exorzismus mit der Kasse vollführt und mit dem Chor folgenden Text singt: „THIS TOWN AIN'T NO SUPERMALL/Pushback! Stop that Starbucks not another/Pushback! No your latte's not my lover/Pushback! Don't take slavery in my coffee/Pushback! Your milk is juiced your talk is lofty/THIS TOWN AIN'T NO SUPERMALL" (Talen 2007). („Diese Stadt ist kein Einkaufszentrum/Weiche zurück! Bewahre vor Starbucks, nicht noch einer/Dein Caffè Latte ist nicht mein Lover/Rühr mir keine Sklaverei in den Kaffee/Deine Milch ist zuckersüß, deine Worte schwülstig.") Zum Gesang peitscht Talen einen Sermon durch sein Sprachrohr über Starbucks' Verweigerung von Fair Trade-Handelsvereinbarung mit Kaffeebauern aus Äthiopien. Der Aktivist wurde wiederholt von der Polizei festgenommen und das Unternehmen Starbucks war ob der Auftritte so verunsichert, dass ein Leitfaden über den politischen Performer für Angestellte herausgegeben wurde mit einer eigenen Sektion für den Fall der Fälle: „What Should I Do if Reverend Billy is in My Store?" (Perucci 2008).

Abbildung 5.1   Reverend Billy beim Protest gegen Starbucks

Quelle: Reverend Billy / What Would Jesus buy; Canary Mason, Mason Wendell, CC BY-SA 2.0

Von der Perspektive des Storytellings aus stören Reverend Billys Geschichten und Aktionen, die im seinem neuesten Film *What Would Jesus Buy* dokumentiert sind, die glatte Choreografie der Konsumgeschichten und enthüllen die versteckten Formen von Kontrolle und Beeinflussung. Von der ästhetischen Perspektive aus wird hier noch einmal der Unterschied deutlich zwischen dem ästhetischen Handlungskontext des Konsums in der Wirtschaft und der handlungsentlastenden Situation in der Kunst: Talen bricht in das anästhesierende Umfeld ein und ermöglicht andere ästhetische Erfahrungen. Über Aufruhr und den Tabubruch – wie mit der gekreuzigten Comicfigur – werden die Menschen irritiert und verunsichert, zur Reflexion und möglicherweise zum Handeln angeregt. Solche Mittel vermögen, die Distanz zu brechen und die Anwesenden in eine Form der Verantwortung zu nehmen. Durch die Störung der Atmosphäre wird den Anwesenden ein anderes ästhetisches und emotionales Erlebnis offeriert und damit ein neues Gefühl für und Wissen um die Situation, also auch ein tiefergehendes und herausforderndes Erlebnis.

Dem noch weiteren Bereich der Performance außerhalb der Institution Theater mit seiner Bühne lässt sich auch das nächste Beispiel zuordnen. Zudem finden sich hier auch Motive des Storytellings (Kapitel 3.4), welches als eine der künstlerischen Metaphern für Wirtschaft ebenfalls neue Ideen für ökonomische Interaktion bietet. Die Kunst des Storytellings hat der Künstler **Res Ingold** perfektioniert. Ein Projekt stellt die Fluggesellschaft Ingold Airlines dar. Ingold Airlines ist kein Wirtschaftsunternehmen, sondern ein Kunstprojekt, eine fiktive Fluggesellschaft, die nur aus Geschichten besteht, aus Logos, einer Webseite ingoldairlines.com, Werbe- und Präsentationsmaterial und damit aus einer Corporate Identity. Das Projekt wurde 1982 gestartet, lief bis circa 2008 und beinhaltete Ausstellungen in Galerien und Museen, auf Messen, bei der Documenta in Kassel. Die Frage nach dem Realitätsgrad und der Einordnung von Ingold Airlines zu Kunst oder Wirtschaft ist nicht klar zu beantworten: Wirklichkeit entpuppt sich als potenziell dargestellt und Dargestelltes wirkt auf Reales zurück. Auf fiktive Angebote wie Fluggastbegleitung, VIP-Service, Mitgliederclub, Zimmerpflanzentransporte und Shuttleservice folgten Kundenanfragen. Piloten haben sich beworben und Journalisten haben in mehreren Fällen professionell aufgemachtes PR-Material für real gehalten. Aufgeregte Bürger demonstrierten gegen vermeintlich geplante Flughafenprojekte.

> Storytelling und Performance: das Kunstprojekt der fiktiven Fluggesellschaft
>
> Für die Konstruktion einer unverwechselbaren Firmenidentität benutzt Ingold Airlines Methoden des Geschichtenerzählens wie Verbindungen zur Tradition der Luftfahrt, Abbildungen von Flugzeugen, Kunden, Orten (Meighörner & Zeppelin Museum 2000) und erstellt eine fiktive Familienhistorie, die garniert mit alten Schwarz-Weiß-Bildern ab dem 18. Jahrhundert auf der Homepage folgendermaßen präsentiert wird: „Ein gewisser Hang zum Reisen und zum Fliegen kann in der Familie Ingold über mehrere Generationen zurückverfolgt werden: 1783: Hans ‚Pösschen' Boss, Ahne der Familie Boss aus Sigriswil am Thunersee, ist Zaungast beim dritten Aufstieg der Charlière in Paris." Einige weitere ausgewählte Stationen: „1905: Fritz Ingold-Mägli, der Vater von Hans ist Landwirt, Politiker und Maschinenbauer. Bei ihm lernt der Seniorchef die wichtigsten Voraussetzungen für seinen späteren Betrieb. [...] 1949: Max Ingold, Vater von Res Ingold, wird Fahrradkurier bei der Swissair. 1955: Hans Ingold erwirbt das Privatpilotenbrevet. 1982: Res Ingold übernimmt die Betriebsführung mit 28 Jahren." Mit ähnlicher, offensichtlicher Ironie werden auch sinnfreie PR-Statements großflächig verkündet: „Ingold Airlines – mehr als fliegen: Fliegen war immer ein Synonym für Pioniergeist, und Ingold Airlines versteht sich auch heute noch als Pionier ... Darüber hinaus dient Ingold Airlines in Ergänzung des fliegerischen Angebots als Provider für Transportmedien von immateriellen Gütern wie Ideen, Informationen, Energien, Images, Emotionen."

Die fiktive Firmenhistorie zeigt ironisch übertrieben eine oberflächliche und geradlinige Darstellung des angeborenen Flieger- und Pioniergeistes der wichtigen Männer der Firma, der sich im erfolgreichen Geschäftsmodell fortsetzt. Solche einfachen Darstellungen mag man aus Biografien berühmter Manager kennen. Gerade deshalb werden ambivalente Werke wie Shakespeares Dramen für die Personalentwicklung herangezogen, um etwas über die Komplexität von Menschen, ihrer Geschichte und Führung zu lernen (Kapitel 4.4).

Das Kunstprojekt schießt mit seinem Ansatz des Storytellings gezielt über die Grenzen der Ernsthaftigkeit hinaus, um den Betrachter zur Reflexion anzuregen über das Konstruierte der Wirtschaft und seine möglicherweise immanente Absurdität. Auch hier bietet die Ästhetik wieder ein anderes Erlebnis der wirtschaftlichen Realität, welches zum Lachen bringt, es aber auch vermag, gezielt zu beunruhigen.

5.3   Malerei und bildende Kunst

Verschiedene ästhetische Entwicklungen in der Wirtschaftswelt werden auch von darstellenden Künstlern mit ihren besonderen Mitteln kritisiert, beispielsweise die Vereinnahmung von Malerei durch Unternehmen und Manager. Malereien können als eine der ältesten kunstbasierten Interventionen gesehen werden (Kapitel 4.1), denn sie bringen die künstlerischen Produkte in die Unternehmen hinein, zunächst hauptsächlich zur Dekoration und zum Aufbau von Macht und Ansehen. Ihr Einsatz zur Inszenierung von Managern und ganzen Unternehmen wird von Künstlern wie auch von Wissenschaftlern thematisiert. So demonstrierte im Jahr 2010 die Ausstellung *Macht zeigen. Kunst als Herrschaftsstrategie* im Deutschen Historischen Museum in Berlin, wie sich mächtige Politiker und Manager mit Kunst schmücken und wie Künstler auf diese Vereinnahmung reagieren. Dokumentiert wurde die Ausstellung in einer von Wolfgang Ullrich (2010a) herausgegebenen Anthologie.

Ausgehend von dieser Ausstellung soll das folgende Beispiel illustrieren, wie Künstler mit dem Problem der möglichen Vereinnahmung umgehen können. Im Rahmen von *Macht zeigen. Kunst als Herrschaftsstrategie* zeigt die Leipziger Künstlerin Verena Landau in raumbezogenen Malereien und Wandinstallationen ihre Auseinandersetzung mit der Repräsentation von Kunst im Wirtschaftskontext. Im Jahr 2005 malte Landau bereits einige Größen aus Politik und Wirtschaft und verlieh sie ihm Rahmen des Projekts *Feindbild Verleih* an Bürger in ihrer Stadt, mit denen dann Videointerviews über ihre ästhetischen Erfahrungen an diesen Bildern geführt wurden und ihre kritische Auseinandersetzung mit den Dargestellten. Darüber hinaus entwarf Landau die Edition *Kunstraub_Kopie* über die Geschichte eines verkauften Bildes. Die Edition besteht aus 13 digital erstellen Fotomontagen, die in einer narrativen Abfolge den fiktiven Raub des Gemäldes *Pasolini-Still 04* durch die Künstlerin selbst aus der Vorstandsetage der HypoVereinsbank illustrieren (siehe Abbildung 5.2).

Abbildung 5.2   Verena Landau, Edition *Kunstraub_Kopie* (für *Kunst gegen Konzerne*)

Motiv 08, 2005/2007/2009, Digitale Fotomontage nach Reprofotografie einer Malerei, C-Print,
21 x 29,7 cm, Quelle: Verena Landau

Der Hintergrund: Verena Landau erfuhr zufällig, dass eine ihrer Malereien von der Hypo-
Vereinsbank erworben wurde und dem damaligen Vorstandschef Albrecht Schmidt als
Hintergrund für Pressefotos diente. In dieser Situation musste sich Landau (2010: 212)
„dem Problem stellen, selbst mehr Verantwortung für die Verwertung der eigenen Arbeiten zu übernehmen". In diesem grotesken Fall schmückte sich „ein mächtiger Vertreter des
Finanzkapitals mit einem Bild eines marxistisch-antikapitalistischen Autors", denn Landau
hatte Filmbilder Pier Paolo Pasolinis verarbeitet. Die Künstlerin stellte sich vor, wie Pasolini
sich „im Grabe umdrehen würde, wenn er diese Szene sehen könnte". Als direkte persönliche Konsequenz stellte sie die Zusammenarbeit mit großen Finanzinstituten vorerst ein.
Zudem nahm sie die Situation als Ausgangspunkt für eine neue künstlerische Beschäftigung mit dem Bildtypus des Managerporträts „mit dem Rücken zur Kunst" (Ullrich 2000),
denn dieses Motiv drückt verdichtet die „Dichotomie zwischen künstlerischer Intention
und ihrer Funktionalisierung zu Repräsentationszwecken" aus. Landau malte Banker vor
Kunstwerken, um eine „malerische Wiederaneignung des entäußerten Bildes" zu betreiben.
Hier handelt es sich um einen ästhetischen Akt der Auseinandersetzung, anders als die
tatsächliche Wiederaneignung als Kunstraub. Diese Fiktion zeigte die Absurdität des „Kon-
flikts, mit dem letztlich alle Kunstschaffenden in dieser Gesellschaft mehr oder weniger zu

kämpfen haben, auch wenn es sich um weniger warenförmige kulturelle Erzeugnisse handelt" (Landau 2010: 213).

Die Edition *Kunstraub_Kopie* beschäftigt sich mit Themen, die das Medium Malerei traditionell eher ausklammert: das Verhältnis von Kunst und Besitz, die Funktionalisierung von Kunst durch die Wirtschaft und das damit verbundene Unwohlsein. Das Politische in der Kunst beginnt für Landau beim „Hinterfragen der Verwertungszusammenhänge". Eine Frage, die sich gerade bei dem Medium der Malerei stellt, welches traditionell am stärksten an Besitzverhältnisse gebunden ist. Um dieses Verhältnis einmal umzukehren, stiftete die Künstlerin die Edition *Kunstraub_Kopie* und die Verkaufserlöse für die *Initiative Kunst gegen Konzerne* der Coordination gegen Bayer-Gefahren, die verschiedenste riskante Aspekte des Bayer-Konzerns von Umweltzerstörung bis Kinderarbeit anprangert. Andere teilnehmende Künstler sind Natalie Bertrams, Otto Piene, Peter Royen und Klaus Staeck. Kunst wird hier für alternative soziale Unternehmungen nutzbar gemacht. Landau hat auch den Verkaufserlös einer durch einen Galeristen an eine Bank verkauften Wandinstallation für ein Kunstprojekt eingesetzt, das auf das Kreditgeschäft dieser Bank mit dem russischen Ölmulti Lukoil hinweist, der ein umstrittenes Ölfeld in der zum UNESCO-Welterbe gehörenden Kurischen Nehrung betreibt. Von den Medien wird die Kunstaktion auch als „bemerkenswerter Kontrapunkt" zur willfährigen und freiwilligen Vereinnahmung vieler anderer bildender Künstler gesehen (Mustroph 2010).

Die Welt der Wirtschaft gilt nicht unbedingt als faszinierendes Thema für Künstler, und das Klischee, dass Malerei für das Schöne zuständig sei, behauptet sich hartnäckig. Obwohl sich in der Kunstgeschichte Gegenbeispiele finden lassen. Auch Verena Landau beschäftigt sich mit noch weiteren damit verwandten „unschönen" Themen, wie beispielweise der kalten und leeren Ästhetik von Räumen, die Unternehmen zur Inszenierung ihrer Hauptversammlungen nutzen (Kapitel 3.3). Diese Edition *pass_over* entstand durch den Austausch mit dem Dachverband der Kritischen Aktionäre. Der Titel *pass_over* kann in diesem Fall den Übertritt in einen Raum der konformen und kalten Existenz bedeuten, den Eigentümer beim Treffen mit „ihrem" Unternehmen erleben – trotz oder gerade wegen des kontrollierenden Einsatzes ästhetischer Mittel (Biehl 2007a). Die passend zur Unternehmensidentität gekleideten Hostessen, die allgegenwärtigen Sicherheitskräfte und die aggressive Managerrhetorik legen eine innere Kälte des Systems bloß. Dieser ebenfalls als liminal zu beschreibende Zustand lässt keinen Raum für bewegende Erfahrungen, sondern anästhesiert, hüllt ein in die konforme Masse einer abwesenden Gesellschaft aus isolierten Einzelnen. Mechanische Arrangements, kalte Farben, stereotype Menschen mit emotionslosen oder kaum erkennbaren Gesichtern verbreiten über die Ästhetik der Darstellungen eine beklemmende Atmosphäre für den Betrachter und mögen die Frage aufwerfen, inwiefern Widerstand möglich ist. Die Anwesenden tragen Namensschilder mit Unternehmenslogo, nehmen eine aufrechte Haltung ein und unterscheiden sich kaum – höchstens einmal durch Jeans und Turnschuhe zwischen der Uniformität mit Anzug und Kostüm bei der Hauptversammlung einer Bank (Abbildung 5.3). Die Inhalte dieser Kritik sind in den künstlerischen Arbeiten wieder deutlich zu sehen, werden aber zuallererst ästhetisch empfunden, durch die Herstellung und Übermittlung einer sinnlichen Erfahrung des Themas.

Abbildung 5.3   Verena Landau, Edition *pass_over* (2006), Motiv 04

Digitale Fotomontage nach Reprofotografie einer Malerei, C-Print, 30 x 39 cm, Quelle: Verena Landau

Dieses Feld beinhaltet für die Wirtschaftsästhetik großes Potenzial, denn es sind noch viele konzernkritische Künstler zu untersuchen. Beispielsweise hat der bereits erwähnte Hans Haacke seit den 1960er Jahren sogar illegale Handlungen von Konzernen durch künstlerische Präsentationen öffentlich gemacht. Mit einer ebenfalls sorgfältigen Recherchearbeit schafft er Projekte mit politischem und didaktischem Anspruch zu den wechselseitigen Beziehungen von Gesellschaft und Wirtschaft, Macht und Geld. Erläutert ist dies auch in der Zeitschrift *Kunstforum* im Band über „Kunst und Wirtschaft" (Buchhart & Nestler 2010), in dem weitere Projekte und wirtschaftliche Entwicklungen von Kritikern und Wissenschaftlern aus der Sicht der Kunst diskutiert werden. Sowohl vom Inhalt als auch von der ästhetischen Form kann die Wirtschaftsästhetik weitere Inspiration gewinnen.

Schlusswort und Ausblick

Das Potenzial der Kunst für die Wirtschaft

Ästhetik macht nicht nur die schöne Oberfläche der heutigen Wirtschaft aus, sondern den Kern wirtschaftlichen Handelns. Konsum und Arbeit drehen sich um Inszenierungen, Atmosphären und Erlebnisse, die von Menschen sinnlich wahrgenommen und emotional bewertet werden. Verbunden sind mit dieser Entwicklung ästhetische und emotionale Formen von Arbeit sowie kreative Denkvorgänge und computersimulierte Designprozesse, die eine noch anspruchsvollere Gestaltung der ästhetischen Form von Produkten und Dienstleistungen erst ermöglichen. Ebenso sind bauliche Formen im Wirtschaftskontext nicht nur schön anzusehen, sondern Architekturen von Unternehmen prägen das Selbstverständnis und die Arbeitshaltung der Mitarbeiter, beeinflussen die Wahrnehmung der Stakeholder und ermöglichen den Kunden atmosphärisch eindrückliche Konsumerlebnisse. Bei der Ästhetisierung von Wirtschaft spielt die Kunst eine besondere Rolle. Sie ist Werkzeug und auch Inspiration und hat Auswirkungen auf den Erfolg und auf die Zukunftsfähigkeit von Unternehmen. So wie Kunst traditionell von wichtigen gesellschaftlichen Institutionen zur Ermöglichung von Beständigkeit, aber auch Wandel eingesetzt wurde, wenden sich heutzutage immer mehr Unternehmen der Welt der Kunst zu, um neue Ideen für Führung, Arbeits- und Organisationsstrukturen zu gewinnen, für die ästhetisch ansprechende Gestaltung von Produkten und Umgebungen und auch für die Aus- und Weiterbildung der Mitarbeiter.

Mit diesen Veränderungen wird die Forschung zur Wirtschaftsästhetik besonders relevant. Die Wirtschaftsästhetik erweitert die wirtschaftswissenschaftliche Forschung und Organisationsforschung um interdisziplinäre, kunst- und kulturwissenschaftliche Perspektiven und überträgt Konzepte und Methoden aus der Welt der Kunst auf Organisationen, um neue Erkenntnisse zu gewinnen für die Entwicklung von Führung, Personal, Strategie, Strukturen und Prozessen. Sie setzt dabei einen besonderen Schwerpunkt auf die Ästhetik, die nicht nur als das schön Anzusehende verstanden wird. Damit beschäftigt sich die Forschung in diesem Bereich auch mit dem, was Menschen als komisch oder hässlich empfinden. Und vor allem mit der Tatsache, dass sie sinnlich empfinden. Ästhetik versteht sich als Sinnesempfindung durch körperliche Wahrnehmung. Die ästhetischen Faktoren sind oft kaum fassbar, nicht immer sichtbar, flüchtig und räumlich nicht unbedingt lokalisierbar. Sie werden sinnlich, körperlich und dann erst geistig erfahren und bilden eine implizite, aber einflussreiche Form von Wissen, nach dem Menschen innerhalb und außerhalb von Unternehmen ihr Handeln ausrichten. Mit der Orientierung an der ästhetischen Erfahrung und den impliziten Formen von Wissen bietet die Wirtschaftsästhetik andere epistemologische Perspektiven und Methoden der Untersuchung einer erweiterten Bandbreite von Erkenntnisgegenständen. Diese umfassen sinnlich empfundene Atmosphären und körperliche und emotionale Reaktionen von Ergriffenheit bis Ekel. Diese Aspekte fanden in herkömmlichen Ansätzen kaum Beachtung, obwohl sie Einfluss darauf nehmen, wie Menschen fühlen, denken und handeln – und damit bestimmen, wie Unternehmen sich anpassen, verändern und im Wettbewerb bestehen können. Die Perspektive der Wirtschaftsästhetik ist somit besonders lohnend für immer mehr Wissenschaftler, die ein möglichst umfassendes Verständnis des komplexen wirtschaftlichen *Lebens* anstreben, und für eine wachsende Anzahl von Führungskräften, Beratern und Künstlern in der Praxis, die selbst mit ästhetischen Mitteln auf unterschiedlichste Weise arbeiten.

Wer den Weg der Wirtschaft zur Kunst betrachtet, muss auch in die andere Richtung denken. Künstler setzen sich aus eigenem Antrieb inhaltlich mit wirtschaftlichen Entwicklungen auseinander. Mit der Betrachtung solcher Kunstprojekte verdeutlichte sich noch einmal, dass das besondere Potenzial von Kunst nicht nur in einer inhaltlichen Debatte liegt, sondern eben in der Ästhetik. Damit ist das besondere ästhetische Erlebnis gemeint, die sinnliche und emotionale Ansprache, die die Kunst als Form der ästhetischen Arbeit (Böhme 1995) mit anderen ästhetischen Arbeitsformen teilt, wie der Dienstleistungsarbeit, dem Produktdesign, der Architektur und auch der Unternehmensführung, die nach innen und nach außen kommuniziert, präsentiert, Erzählungen generiert.

An dieser Stelle sei auch noch einmal die Vorstellung der wissenschaftlichen Forschung als ästhetische Tätigkeit angesprochen: Die Forschung zur Wirtschaftsästhetik sucht selbst nach künstlerischen Analyse- und Darstellungsformen, die die qua Beschaffenheit kaum verbalisierbare ästhetische Erfahrung besser erfassen und ausdrucksstark transportieren können. Ästhetik ist auch hier nicht nur Erkenntnisgegenstand, sondern zunehmend Inhalt und Form geworden. Das betrifft die Methodik, wenn beispielsweise befragte Unternehmensmitarbeiter sich künstlerisch mit Malerei oder Fotografie ausdrücken sollen oder Wissenschaftler selbst etwa lyrische Ansätze wählen, um persönliche Eindrücke der Sache zu ordnen. Erkenntnisse werden ebenfalls schon als Multimedia-Präsentation, Theaterstück und Gedicht präsentiert. Ästhetisches Handeln und ästhetischer Ausdruck bleiben auch für die Wissenschaft – weiter zu erforschende – neue und reizvolle Handlungsalternativen, um die Wirklichkeit noch besser erfassen, untersuchen und infrage stellen zu können.

Die Betrachtung kritische Kunstprojekte sowie auch die zahlreichen Überlegungen zur Natur und zum Potenzial von Kunst in diesem Buch bieten Ansatzpunkte, um den Einsatz von Kunst nicht nur in der Wissenschaft, sondern vor allem in der Wirtschaft weiterzudenken und Ideen nicht nur für Selbstvergewisserung, sondern für Veränderung zu finden. Die Kunstprojekte wählten eine oft provokante, irritierende ästhetische Form, die eine Unterbrechung der gewohnten ästhetischen Muster darstellt. So verkaufte beispielsweise das Performancekollektiv Rimini Protokoll Theaterkarten für die Daimler-Hauptversammlung, womit der Ernst wirtschaftlicher Realität demonstrativ und ungefragt unter dem Titel *Schauspiel in fünf Akten* vermarktet wurde. Die Malerin Verena Landau malt Manager als *Feind-Bilder* und illustriert den sinnbildlichen Raub eines ihrer Werke aus einer Unternehmenskunstsammlung. Der Performance-Aktivist Reverend Billy dringt mit seinem Gospelchor in Starbucks-Filialen ein, um die sorgfältig gestaltete, angenehme Atmosphäre zu stören und mit einem lauten Sermon durch die Sprechtüte anzuprangern, was er als Ausbeutung von Kaffeebauern identifiziert. Theaterstücke vermitteln etwa bei René Pollesch mit einer unangenehmen Ästhetik aus hysterischem Schreien und hohlen Wirtschaftsfloskeln, wie unwohl sich der Mensch im zeitgemäßen Zwang zur Selbstdarstellung und emotionalen Arbeit fühlen kann. Damit vermitteln sie dem Publikum ein anderes „Gefühl" für und einen kritischen Blick auf die Welt, in der wir leben. Satirische Literatur und Performanceprojekte wie eine fiktive Fluggesellschaft verballhornen und überspitzen die allseits bekannte Inszenierung von gefälligen Firmengeschichten, von erfolgreichen Firmengründern und zielstrebigen Vorständen, die keinerlei Unsicherheiten oder Zweifel zu besitzen scheinen und damit in ihrer reduzierten Ästhetik bestenfalls langweilig, im schlechten Falle unglaubwürdig wirken.

Eine solche Kritik ist ernst zu nehmen, denn sie drückt das Misstrauen vieler Unternehmensmitarbeiter, Kunden und Menschen in der Gesellschaft gegenüber Ästhetik im weitesten Sinne aus. An vielen Beispielen wurde deutlich, wie ästhetische Formen neue Möglichkeiten des Konsums eröffnen und damit das subjektiv empfundene Dasein der Menschen bisweilen verbessern, dass sie das Arbeitsleben beispielsweise durch angenehmere, kommunikationsfreundlichere Büros und Einrichtungsgegenstände, schlüssigere Prozesse und Abläufe schöner gestalten können und die Möglichkeit bieten, eigene Emotionen in das Arbeitsleben einzubringen. Die Menschen wissen heutzutage, dass das Ästhetische dazugehört, dass Wirklichkeit und Wahrheit „keine unabhängigen Größen, sondern nur Gegenstand einer Konstruktion" sind (Welsch 1996: 52). So sind künstlerische und ästhetische Formen, die beispielsweise zur Sicherung von Beständigkeit und Effizienzsteigerung angewendet werden, ambivalent und können unter Umständen nicht gut ankommen. Deutlich wurde, dass Ästhetik oft unsichtbar und nicht fassbar einen Einfluss entfaltet, über Atmosphären menschliches Empfinden, Wahrnehmung und Verhalten beeinflusst. Keiner möchte sich gerne durch den schönen Schein täuschen oder gar emotional manipulieren lassen. Beispielsweise wurde bereits der verkaufsfördernden Dudelmusik Muzak vorgeworfen, ihre Ästhetik „anästhesiere", indem sie eher einschläfere, als den Blick für (künstlerische) Möglichkeiten zu wecken.

Bezüglich des Lebens in Unternehmen hat dieses Buch dargestellt, dass beispielsweise Malerei bestehende Machtverhältnisse durch das Einschüchtern der Mitarbeiter festigen kann und dass jene sich von der Bildersammlung auch ästhetisch belästigt fühlen können. Auch gegen inspirierende Versuche mit innovativer Innenarchitektur von Büroräumen hatten sich Mitarbeiter gewehrt, indem sie diese demolierten. Einseitig positiv inszenierte Auftritte von Vorständen werden als unglaubwürdig empfunden und stoßen auf Kritik. Subtiler können Theatertrainings wie Rollenspiele in Unternehmen wirken, die Einzelne schulen, folgsam zu sein und nicht „aus der Rolle" zu fallen. Der Einsatz von Musik beispielsweise kann falsche Zusammengehörigkeitsgefühle entstehen lassen. So wurden etwa die sogenannten Firmenhymnen in der Presse verspottet und die Forschung hält sie für einen schlechten Ersatz von angemessener Bezahlung und guten Arbeitsbedingungen (Maier 2009). Beim internen Einsatz zur Aus- und Weiterbildung kann Kunst als „illegitime Legitimation" von unternehmerischen Ansprüchen eingesetzt werden, warnt beispielsweise Daved Barry als einer der renommierten Forscher in diesem Feld (zit. in Nissley 2010: 15): Man lässt Mitarbeiter singen, tanzen und trällern, während Bezahlung und andere

Konditionen schlecht blieben. In diesem Sinne könne die „Kunst-Kiste" in der Wirtschaft auch die Büchse der Pandora bedeuten. Die ästhetische Entwicklung trifft auf Misstrauen in unserer Gesellschaft, wenn sie als einseitig und beeinflussend empfunden wird (Warren & Rehn 2006). Umso wichtiger ist es, einen produktiven Mittelweg zu finden und das Potenzial von Kunst nicht nur als Werkzeug, sondern auch als Inspiration zu nutzen.

Wenn Kunst in Unternehmen nun Anreize zur Veränderung bieten soll, darf sie nicht zu einseitig sein, um nicht zu langweilen oder auf Widerstand zu treffen. Bei vielen Interventionen in Unternehmen ist die Bandbreite an ästhetischen Möglichkeiten reduziert. Das heißt, sie können zwar ohne Probleme gewisse Zwecke erfüllen wie die Schulung von für viele ästhetische Tätigkeiten benötigen Fähigkeiten, eignen sich aber nicht unbedingt für Veränderung. An zahlreichen Beispielen wurde deutlich, dass Kunst in Unternehmen zur Bearbeitung der Oberfläche angewendet wird: Viele kunstbasierte Interventionen konzentrieren sich auf Themen wie fehlende Kommunikation oder Arbeitsmoral, Schwierigkeiten bei der Zusammenarbeit, äußerliche Probleme in Veränderungsprozessen (Meisiek 2007). In diesem Zusammenhang werden beispielsweise dem Regisseur und Anbieter von Unternehmenstheater doppeldeutige, politisch unkorrekte oder provokante Textstellen gestrichen, bei Musikworkshops werden gemeinschaftsfähige Lieder vorgegeben, Malprojekte von Mitarbeitern mit scharfen Darstellungen werden gekippt. So erfüllen sie nach wie vor einen Zweck, wirken aber kaum anregend auf die Menschen. Sie lassen keinen Raum für generelle Zweifel und grundlegende Unsicherheiten, die die Mitarbeiter beispielsweise bei Veränderungsprozessen empfinden könnten. Obwohl für ein nachhaltiges unternehmerisches Handeln nicht nur die Köpfe der Mitarbeiter überzeugt, sondern auch – überschwänglich formuliert – ihre Herzen gewonnen werden wollen. Für wirkliche Veränderung muss den Mitarbeitern im Umgang mit Kunst noch mehr zugetraut werden.

Kunstbasierte Methoden zur Personal- und Organisationsentwicklung gelten als Trend des 21. Jahrhunderts und werden auch in Deutschland verstärkt nachgefragt. Sie sind aber nicht Standard. Generell wird ein Wachstum vorhergesagt, aufgrund ihres offensichtlichen Potenzials in einer ästhetischen Wirtschaftswelt. Die Kunst, die mit vielschichtigen Darstellungen, Mehrdeutigkeit, Widersprüchen arbeitet, kann Fähigkeiten fördern, die in dieser schnelllebigen, komplexen Zeit benötigt werden. Kreative Kunstmethoden werden bereits in der Hochschulausbildung verwendet, um Unzulänglichkeiten des wegen seiner analytischen Ausrichtung in die Kritik geratenen MBA auszugleichen. Die Anzahl an Publikationen wächst ebenso wie die Zahl an Intermediären, und es gibt auch ein steigendes Interesse von Künstlern, für die sich ein solches Engagement nicht nur finanziell, sondern auch künstlerisch lohnen kann. Die konkrete Ausgestaltung von künstlerischen Interventionen mit verschiedenen Techniken und Materialien und ihre Anwendung in betriebsspezifischen Situationen müssen noch weiter erforscht werden. Dann sollten die Effekte solcher Angebote besser bestimmt werden, da bisher die positiven Evaluationen von überzeugten Auftraggebern und involvierten Beratern stammen und nicht ausreichend in Betracht ziehen, dass die intendierte Wirkung von Kunstmethoden nicht zwangsläufig eintritt, sondern gar in ihr Gegenteil umschlagen kann (Berthoin Antal 2009). Wie deutlich wurde, sind ästhetische Reaktionen nicht ganz vorhersehbar, sie können vom warmen Zusammengehörigkeitsgefühl bis zu Trotz oder körperlich empfundener Ablehnung und Aggressivität reichen.

Die Beschäftigung mit Kunst ihm Rahmen kunstbasierter Interventionen in Unternehmen wurde in Bezug auf die Ritualforschung als liminale oder Schwellenphase bezeichnet, die einen vom Arbeitsalltag abgegrenzten Zeitraum bietet mit Möglichkeiten für das Spielerische und für Themen, die sonst gar nicht oder nur anders angesprochen werden können. Kunst in Unternehmen kann festigen und aufrütteln, sie oszilliert somit zwischen Ritual und autonomer beziehungsweise zeitgenössischer Kunst. Rituale benutzen ästhetische Mittel, um Gruppen zusammenzuführen und einen sozialen Zusammenhalt zu festigen. Dieses Motiv findet man in kunstbasierten Interventionen wie dem Singen von Firmenhymnen, dem gemeinsamen Trommeln und vielen weiteren Workshops. Dann gibt es in dem breiten Spektrum noch komplexere Kunstformen, die in weniger starkem Maße Sichtweisen vorgeben und Sinnesempfindungen nahelegen, sondern zum Nachdenken motivieren und damit ein stärkeres Potenzial für Inspiration und Veränderung haben. Dazu gehören Formen, bei denen die Teilnehmer größeren Einfluss auf ihr Handeln und die Inhalte beziehungsweise die Interpretation haben. Beispielsweise können Gedichte etwas über die Zweifel der Menschen und die Zwänge von Pflicht und Arbeit auf der Welt sagen. Manche Forumtheater und andere interaktive Kunstprojekte können auf die Ineffizienz bestehender Strukturen und Prozesse aufmerksam machen. Die künstlerischen Methoden haben – trotz des elitären Charakters von zeitgenössischer Kunst und anspruchsvoller Lyrik – auch das besondere Potenzial, durch ästhetische Ansprache und Ausdruck möglichst alle am Austausch teilhaben zu lassen, etwa in der Laienmalerei oder dem Bildertheater Augusto Boals, das keine rhetorischen Fähigkeiten verlangt, sondern eine stumme, pantomimische Stellungnahme erwartet, die simpel, aber ausdrucksstark ist. Die Teilnehmer müssen nicht ihre rationalen Beweggründe diskutieren, sondern können ihre Wahrnehmung abstrakt ausdrücken und ein gemeinsames „Gefühl" für die Sache bekommen. Die Formen sind spielerisch und möglicherweise subversiv – je nachdem, wie sie ästhetisch erfahren und verarbeitet werden. Vor allem zeigt sich auch hier eines der in diesem Buch wiederkehrenden Motive: In ästhetischen Situationen besteht nicht nur die Möglichkeit zur Manipulation, sondern auch zur Interaktion und möglicher Veränderung.

De facto kann man beim Einsatz von Kunst in Unternehmen nicht von einem Gegensatz zwischen Managern und Mitarbeitern ausgehen, da sich deren Interessen überschneiden. Gerade weil Mitarbeiter zunehmend Ansprüche an das persönliche Engagement und ihre Arbeit haben, schätzen sie Methoden mit Freiräumen und reagieren auf Interventionen „von oben" eher mit Ablehnung. Deshalb sollen partizipative Formate, beispielsweise bei Theatermethoden, besonders wirksam sein (Clark & Mangham 2004a). Sie gestehen Mitarbeitern Einfluss auf die Inhalte, Aussagen und Deutungen zu und können Interessenkonflikte sowie Meinungsverschiedenheiten offenlegen und einen Dialog ermöglichen. So wurde schon an anderer Stelle vorausgesagt, dass sich nur „qualitativ hochwertiges Unternehmenstheater, das aufrichtig mit den betroffenen Menschen arbeitet" auf dem Markt durchsetzen wird (Heindl 2007: 212). Das unterstreichen Anbieter, die betonen, dass sie sich mit den Mitarbeitern offen auseinandersetzen und sich nicht als Übermittler der Meinung von Vorgesetzen sehen (Borowy 2010).

Auf den mündigen Mitarbeiter zu setzen, der sich einbringen darf und soll, kann nur funktionieren in einer „Kultur der Kollaboration" (Piers Ibbotson, Gründer des *Royal Shakespeare*

Company's Directing Creativity Program, zit. in Nissley et al. 2010: 15). Kunst könne auf jeden Fall dabei helfen, kreative und kommunikationsstarke Mitarbeiter auszubilden. Und wenn sie besonders erfolgreich ist, könne Kunst in den Köpfen und Herzen der Mitarbeiter Fragen entstehen lassen mit dem Potenzial, Unternehmen zu verändern. Entscheidend sei die Prämisse: Wird Kunst in Unternehmen gebracht, um Unternehmen effizienter zu machen oder um Unternehmen mit künstlerischen Werten besser zu machen? Wenn es nur um Effizienz und Profit geht, kann das transformatorische Potenzial von Kunst stark eingeschränkt werden. Das Potenzial muss aber auch hier nicht ganz verschwinden, denn die Effekte von Kunst sind durch ihre Bezüge zur ästhetischen Erfahrung und zu den Gefühlen nicht völlig kontrollierbar. Weitere Forschung muss klären, wie die Förderung und Anwendung von Kunst Unternehmen wirklich verändert und wie sie auf den einzelnen Mitarbeiter als gesellschaftlichen Akteur wirkt, welche konkreten Auswirkungen sie auf den Umgang mit Mitarbeitern, Kunden und Stakeholdern hat und auf die ethische und politische Dimension wirtschaftlichen Handelns.

Ein etwas größeres Zutrauen im Umgang mit Kunst sieht man bei Formen der Führungskräfteentwicklung und im Hochschulbereich. So soll beispielsweise die Beschäftigung mit Poesie und Literatur nicht nur eine sprachliche, sondern eine einfühlsame und verständnisvolle Komponente in die diesbezüglich unzureichenden Management-Studiengänge bringen (Badaracco 2006). Kunstbasierte Methoden können in einem solchen Zusammenhang in vielerlei Hinsicht als Inspiration verstanden werden. Mitarbeiter möchten sich in ihre Tätigkeit einbringen und damit einher geht ein möglichst umfassendes, kein fragmentiertes, Verständnis der eigenen Rolle. Gerade Führungskräften und Managern fehle aber dazu die Zeit, weil das geschäftige Handeln (busy-ness) im Vordergrund steht. Dinge werden erledigt, abgeschlossen, neue angefangen. Dabei können leicht größere Zusammenhänge aus dem Blickfeld geraten und auch die Beziehung zu den inneren Werten kann leiden (Adler 2006). Ein wiederkehrendes Motiv ist die Auseinandersetzung mit Kunst als Zäsur, als Pause, die Distanz zum täglichen Handeln bringt und Reflexion ermöglicht. Künstlerische Methoden sollen helfen, die Arbeits- und vor allem Führungspersönlichkeit weiterzuentwickeln. Einige ermöglichen eine Selbsterfahrung durch Reflexion über individuelle Werte und Vorstellungen, die andere Ansätze im Bereich Mitarbeiterentwicklung so nicht bieten. Auch hier muss man berücksichtigen, dass dies vom Freiraum abhängig ist, den jeweilige Moderation gewährt. Bilder und Literatur lassen sich bei oberflächlicher Herangehensweise schlüssig zu Ende interpretieren oder mit einem offenen Ansatz in ihrer Komplexität besonders produktiv erfahren. Beispiele sind die Aquarellmalerei Nancy Adlers, die Musik-Interpretationen Miha Pogačniks, Gedichtinterpretationen oder auch die Herstellung von Skulpturen wie der eigenen Führungspuppe. Werke aus Literatur und Poesie thematisieren in der herkömmlichen wirtschaftlichen Ausbildung vernachlässigte persönliche und emotionale Vorstellungen von Arbeit und von Führung und weitergehende Aspekte menschlicher Natur und Interaktion und können das komplexe Denken anregen. So lernen Manager und der Führungskräftenachwuchs aus den Werken Shakespeares auch von Manipulation und Konflikten, den moralischen Abgründen von Führung. Eine solche Form der ästhetischen Kompetenz wäre aber auch gerade für die Mitarbeiter wichtig, die sich führen lassen und im Sinne neuester Leadership-Theorien auf Werteklarheit und Herausforderung bestehen sollten. Im Hinblick auf ungestörte Arbeitsabläufe erscheinen solche Ideen der herausfordernden Interaktion auf den ersten Blick kontraproduktiv, aber nicht mehr, wenn an nachhaltige Veränderung und Weiterentwicklung gedacht wird.

Das Potenzial der Kunst als humane Kraft – das nicht erst seit Schillers ästhetischer Erziehung des Menschen gedacht wird – muss auch vor der Wirtschaftswelt nicht Halt machen. Dieses Thema zieht sich als roter Faden durch das Buch. Konzepte und Modelle von Kunst und Kunstorganisationen werden anstelle von unpersönlichen und mechanischen Maschinenbildern angewendet, um etwas über eine menschlich-interaktive und gar künstlerische Seite von Unternehmen und Wirtschaft zu lernen. Die Metaphern vom Manager als Künstler, dem Unternehmen als Orchester, Jazzband, Theater und als Ansammlung von Erzählungen im Sinne des Storytellings haben viele Gemeinsamkeiten unterstrichen, aber auch Unterschiede hervorgehoben. Auch hier lohnt sich also eine sorgfältige Betrachtung der Stärken und Besonderheiten von Kunst. Die Kunst-Metaphern bieten damit Inspiration für eine andere Form von Wirtschaft. Wenn man Arbeit und Mitarbeiterführung ernsthaft „als Kunst" betrachtet, muss diese mehr sein als der Einsatz gängiger Management-Werkzeuge und ästhetischer Fähigkeiten. „Führung als Kunst" ist, gerade in Anbetracht veränderter Arbeitskonzepte, ein genuin ästhetisches, weil interaktives, atmosphärisches und sinnlich und emotional erfahrenes Phänomen (Ropo & Sauer 2008). Hier geht es aber nicht nur um Führungswerkzeuge wie die packende Rhetorik, sondern es kann noch etwas bezüglich der Haltung gelernt werden: „Künstlerisch" wären etwas mehr Mut und Zutrauen, wie gerade autonome Kunst sie dem Betrachter, Hörer, Zuschauer entgegenbringt. Kunst wurde in diesem Buch mit Bezug auf die philosophische Tradition und neueste ästhetische Ansätze als besondere Form ästhetischen Handelns dargestellt, das sich von in der Wirtschaft verbreiteten ästhetischen Formen etwas unterscheidet. Anders als etwa imposante Firmenarchitektur und schmeichelhafte emotionale Arbeit von Verkäufern und Dienstleistern ermöglicht die Kunst in ihrer Selbstzweckhaftigkeit viele Situationen, in denen Menschen nicht zu vorgegebenen Sichtweisen oder einem bestimmten Verhalten gelenkt werden sollen, sondern ermutigt werden zur ästhetischen Erfahrung, zum Spiel mit eigenen Assoziationen. Hier geht es um die Herausforderung des Denkens und das Vorenthalten von Lösungen – was sich Wirtschaftsunternehmen mit ihrer Zweckgerichtetheit offensichtlich nicht in unbeschränktem Maße erlauben können, ohne Mitarbeiter zu verunsichern oder endgültig zu demotivieren. Allerdings kann „künstlerische Führung" lernen, Menschen mehr Freiraum zu lassen. Wer hohe Ansprüche an das Denken, die Leistung und das persönliche Engagement von Mitarbeitern stellt – Anforderungen, die Mitarbeiter auch selbst stellen –, kann auch mit weniger oberflächlicher Ästhetik auskommen. Beispielsweise gehört dazu, Raum zu geben für menschliche Schwächen, ohne zwanghaft eine heldenhafte Führungsperson darstellen zu müssen (Biehl-Missal 2010a). Dies sollte einen produktiven Austausch ermöglichen und die Atmosphäre für alle anhaltend verbessern (Thomson 2010). Weil Menschen die Welt als ästhetisiert erfahren und Inszenierungen und emotionalen Einflussfaktoren auch zunehmend kritisch gegenüberstehen, können Offenheit und Zutrauen als produktiv erfahren werden.

In der Literatur zur Wirtschaftsästhetik (Barry & Meisiek 2010, Ladkin & Taylor 2010) wird neuerdings verstärkt „das Künstlerische" an Führung und Management hervorgehoben:

der produktive Umgang mit widersprüchlichen Prioritäten und komplexen Situationen, die Suche nach verschiedenen Schattierungen, das Hinterfragen von Situationen und ihrem Anschein, die Legitimität von verunsichernden Gefühlen und Schwierigkeiten. Damit verbunden ist der für dieses Buch wichtige Begriff der ästhetischen Kompetenz, der eine Art Navigationsfähigkeit in der Wirtschaftswelt des 21. Jahrhunderts beschreibt, die durch die Beschäftigung mit Kunst gefördert werden kann. Mit einer verstärkten Sensibilität für die komplexe Welt und die Menschen, Werte und Beziehungen sind auch soziale und ethische Dimensionen verbunden. Ästhetische Kompetenz ist ein Möglichkeitssinn für das, was (noch) nicht ist, was wäre und sein könnte. Mit einer ästhetisch kompetenten, verständnisvollen Haltung der Menschen in und außerhalb von Unternehmen kann Einfluss auf nicht nur ein ansprechenderes, „schöneres", sondern partizipatives und nachhaltigeres Leben genommen werden. Nun ist es an Forschung und Praxis, besondere Ansprüche an den Einsatz von Kunst zu formulieren, um das Verhältnis mit noch mehr Energie und herausfordernden Ideen aufzuladen. Es geht jetzt darum, dass die Wirtschaft die Herausforderung der Kunst wirklich annimmt.

Literatur

[1] Adler, N. (2006) 'The art of leadership: now that we can do anything, what will we do?' *Academy of Management Learning and Education Journal* 5(4): 486–499

[2] Adler, N. (2010a) 'Going beyond the dehydrated language of management: leadership insight' *Journal of Business Strategy* 31(4): 90–99

[3] Adler, N. (2010b) *Leadership Insight. Going Beyond the Dehydrated Language of Management.* New York: Routledge

[4] Alvesson, M. & Berg, P. (1992) *Corporate Culture and Organizational Symbolism.* Berlin: de Gruyter

[5] Anderson, J., Reckhenrich, J. & Kupp, M. (2010) *The Fine Art of Success: How Learning Great Art Can Create Great Business.* New York: Wiley & Sons

[6] Arts&Business UK (2009) *Evaluating Partnerships.* www.artsandbusiness.org.uk/Central/Research/Investment-and-funding/Evaluating-Cultural-Commercial.aspx

[7] Augustine, N. & Adelman, K. (1999) *Shakespeare in Charge: The Bard's Guide to Leading and Succeeding on the Business Stage.* New York: Hyperion

[8] Austin, R. (2008) 'High margins and the quest for aesthetic coherence' *Harvard Business Review,* Jan.: 19

[9] Austin, R. & Devin, L. (2003) *Artful Making: What Managers Need to Know About How Artists Work.* New York: Financial Times, Prentice Hall

[10] Austin, R. & Devin, L. (2010) 'Not just a pretty face: economic drivers behind the arts-in-business movement' *Journal of Business Strategy* 31(4): 59–69

[11] Badaracco, J. (2006) *Questions of Character: Illuminating the Heart of Leadership Through Literature.* Boston: Harvard Business School Press

[12] Barry, D. (1994) 'Making the invisible visible: using analogically-based methods to surface the organizational unconscious' *Organizational Development Journal* 12(4): 37–48

[13] Barry, D. & Hansen, S. (2008) 'The new and emerging in management and organization: gatherings, trends, and bets', in Barry D. & Hansen, H. (Hg.) *The Sage Handbook of New Approaches in Management and Organization.* London: Sage, 1–10

[14] Barry, D. & Meisiek, S. (2010a) 'Seeing more and seeing differently: sensemaking, mindfulness, and the workarts' *Organization Studies* 31(11): 1505–1153

[15] Barry D. & Meisiek S. (2010b) 'The art of leadership and its fine art shadow' *Leadership* 6(3): 331–349

[16] Bathurst, B., Jackson, B. & Statler, M (2010) 'Leading aesthetically in uncertain times' *Leadership* 6(3): 311–330

[17] Bauer, R. & Eagen, W. (2008) 'Design thinking – epistemic plurality in management and organization' *Aesthesis* 2(3): 64–74

[18] Baumgarten, A. (1750/1759 [2007]) *Ästhetik,* hg. v. Dagmar Mirbach, 2 Bde. Lateinisch-Deutsch. Hamburg: Felix Meiner, Philosophische Bibliothek

[19] Bazil, V. & Wöller, R. (Hg.) (2008) *Rede als Führungsinstrument. Wirtschaftsrhetorik für Manager – ein Leitfaden.* Wiesbaden: Gabler Verlag

[20] Belova, O. (2006) 'The event of seeing: a phenomenological perspective on visual sense-making' *Culture and Organization* 12(2): 93–107

[21] Bennis, W. & O'Toole, J. (2005) 'How business schools lost their way' *Harvard Business Review,* Mai: 96–104

[22] Bentele, G., Piwinger, M. & Schönborn, G. (2001 ff.) *Kommunikationsmanagement. Strategien, Wissen, Lösungen (Loseblattwerk).* Neuwied: Luchterhand

[23] Berg, M., Flume, P., Ritscher, J., Orthey, F., Tilemann, F. & Wehner, R. (2002) *Unternehmenstheater Interaktiv – Themenorientierte Improvisation (TOI) in der Personal- und Organisationsentwicklung.* Weinheim und Basel: Belz

[24] Berg, P. & Kreiner, K. (1990) 'Corporate architecture: turning physical settings into symbolic resources', in Gagliardi, P. (Hg.) *Symbols and artifacts: Views of the corporate landscape*. New York: Aldine de Gruyter, 41–67

[25] Berthoin Antal, A. (2009) *Transforming Organizations with the Arts. Research Report: Research Framework for Evaluating the Effects of Artistic Interventions in Organizations*, TILLT Europe, www.wzb.eu/gwd/kneu/pdf/ResearchReport.pdf

[26] Berthoin Antal, A. (im Druck) 'When Arts Enter Organizational Spaces: Implications for Organizational Learning', in Meusburger, P., Berthoin Antal, A. & Ries, M. (Hg.) *Learning Organizations: The Importance of Place for Organizational Learning*. Dordrecht: Springer Verlag

[27] Biehl, B. (2007a) 'Aesthetics of emptiness. Verena Landau's pass_over reflects the cold atmosphere of shareholder meetings' *Aesthesis* 1 (2): 80–85

[28] Biehl, B. (2007b) *Business is Showbusiness. Wie Topmanager sich vor Publikum inszenieren*. Frankfurt a. M.: Campus

[29] Biehl, B. (2008) 'Vom Architekten zum Kriegsherrn. Metaphern der Top-Manager', in Bazil, V. & Wöller, R. (Hg.) *Rede als Führungsinstrument. Wirtschaftsrhetorik für Manager – ein Leitfaden*. Wiesbaden: Gabler Verlag, 189–202

[30] Biehl-Missal, B. (2010a) 'Hero takes a fall: a lesson from theatre for leadership' *Leadership* 6(3): 279–294

[31] Biehl-Missal, B. (2010b) 'Improvisational theatre in management education: exploring arts-based approaches to enhance student learning' *Aberystwyth University Journal of Academic Practice (AJAP)* 1(1): s.l.

[32] Biehl-Missal, B. (2010c) 'Theaterkunst als Risiko und Inspiration für die Unternehmenskommunikation. Eine Künstlergruppe erklärt die Daimler-HV zum Theater' *Kommunikationsmanagement* 6.25

[33] Biehl-Missal, B. (2011) 'Business is showbusiness. Management presentations as performance' *Journal of Management Studies* 48(3): 619-645

[34] Biehl-Missal, B. (forthcoming) 'Using artistic form for aesthetic organizational inquiry: Rimini Protokoll constructs Daimler's annual general meeting as a theatre play' *Culture and Organization*

[35] Biehl-Missal, B. & Piwinger, M. (2009) 'Ein Bild für die Götter' *Harvard Businessmanager* 31(6): 100–108

[36] Bitner, M. (1992) 'Servicescapes: the impact of physical surroundings on customers and employees' *Journal of Marketing* 56: 57–71

[37] Blanke, T. (2002) *Unternehmen Nutzen Kunst. Neue Potentiale für die Unternehmens- und Personalentwicklung*. Stuttgart: Klett-Cotta

[38] Boal, A. (1979) *Theater der Unterdrückten, Übungen und Spiele für Schauspieler und Nicht-Schauspieler*. Frankfurt a. M.: Suhrkamp Verlag

[39] Bockemühl, M. & Scheffold, T. (2007) *Das Wie am Was. Beratung und Kunst. Das Kunstkonzept von Droege & Comp*. Frankfurt a. M.: Frankfurter Allgemeine Buch

[40] Böhme, G. (1995) *Atmosphäre. Essays zur neuen Ästhetik*. Frankfurt a. M.: Suhrkamp

[41] Böhme, G. (2003) 'Contribution to the critique of the aesthetic economy' *Thesis Eleven* 73: 71–82

[42] Böhme, G. (2006) *Architektur und Atmosphäre*. München: Wilhelm Fink

[43] Boje, D. (1995) 'Stories of the storytelling organization: a postmodern analysis of Disney as Tamara-land' *Academy of Management Journal* 38(4): 997–1035

[44] Boje, D. (2001) *Narrative Methods for Organizational and Communication Research*. London: Sage

[45] Boje, D. (2008) 'Spin', in Barry D. & Hansen, H. (Hg.) *The Sage Handbook of New Approaches in Management and Organization*. London: Sage, 203–212

[46] Boland, R. & Collopy, F. (2004) *Managing by Designing*. Palo Alto: Stanford University Press

[47] Booker, J. (1990) *Temples of Mammon: The Architecture of Banking*. Edinburgh: Edinburgh University Press

[48] Borowy, C. (2019) 'Botschaften auf emotionaler Ebene' *KM Das Monatsmagazin von Kulturmanagement Network* 47: 52–56

[49] Bradshaw, A. & Holbrook, M. (2008) 'Must we have Muzak wherever we go? A critical consideration of the consumer culture' *Consumption Markets & Culture* 11(1): 25–43

[50] Brauer, G. (2006) 'Architektur und Kommunikation' *Kommunikationsmanagement* 8.21

[51] Brearley, L. (2002) *Beyond Univocal Authority: An Exploration of Creative Voices in Academic Research.* Melbourne: Common Ground

[52] Brellochs, M. & Schrat, H. (Hg.) (2005) *Produkt und Vision. Raffinierter Überleben – Strategien in Kunst und Wirtschaft.* Berlin: Kadmos

[53] Brown, T. & Mack, K. (2008) 'Creating multimedia: a 're-presentation' of shipboard organizational life past', *Aesthesis* 2(1): 42–51

[54] Brückner, U. (2010) *Szenografie – oder die Kunst Räume zum Sprechen zu bringen* Vortrag Jour Fixe Staatliche Akademie der Bildenden Künste Stuttgart, 23. Nov. www.atelier-brueckner.com

[55] Bryan, M., Cameron, J. & Allen, C. (1998) *The Artist's Way at Work: Riding the Dragon.* New York: William Morrow

[56] Bryman, A. (2004) *The Disneyization of Society.* London: Sage

[57] Buchhart, D. & Nestler, G. (2010) 'Kunst und Wirtschaft' *Kunstforum* Bd. 201

[58] Burke, K. (1945) *A Grammar of Motives.* Berkeley: University of California Press

[59] Burke, K. (1968) 'Dramatism', in Sills, D. (Hg.) *The International Encyclopaedia of the Social Sciences.* New York: Macmillan, Vol. VII, 445–452

[60] Burns, R. (1987) *Kinetic House-Tree-Person Drawings: K-H-T-P: An Interpretative Manual.* New York: Routledge

[61] Cadenhead, K. & Fischer, G. (2000) 'Leader as artist' *Journal of Leadership Studies* 7(2): 75–87

[62] Cantor, J. (2006) 'Fearless innovation – songwriting for our lives: inspiring learners with arts-based practices that support creativity' *Multicultural Education*, Winter: 57–64

[63] Carr, A. & Hancock, P. (Hg.) (2003) *Art and Aesthetics at Work.* New York: Palgrave Macmillan

[64] Carroll, S. & Flood, P. (2010) *The Persuasive Leader. Lessons from the Arts.* San Francisco: Jossey-Bass

[65] Carter, P. & Jackson, N. (2000) 'An-aesthetics', in Linstead, S. & Höpfl, H. (Hg.) *The aesthetics of organization.* London: Sage, 180–196

[66] Celly, K.(2009) 'Creative writing in marketing education: poetry as an innovative pedagogical tool' *Marketing Education Review* 19(1): 65–71

[67] Chodzinski, A. (2007) *Kunst und Wirtschaft. Peter Behrens, Emil Rathenau und der dm-drogerie markt.* Berlin: Kadmos

[68] Clark, T. (2008) 'Performing the organization: organization theatre and imaginative life as physical presence', in Barry, D. & Hansen, H. (Hg.) *The Sage Handbook of New Approaches in Management and Organization.* London: Sage, 401–411

[69] Clark, T. & Mangham, I. (2004a) 'From dramaturgy to theatre as technology: the case of corporate theatre' *Journal of Management Studies* 41(1): 37–59

[70] Clark, T. & Mangham, I. (2004b) 'Stripping to the undercoat: a review and reflections on a piece of organization theatre' *Organization Studies* 25(5): 841–851

[71] Conger J. & Kanungo R. (1998) *Charismatic Leadership in Organizations.* Thousand Oaks: Sage

[72] Cornelissen, J. (2004) 'What are we playing at? Theatre, organization, and the use of metaphor' *Organization Studies* 25(5): 705–726

[73] Cornelissen, J., Kafouros, M. & Lock, A. (2005) 'Metaphorical images of organization: how organizational researchers develop and select organizational metaphors' *Human Relations* 58(12): 1545–1578

[74] Corrigan, P. (1999) *Shakespeare on Management: Leadership Lessons for Today's Managers.* London: Kogan Page

[75] Corsun, D., Young, C., McManus, A. & Erdem, M. (2006) 'Overcoming managers' perceptual shortcuts through improvisational theatre games' *Journal of Management Development* 25(4): 298–315

[76] Czarniawska, B. (1998) *A Narrative Approach to Organization Studies.* Thousand Oaks: Sage

[77] Dale, K. & Burrell, G. (2003) 'An-aesthetics and architecture', in Carr, P. & Hancock, A. (Hg.) *Art and aesthetics at work.* Basingstoke: Palgrave, 155–173

[78] Dale, K. & Burrell, G. (2008) *The Spaces of Organisation and the Organisation of Space: Power and Materiality at Work.* Basingstoke: Palgrave

[79] Gioia, D. (1992) *Can Poetry Matter.* Saint Paul: Graywolf

[80] Darmer, P. (2006) 'Poetry as a way to inspire (the management of) the research process' *Management Decision* 44(4): 551–560

[81] Darsø, L. (2004) *Artful Creation: Learning-tales of Arts-in-Business*. Kopenhagen: Samfundsliteratur

[82] Darsø, L. (2008) 'Prologue. Interview with Margaret Wheatley' *Journal of Management & Organization* 14(5): 482–485

[83] Degot, V. (1987) 'Portrait of the manager as an artist' *Dragon: the Journal of SCOS* 2(4): 13–50

[84] Denhardt, R. & Denhardt, J. (2005) *The Dance of Leadership: The Art of Leading in Business, Government, and Society*. Armonk: M.E. Sharpe

[85] Dennis, C., Jayawardhena, C., Wright, L. & King, T. (2007) 'A commentary on social and experiential (e-)retailing and (e-)shopping deserts – special issue' *International Journal of Retail & Distribution Management* 35(6): 443–456

[86] DePree, M. (1992) *Leadership Jazz*. New York: Dell

[87] Dobson, J. (1999) *The Art of Management and the Aesthetic Manager: The Coming Way of Business*. Westport: Quorum

[88] Dreyesse, M. & Malzacher, F. (2007) *Experten des Alltags. Das Theater von Rimini Protokoll*. Berlin: Alexander Verlag

[89] Drucker, P. (1988) 'The coming of the new organization' *Harvard Business Review* 66(1): 45–53

[90] Dunham, L. & Freeman, R. (2000) 'There is no business like show business: leadership lessons from the theater' *Organizational Dynamics* 29(2): 108–122

[91] Featherstone, M. (1991) *Consumer Culture and Postmodernism*. London: Sage

[92] Ferris, W. (2002) 'Theater tools for team building: how an improvisational play got one software team back on track' *Harvard Business Review* 80(12): 24–25

[93] Ferro-Thomsen, M. (2005) *Organisational Art: A Study of Art at Work in Organisations* www.ferro.dk/academic/orgart.htm

[94] Fiore, K. & Kim, J. (2007) 'An integrative framework capturing experiential and utilitarian shopping experience' *International Journal of Retail & Distribution Management* 35: 421–442

[95] Fischer-Lichte, E. (2005) *Theatre, Sacrifice, Ritual. Exploring Forms of Political Theatre*. London: Routledge

[96] Fischer-Lichte, E., Risi, C. & Roselt, J. (Hg.) (2004) *Kunst der Aufführung – Aufführung der Kunst*, Berlin: Theater der Zeit

[97] Flume, P., Hirschfeld, K. & Hoffmann, C. (2001) *Unternehmenstheater in der Praxis – Veränderungsprozesse mit Theater gestalten – ein Sachroman*. Wiesbaden: Gabler Verlag

[98] Fox, J. & Dauber, H. (1999) *Gathering Voices: Essays on Playback Theatre*. New Paltz: Tusitala

[99] Frazer, A. (2007) *What do I as an Artist, provide?* Mildred Lane Kemper Art Museum http://kemperartmuseum.wustl.edu/files/AndreaFraser.pdf

[100] Frenzel, K., Müller, M. & Sottong, H. (2006) Storytelling. Die Kraft des Erzählens fürs Unternehmen nutzen. München: dtv

[101] Friedman, K., Vaughan, L. & Vickery J. (2008) 'Design and the Art of Management – themed issue', *Aesthesis* 2(3): 4

[102] Funcke, A. & Havermann-Feye, M. (2004) *Training mit Theater: Von der Einzelszene bis zum Unternehmenstheater*. Bonn: managerSeminare

[103] Funcke, A. & Havermann-Feye, M. (2006) 'Vorhang auf – Spot an! Theater-Elemente im Training' *Managerseminare* 101: 42–47

[104] Gagliardi, P. (Hg.) (1990) *Symbols and Artifacts: Views of the Corporate Landscape*. New York: Aldine de Gruyter

[105] Gagliardi, P. (1996) 'Exploring the aesthetic side of organizational life', in Clegg, S., Hardy, C. & Nord, W. (Hg.) *Handbook of Organization Studies*. London: Sage, 565–580

[106] Gardner, W. & Avolio, B. (1998) 'The charismatic relationship: a dramaturgical perspective' *Academy of Management Review* 23(1): 32–58

[107] Gardner W., Avolio B., Luthans F., May D. & Walumba, F. (2005) 'Can you see the real me? A self-based model of authentic leader and follower development' *Leadership Quarterly* 16(3): 343–372

[108] Gaya Wicks, P. & Rippin A. (2010) 'Art as experience: an inquiry into art and leadership using dolls and doll-making' *Leadership* 6(3): 259–278

[109] Gibb, S. (2004) 'Arts-based training in management development: the use of improvisational theatre' *The Journal of Management Development* 23(7/8): 741–750

[110] Goffman, E. (1959) *The Presentation of Self in Everyday Life*. New York: Doubleday

[111] Goffman, E. (1967) *Interactional Ritual*. New York: Doubleday

[112] Gómez de la Iglesia, R. & Vives Almandoz, M. (2009) *Managing Arts and Business Collaborations: A Comparative Analysis of Four Programmes in Europe*, TILLT Europe www.tillt.se/download/TILLT-Europe/ComparativeAnalysis_TILLTEurope.pdf

[113] Goodsell, C. (1992) 'The public administrator as artisan' *Public Administration Review* 52(3): 246–253

[114] Gottfried, J., Smith, A., Rugg, M. & Dolan, R. (2004) 'Remembrance of odors past: human olfactory cortex in crossmodal recognition memory' *Neuron* 42: 687–695

[115] Grisham, T. (2006) 'Metaphor, poetry, storytelling and cross-cultural leadership' *Management Decision* 44(4): 486–503

[116] Grisoni, L. & Kirk, P. (2006) 'Verse, voice and va va voom!: illuminating management processes through poetry' *Management Decision* 44(4): 512–525

[117] Grove, S., Fisk, R. & Dorsch, M. (1998) 'Assessing the theatrical components of the service encounter' *The Services Industries Journal* 18(3): 116–134

[118] Guillén, M. (1997) 'Scientific management's lost aesthetic: architecture, organization, and the Taylorized beauty of the mechanical' *Administrative Science Quarterly* 42(4): 682–715

[119] Guillet de Monthoux, P. (2004) *The Art Firm: Aesthetic Management and Metaphysical Marketing*. Stanfort: Stanford Business Books

[120] Guillet de Monthoux, P., Gustafsson, C. & Sjöstrand, S.-E. (2007) *Aesthetic Leadership. Managing Fields of Flow in Art and Business*. Houndsmills: Palgrave Macmillan

[121] Guthey, E. & Jackson, B. (2005) 'CEO portraits and the authenticity paradox' *Journal of Management Studies* 42(5): 1057–1082

[122] Haarmann, A. (2007) *Artistic Research, Künstlerische Forschung* www.aha-projekte.de/HaarmannArtisticResearch.pdf

[123] Harvey, A. (2001) 'A dramaturgical analysis of charismatic leader discourse' *Journal of Organizational Change Management* 14(3): 253–265

[124] Huffaker, J. & West, E. (2005) 'Enhancing learning in the business classroom: an adventure with improv theater techniques' *Journal of Management Education* 29(6): 852–869

[125] Hancock, P. (2005) 'Uncovering the semiotic in organizational aesthetics' *Organization* 12(1): 29–50

[126] Harquail, C. (2006) 'Employees as animate artifacts: wearing the brand', in Rafaeli, A. & Pratt, M. (Hg.) *Artifacts and Organizations: Beyond Mere Symbolism*. Mah-wah: Lawrence Erlbaum, 161–180

[127] Hatch, M. (1998) 'Jazz as a metaphor for organizing in the 21st century' *Organization Science* 9(5): 556–557

[128] Hatch, M. & Weick, K. (1998) 'Critical resistance to the jazz metaphor' *Organization Science* 9(5): 600–604

[129] Haug, W. (1971) *Kritik der Warenästhetik*. Frankfurt a. M.: Suhrkamp

[130] Heid, K. & John, R. (Hg.) (2003) *Transfer: Kunst Wirtschaft Wissenschaft*. Baden-Baden: [sic!]-Verlag

[131] Heindl, A. (2007) *Theatrale Interventionen – Von der mittelalterlichen Konfliktregelung zur zeitgenössischen Aufstellungs- und Theaterarbeit in Organisationen*. Heidelberg: Carl-Auer-Systeme

[132] Höbel, W. (2009) 'Anstachelung zum Aufruhr' *Der Spiegel* 16: 132–134

[133] Höpfl, H. (2002) 'Playing the part: reflections on aspects of mere performance in the customer-client relationship' *Journal of Management Studies* 39(2): 255–267

[134] Hjorth, D. (2005) 'Organizational entrepreneurship with Michel de Certeau on creating heterotopias (or spaces of play)' *Journal of Management Inquiry* 14(4): 386–398

[135] Hohensee, T. (2006) ‚Tim Brown: Vorstände müssen „denken wie Designer"' *Wirtschaftswoche*, 30. Sept. http://www.wiwo.de/management-erfolg/tim-brown-vorstaende-muessen-denken-wie-ein-designer-156723/

[136] Holbrook, M. (2005) 'Art versus commerce as a macromarketing theme in three films from the young-man-with-a-horn genre' *Journal of Macromarketing* 25(1): 22–31

[137] Honneth, A. (Hg.) (2002) *Befreiung aus der Mündigkeit. Paradoxien des gegenwärtigen Kapitalismus.* Frankfurt a. M.: Campus

[138] Hüttler, M. (2005) *Unternehmenstheater. Vom Theater der Unterdrückten zum Theater der Unternehmer? Eine theaterwissenschaftliche Betrachtung.* Stuttgart: ibidem

[139] Hutter, M. (2010) *Wertwechselstrom. Texte zu Kunst und Wirtschaft.* Hamburg: Philo Fine Arts

[140] Islam, G. & Zyphur, M. (2006) 'The sweetest dreams that labor knows: Robert Frost and the poetics of work' *Management Decision* 44(4): 526–535

[141] Jackson, N. & Carter, P. (1998) 'Labour as dressage', in McKinlay, A. & Starkey, K. (Hg.) *Foucault, Management and Organisational Theory.* London: Sage, 49–64

[142] James, J. & Weir, D. (2006) 'Introduction: special issue on poetry, organisation, emotions, management and enterprise: POEME' *Management Decision* 44 (4): 453–456

[143] Kahl, T., Ganz, W. & Meiren, T. (2006) 'Dienstleistungsästhetik', in Bullinger, H. (Hg.) *Service Engineering: Entwicklung und Gestaltung innovativer Dienstleistungen,* 2. Auflage. Berlin: Springer, 545– 556

[144] Kao, J. (1996) *Jamming. The Art and Discipline of Business Creativity.* New York: Harper Collins

[145] Kerle, R. (2008) 'Haikugami. The new school of business poetry' *Aesthesis* 2(2): 54–59

[146] Kerle, R. (2010) *Haikugami-Blog* www.haikugami.ning.com

[147] Kerr, C. & Darsø, L. (2008) 'Introduction and epilogue to special issue: re-conceiving the artful in management development and education' *Journal of Management & Organization* 14(5): 474–481

[148] Kersten, A. & Gilardi, R (2003) 'The barren landscape: reading US corporate architecture', in Carr, P. & Hancock, A. (Hg.) *Art and Aesthetics at Work.* Basingstoke: Palgrave, 138–154

[149] Kirchhoff, K. & Piwinger, M. (Hg.) (2005) *Praxishandbuch Investor Relations. Das Standardwerk der Finanzkommunikation.* Wiesbaden: Gabler Verlag

[150] Koehn, N. (2001) *Brand new: How Entrepreneurs Earned Consumers' Trust from Wedgwood to Dell.* Boston, MA: Harvard Business School Press

[151] Koivunen, N. (2008) 'The recording of contemporary classical music. Relational aesthetics, and some management, too' *Aesthesis* 2(1): 52–63

[152] Kotler, P. (1973) 'Atmospherics as a marketing tool' *Journal of Retailing* 6: 48–64

[153] Kozinets, R., Sherry, J., Storm, D., Duhachek, A., Nuttavuthisit, K. & Deberry-Spence, B. (2004) 'Ludic agency and retail spectacle' *Journal of Consumer Research* 31: 658–672

[154] Von Krogh, G., Ichijo, K. & Nonaka, I. (2000) *Enabling Knowledge Creation: How to Unlock the Mystery of Tacit Knowledge and Release the Power of Innovation.* Oxford: Oxford University Press

[155] Küpers, W. (2005) 'Die Vision einer responsiven Begegnung von Kunst und Ökonomie für ein raffiniertes (Über-)Leben zwischen Wirklichkeits- und Möglichkeitssinn', in Brellochs, M. & Schrat, H. (Hg.) *Produkt und Vision. Raffinierter Überleben.* Berlin: Kadmos, 372–397

[156] Ladkin, D. & Taylor, S. (2010) 'Editorial: special issue on leadership as art: variations on a theme' *Leadership* 6(3): 235–241

[157] Landau, V. (2010) 'Es störte mich immer, dass Malerei ein Medium ist, das traditionell so sehr an Besitzverhältnisse gebunden ist', in Ullrich, W. (Hg.) *Macht zeigen. Kunst als Herrschaftsstrategie. Eine Ausstellung des Deutschen Historischen Museums Berlin.* Berlin: Ruksal Druck, 212–219

[158] Lehmann, H.-T. (2002) *Das politische Schreiben. Essays zu Theatertexten.* Berlin: Theater der Zeit

[159] Lehmann, H.-T. (1999) *Postdramatisches Theater: Essay.* Berlin: Theater der Zeit

[160] Lichtenberg, J., Woock, C. & Wright, M. (2008) *Ready to Innovate, a Report of The Conference Board, Americans for the Arts, and The American Association of School Administrators* www.artsusa.org/pdf/information_services/research/policy_roundtable/ReadytoInnovateFull.pdf

[161] Liedtka, J. (2000) 'In defence of strategy as design' *California Management Review* 42(3): 8–30

[162] Linstead, S. (2000) 'Ashes and madness: the play of negativity and the poetics', in Linstead, S. & Höpfl, H. (Hg) *The Aesthetics of Organization.* London: Sage, 61–92

[163] Linstead, S. & Höpfl, H. (Hg) (2000) *The Aesthetics of Organizations.* London: Sage

[164] Maier, R. (2009) '„Ein Herz braucht das Blut, so wie wir unsere Kunden ..." Firmenhymnen und Firmensongs aus kulturwissenschaftlicher Perspektive', in Herlyn, G., Müske, J., Schönberger, K. & Sutter, O. (Hg.) *Arbeit und Nicht-Arbeit. Entgrenzungen und Begrenzungen von Lebensbereichen und Praxen.* München: Rainer Hampp, 117–142

[165] Mangham, I. (2001) 'Afterword: Looking for Henry' *Journal of Organizational Change Management* 14(3): 295–304

[166] Mangham, I. & Overington, M. (1987) *Organizations as Theatre: A Social Psychology of Dramatic Appearances.* Chichester: Wiley & Sons

[167] Mangham, I. (1990) 'Managing as a Performing Art' *British Journal of Management* 1: 105–115

[168] Markowski, M. & Wöbken, H. (Hg.) (2007) *oeconomenta. Wechselspiele zwischen Kunst und Wirtschaft.* Berlin: Kadmos

[169] McKinley, A. & Starkey, K. (1997) *Foucault, Management and Organization Theory: From Panopticon to Technologies of Self.* London: Sage

[170] Meighörner, W. & Zeppelin Museum Friedrichshafen (Hg.) (2000) *Ingold Airlines – More Than Miles. Katalog zur Ausstellung.* Friedrichshafen: Quantum Books

[171] Meisiek, S. (2004) 'Which catharsis do they mean? Aristotle, Moreno, Boal and organization theatre' *Organization Studies* 25(5): 797–816

[172] Meisiek, S. (2007) 'Dissonances, awareness and aesthetization: theatre in a home care organization', in Guillet de Monthoux, P., Gustafsson, C. & Sjostrand, S.-E. (Hg.) *Aesthetic Leadership: Managing Fields of Flow in Art and Business.* London: Palgrave, 173–194

[173] Meisiek, S. & Barry, D. (2007) 'Through the looking glass of organizational theatre: analogically mediated inquiry in organizations' *Organization Studies* 28(12): 1805–1827

[174] Meisiek, S. & Hatch, M. (2008) 'This is work, this is play: artful interventions and identity dynamics', in Barry D. & Hansen, H. (Hg.) *The Sage Handbook of New Approaches in Management and Organization.* London: Sage, 412–422

[175] Messedat, J. (2005) *Corporate Architecture – Entwicklung, Konzepte, Strategien.* Ludwigsburg: avedition

[176] Mintzberg, H. (1973) *The Nature of Managerial Work.* New York: Harper & Row

[177] Mintzberg, H. (1990) 'The design school: reconsidering the basis premises of strategic management' *Strategic Management Journal* 11(39): 171–195

[178] Mintzberg, H. (2004) *Managers, Not MBA's: A Hard Look at the Soft Practice of Managing and Management Development.* San Francisco: Berrett-Kohler

[179] Mir, A. (Hg.) (2003) *Corporate Mentality.* New York: Lukas & Sternberg

[180] Mitra, A., Hsieh, Y. & Buswick, T. (2010) 'Learning how to look: developing leadership through intentional observation' *Journal of Business Strategy* 31 (4): 77–84

[181] Moreno, J. (1997) *Gruppenpsychotherapie und Psychodrama: Einleitung in die Theorie und Praxis.* Stuttgart: Thieme

[182] Morgan, C., Lange, K. & Buswick, T. (2010) *What Poetry Brings to Business.* Ann Arbor: The University of Michigan Press

[183] Moshavi, D. (2001) '"Yes and ...": introducing improvisational theatre techniques to the management classroom' *Journal of Management Education* 25(4): 437–449

[184] Mustroph, T. (2010) 'Enteignung der Herrschaftsbilder' *taz,* 25. Feb.: s.l.

[185] Myerson, J. & Ross, P. (2003) *The 21st Century Office.* London: Laurence King

[186] Nickson, D. Warhust, C. & Dutton, E. (2005) 'The importance of attitude and appearance in the service encounter in retail and hospitality' *Managing Service Quality* 15(2): 195–208

[187] Nissley, N. (2010) 'Arts-based learning at work: economic downturns, innovation upturns, and the eminent practicality of arts in business' *Journal of Business Strategy* 31(4): 8–20

[188] Nissley, N., Taylor, S. & Butler, O. (2002) 'The power of organizational song: an organizational discourse and aesthetic expression for organizational culture' *Tamara: Journal of Critical Postmodern Organization Science* 2(1): 47–62

[189] Nissley, N., Taylor, S. & Houden, L. (2004) 'The politics of performance in organizational theatre-based training and interventions' *Organization Studies* 25(5): 817–840

[190] Nussbaum, B. (2004) 'The power of design' *Business Week* 17. Mai: s.l.

[191] Oswick, C., Keenoy, T. & Grant, D. (2001) 'Editorial: Dramatizing and organizing: acting and being' *Journal of Organizational Change Management* 14(3): 218–224

[192] Ott, F. (2009) 'Skurrile Firmenhymnen' *Spiegel Online*, 26. Dez. www.spiegel.de/wirtschaft/ unternehmen/0,1518,668735,00.html

[193] Ottensmeyer, E. (1996). 'Too strong to stop, too sweet to lose: aesthetics as a way to know organizations' *Organization* 3(2): 189–194

[194] Pelzer, P. (2002) 'Disgust and organization' *Human Relations* 55(7): 841–860

[195] Peters, N. (2009) 'Aktionäre sind Schauspieler wider Willen' *Stuttgarter Zeitung*, 9. Apr.: 33

[196] Perucci, T. (2008) 'Guilty as sin: the trial of the Reverend Billy and the exorcism of the sacred cash register' *Text and Performance Quarterly* 28: 315–329

[197] Pine, B. & Gilmore, J. (1999) *The Experience Economy: Work is Theatre and Every Business a Stage*. Boston: Harvard Business School Press

[198] Pink, D. (2004) 'Breakthrough ideas for 2004' *Harvard Business Review*, Feb.: 21–22

[199] Pink, S. (2005) *The Future of Visual Anthropology: Engaging the Senses*. London: Routledge

[200] Pio, E. (2004) 'What's stopping you? Find out through Haiku' www.workplacespirituality.info/ Haiku.html

[201] Piwinger, M. (2005). 'Investor Relations als Inszenierungs- und Kommunikationsstrategie', in Piwinger, M. & Kirchhoff, K.-R. (Hg.) *Praxishandbuch Investor Relations. Das Standardwerk der Finanzkommunikation*. Wiesbaden: Gabler Verlag, 3–30

[202] Piwinger, M. & Porák, V. (Hg.) (2005): *Kommunikations-Controlling*. Wiesbaden: Gabler Verlag

[203] Polanyi, M. (1958) *Personal Knowledge: Towards a Post-Critical Philosophy*. Chicago: The University of Chicago Press

[204] Pollesch, R. (2002) *Wohnfront 2001–2002 (Stadt als Beute, Insourcing des Zuhause. Menschen in Scheiß-Hotels, Sex nach Mae West)*. Berlin: Alexander Verlag

[205] Pollesch, R., KulturanthropologInnen, Kanak, TFM-StudentInnen (2002) *Stadt als Beute 2 – Stücktext zum szenischen Projekt in am Künstlerhaus Mousonturm*, Frankfurt a. M.

[206] Ramirez, R. (1996) 'Wrapping form and organizational beauty' *Organization* 3(2): 233–242

[207] Reaves, J. & Green, D. (2010) 'What good are artists?' *Journal of Business Strategy* 31(4): 30–38

[208] von Rennenkampf, A. (2005) *Aktivierung und Auswirkungen geschlechtsstereotyper Wahrnehmung von Führungskompetenz im Bewerbungskontext* http://bibserv7.bib.uni-mannheim.de/madoc/ volltexte /2005/860/

[209] Richards, D. (1995) *Artful Work: Awakening Joy, Meaning, and Commitment in the Workplace*. San Francisco: Berrett-Koehler

[210] Rimini Protokoll (2009) *Hauptversammlung*. http://www.rimini-protokoll.de/website/de/project_ 4008.html

[211] Ringe, C. (2005) *Audio Branding. Musik als Markenzeichen von Unternehmen*. Saarbrücken: Vdm Verlag Dr. Müller

[212] Rippin, A. (2006a) '"Invitation to the journey": the consolations of organisational excess' *Consumption, Markets and Culture* 9(2): 137–143

[213] Rippin, A. (2006b) 'Refusing the therapeutic: Marion Milner and me' *Culture and Organization* 12(1): 25–36

[214] Ropo, A. & Sauer, E. (2008) 'Corporeal leaders', in Barry D. & Hansen, H. (Hg.) *The Sage Handbook of New Approaches in Management and Organization*. London: Sage, 469–478

[215] Rosile, G. (2003) 'Critical dramaturgy and artful ambiguity: audience reflections on "Ties That Bind"' *Management Communication Quarterly* 17(4): 308–314

[216] Rottenburg, J. (2010) 'Symbolik von Form und Farbe: Kunst als Marketinginstrument', in Ullrich, W. (Hg.) *Macht zeigen. Kunst als Herrschaftsstrategie*. Berlin: Ruksal Druck, 166–171

[217] Rüsenberg, M (2004) 'Improvisation als Modell wirtschaftlichen Handelns. Eine Erkundung', in Knauer, W. (Hg) *Improvisieren. Darmstädter Beiträge zur Jazzforschung, Bd. 8*. Hofheim: Wolke und Mirliton

[218] Ryan, N. (2007) 'Prada and the art of patronage' *Fashion Theory: The Journal of Dress, Body & Culture* 11(1): 7–23

[219] Sandelands, L. (2010) 'The play of change' *Journal of Organizational Change Management* 23(1): 71–86

[220] Sander, D. (2008) 'Gelbes Kellerkind' *Spiegel Special* 4: 110–113

[221] Saunders, L. (2006) '"Something made in language": the poet's gift?' *Management Decision* 44(4): 504–511

[222] Scharmer, O. & Kaufer, K. (2010) 'In front of the blank canvas: sensing emerging futures' *Journal of Business Strategy* 31(4): 21–30

[223] Scheer, A.-W. (2002), *Jazz-Improvisation und Management* www.uni-saar-land.de/fileadmin/ user_upload/extranet_uds/campus/struktur/fakultaeten/f1/fr1_3/professuren/PDF/heft170.pdf

[224] Schiuma, G. (2009) *The Value of Arts-Based Initiatives. Mapping Arts-Based Initiatives.* London: Arts&Business www.artsandbusiness.org.uk/Media%20library/Files/Research/Mapping%20ABIs %20-%20Prof%20SchiumaFINAL.pdf

[225] Schmeer, G. & Liebig, D. (2008) 'Warum Malen mehr bringt. Bildnerische Methoden im Coaching' *managerSeminare know-how* (124): 31–34

[226] Schmeer, G. (2006) *Die Resonanzbildmethode – Visuelles Lernen in Gruppen.* Stuttgart: Klett-Cotta

[227] Schreyögg, G. (1999) 'Definition und Typen des bedarfsorientierten Theatereinsatzes in Unternehmen', in Schreyögg, G. & Dabitz, R. (Hg.) *Unternehmenstheater: Formen, Erfahrungen, erfolgreicher Einsatz.* Wiesbaden: Gabler Verlag, 3–22

[228] Schreyögg, G. & Dabitz, R. (Hg.) (1999) *Unternehmenstheater: Formen, Erfahrungen, erfolgreicher Einsatz.* Wiesbaden: Gabler Verlag

[229] Schreyögg, G. & Höpfl, H. (2004) 'Theatre and organization: editorial introduction' *Organization Studies* 25(5): 691–704

[230] Schroeder, J. (2006) 'Critical visual analysis', in Belk, R. (Hg.) *Handbook of qualitative research methods in marketing.* Cheltenham: Edward Elgar, 303–321

[231] Schultz, H. & Yang, D. (1997) *Pour Your Heart Into It: How Starbucks Built a Company One Cup at a Time.* New York: Hyperion

[232] Schulze, H. (2006) 'Visionsarbeit', in Rohm, A. (Hg.) *Change Tools: Erfahrene Prozessberater präsentieren wirksame Workshop-Interventionen.* Bonn: Managerseminare, 207–212

[233] Schumacher, C. (2010) 'Der Zocker in uns' *Handelsblatt* 21. Mai: s.l.

[234] Seifter, H. & Buswick, T. (2005) 'Editors note: special issue on arts-based learning for business', *Journal of Business Strategy* 26 (5): 5

[235] Seifter, H. & Buswick, T. (2010) 'Editors note: special issue on creatively intelligent companies and leaders: arts-based learning for business' *Journal of Business Strategy* 31(4): 7

[236] Seifter, H. & Economy, P. (2001) *Leadership Ensemble Lessons in Collaborative Management from the World's Only Conductorless Orchestra.* New York: Owl Books

[237] Seifter, H. (2005) 'Surfacing Creativity: an interview with Terry McGraw' *Journal of Business Strategy* 56 (5): 6

[238] Shafritz, J. (1999) *Shakespeare on Management: Wise Business Counsel from the Bard.* New York: Harper Collins

[239] Sherry, J. (Hg.) (1998). *Servicescapes: The Concept of Place in Contemporary Markets.* Chicago: NTC Business Books

[240] Silverman, D. (1970) *The Theory of Organizations: a sociological framework.* London: Heinemann

[241] Spencer, M. (2010) 'If InterContinental were a sound ... what would it be?' *Journal of Business Strategy* 31(4): 39–46

[242] Springborg, C. (2010) 'Leadership as art – leaders coming to their senses' *Leadership* 6(3): 243–258

[243] Stevenson, W. (1996) 'A muse of fire or a winter of discontent? Teaching Shakespeare in the leadership course', *Journal of Management Education* 20(1): 39–48

[244] Steyaert, C. & Hjorth, D. (2002) '"Thou are a scholar, speak to it ..." – on spaces of speech. A script' *Human Relations* 55(7): 767–797

[245] Stollsteiner, M. (2008) *Das A.R.T.-Prinzip: Vom Nutzen der Kunst im Unternehmen.* Wiesbaden: Gabler Verlag

[246] Strati, A. (1992) 'Aesthetic understanding of organizational life' *Academy of Management Review* 17(3): 568–581

[247] Strati, A. (1996) 'Organizations viewed through the lens of aesthetics' *Organization* 3(2): 209–218

[248] Strati, A. (1999) *Organization and Aesthetics*. London: Sage.

[249] Strati, A. (2000) 'The aesthetic approach to organization studies', in Höpfl, H. & Linsteadt, S. (Hg.) *The Aesthetics of Organization*. London: Sage, 13–34

[250] Strati, A. (2008) 'Aesthetics in the study of organizational life', in Barry D. & Hansen, H. (Hg.) *The Sage Handbook of New Approaches in Management and Organization*. London: Sage, 229–238

[251] Strauß, A. (2007) *Artists in Organizations. Artistic Intervention and Cultural Hacking.* http://aacorn.wikispaces.com/file/view/Diplom_Anke%2BStrau%C3%9F.pdf

[252] Styhre, A. & Eriksson, M. (2008) 'Bring in the arts and get the creativity for free. A study of the artists in residence project' *Creativity and Innovation Management* 17(1): 47–57

[253] Suter, M. (2009) *Das Bonus-Geheimnis und andere Geschichten aus der Business Class. Geschichten.* Zürich: Diogenes

[254] Talen, B. (2003) *What Should I Do If Reverend Billy Is in My Store?* New York: New Press

[255] Talen, B. (2007) *Sidamo Prayer Campaign* www.revbilly.com/campaigns/sidamo

[256] Taylor, S. (2000) 'Aesthetic knowledge in academia: capitalist pigs at the academy of management' *Journal of Management Inquiry* 9(3): 304–328

[257] Taylor, S. (2002) 'Overcoming aesthetic muteness: researching organizational members' aesthetic experience' *Human Relations* 55(7): 821–840

[258] Taylor, S. (2003a) 'Knowing in your gut and in your head: doing theater and my underlying epistemology of communication' *Management Communication Quarterly* 17(2): 272–279

[259] Taylor, S. (2003b) 'Ties that bind' *Management Communication Quarterly* 17(2): 280–300

[260] Taylor, S. (2008) 'Theatrical performance as unfreezing' *Journal of Management Inquiry* 17(4): 398-406

[261] Taylor, S. & Carboni, I. (2008) 'Technique and practices from the arts: expressive verbs, feelings, and actions', in Barry D. & Hansen, H. (Hg.) *The Sage Handbook of New Approaches in Management and Organization*. London: Sage, 220–228

[262] Taylor, S. & Elmes, M. (forthcoming) 'Editorial. At the intersection of aesthetics and ethics' *Tamara: Journal for Critical Organization Inquiry* http://tamarajournal.com

[263] Taylor, S., Fisher, D. & Dufresne, R. (2002) 'The aesthetics of management storytelling: a key to organizational learning' *Management Learning* 33(3): 313–330

[264] Taylor, S. & Hansen, H. (2005) 'Finding form: looking at the field of organizational aesthetics' *Journal of Management Studies* 42 (6): 1211–1231

[265] Taylor, S. & Ladkin, D. (2009) 'Understanding arts-based methods in managerial development' *Academy of Management Learning & Education* 8(1): 55–69

[266] Teichmann, S. (2001) *Unternehmenstheater zur Unterstützung von Veränderungsprozessen. Wirkungen, Einflussfaktoren, Vorgehen.* Wiesbaden: DUV

[267] Thomson, G. (2010) 'The art and science of experiential leadership: culture at the core of process change success' *Journal of Business Strategy* 31(4): 85–89

[268] Thompson, C. & Arsel, Z. (2004) 'The Starbucks brandscape and consumers' (anti-corporate) experiences of glocalization' *Journal of Consumer Research* 31: 631–643

[269] Tröndle, M. (2005) 'Das Orchester als Organisation: Exzellenz und Kultur', in Meynhardt, T. & Brunner, E. (Hg.) *Selbstorganisation managen. Beiträge zur Synergetik der Organisation*. Münster: Waxmann, 153–170

[270] Tröndle, M. & Warmers, J. (Hg.) (2011) *Artistic Research als ästhetische Wissenschaft. Zur transdiziplinären Hybridisierung von Wissenschaft und Kunst*. Bielefeld: transcript

[271] Tsoukas, H. (1991) 'The missing link: a transformational view of metaphors in organizational science' *Academy of Management Review* 16(3): 566–585

[272] Tsur, R. (1992) *Toward a Theory of Cognitive Poetics*. Amsterdam: Elsevier

[273] Turley, L. & Milliman, R. (2000) 'Atmospheric effects on shopping behavior: a review of the empirical evidence' *Journal of Business Research* 49: 193–211

[274] Turner, B. (Hg.) (1990) *Organizational Symbolism*. Berlin: de Gruyter

[275] Turner, V. (1995) *Vom Ritual zum Theater. Der Ernst des menschlichen Spiels*. Frankfurt a. M.: Fischer

[276] Ullrich, W. (2000) *Mit dem Rücken zur Kunst. Die neuen Statussymbole der Macht.* Berlin: Klaus Wagenbach

[277] Ullrich, W. (Hg.) (2010a) *Macht zeigen. Kunst als Herrschaftsstrategie. Eine Ausstellung des Deutschen Historischen Museums Berlin.* Berlin: Ruksal Druck

[278] Ullrich, W. (2010b) Macht zeigen. Kunst als Herrschaftsstrategie, in Ullrich, W. (Hg.) *Macht zeigen. Kunst als Herrschaftsstrategie.* Berlin: Ruksal Druck, 10–33

[279] Vaill, P. (1989) *Managing as a Performing Art: New Ideas for a World of Chaotic Change.* San Francisco: Jossey-Bass

[280] Venkatraman, M. & Nelson, T (2008) 'From servicescape to consumptionscape: a photo-elicitation study of Starbucks in the new China' *Journal of International Business Studies* 39: 1010–1026

[281] Vico, G. (1744 [2000]) *Die neue Wissenschaft über die gemeinschaftliche Natur der Völker,* übers. v. Erich Auerbach. Berlin: de Gruyter

[282] Viscardi, V. (Hg.) (2009) *Louis Vuitton. Art, Fashion and Architecture.* New York: Rizzoli International

[283] Walker, R. & Monin, N. (2001) 'The purpose of the picnic: using Burke's dramatistic pentad to analyse a company event' *Journal of Organizational Change Management* 14(3): 266–279

[284] Warren, S. (2007) 'Organizational topophilia: the countryside and aesthetic pleasure at work' *Aesthesis* 1(1): 36–45

[285] Warren, S. (2008) 'Empirical challenges in organizational aesthetics research: towards a sensual methodology' *Organization Studies* 29(4): 559–580

[286] Warren, S. & Rehn, A. (2006) 'Guest editors' introduction: special issue on oppression, art and aesthetics' *Consumption Markets & Culture* 9 (2): 81–85

[287] Warren, S. & Fineman, S. (2007) '"Don't get me wrong, it's fun here but ...": ambivalence and paradox in a 'fun' work environment', in Rhodes, C. & Westwood, B. (Hg.) *Humour and organization,* London: Routledge, 92–113

[288] Weick, K. (1998) 'Introductory essay: improvisation as a mindset for organizational analysis, special issue: jazz improvisation and organizing' *Organization Science* 9(5): 543–555

[289] Weick, K. (1969) *The Social Psychology of Organizing.* Reading: Addison-Wesley

[290] Weinrauch, J. (2005) 'An exploratory use of musical metaphors to enhance student learning' *Journal of Marketing Education* 27(2): 109–121

[291] Welsch, W. (1996) *Grenzgänge der Ästhetik.* Stuttgart: Reclam

[292] Whitney, J., Packer, T. & Noble, S. (2000) *Power Plays: Shakespeare's Lessons in Leadership and Management.* New York: Simon and Schuster

[293] Whyte (1994) *The Heart Aroused: Poetry and the Preservation of the Soul in Corporate America.* New York: Doubleday

[294] Windle, R. (Hg.) (1994) *The poetry of Business Life.* San Fancisco: Berrett-Koehler

[295] Winter, R., Buck, A. & Sobiechowska, P. (1999) *Professional Experience and the Investigative Imagination: The Art of Reflective Writing.* London: Routledge

[296] Witz, A., Warhurst, C. & Nickson, D. (2003) 'The labour of aesthetics and the aesthetics of organization' *Organization* 10(1): 33–54

Stichwortverzeichnis

Die Autorin

Dr. Brigitte Biehl-Missal forscht und lehrt zum Zusammenspiel von Ästhetik und Organisationen und zu künstlerischen Einflüssen auf Management und Marketing. Als Theater-, Film- und Medienwissenschaftlerin ging sie als Dozentin an die School of Management and Business der Aberystwyth University in Großbritannien. Zuvor arbeitete sie in Frankfurt am Main als Beraterin bei einer weltweit führenden PR-Agentur. Sie wirkte als Ideengeberin und Performerin an künstlerischen Projekten mit. Ihre Forschung zur Inszenierung von Managern wurde mit dem Albert-Oeckl-Preis der Deutschen Public Relationsgesellschaft ausgezeichnet. Veröffentlichungen in renommierten internationalen Fachzeitschriften wie dem *Journal of Management Studies,* im *Harvard Business Manager* und Publikationen zur Wirtschaftskommunikation.

E-Mail: bbb@aber.ac.uk, biehlmissal@googlemail.com

Printed in Germany
by Amazon Distribution
GmbH, Leipzig